민조의 쉬운 '육효'

글 _ 이준성 · 김민조

민조의 쉬운 '육효'

- 초판인쇄 : 2020년 10월 5일
- 3판인쇄 : 2024년 4월
- 지은이 : 李埈成, 김민조
- 펴낸곳 : 이안애
- 주   소 : 서울 강남구 강남대로 94길 53(역삼동) 화성빌딩 6층
- 전화번호 : 02-713-6207

※ 이책의 판권은 저자에게 있습니다. 이 책 내용의 전부 또는 일부를 재사용하시려면 반드시 저자의 서면 동의를 받아야 합니다.

값 45,000원

서문

　醫業을 접고 易에 몸담은 세월, 뒤돌아보니 길지도 짧지도 않은 세월, 강산도 변했다.

　갈 길은 멀고 아직도 첩첩산중에서 헤매고 있다는 느낌은, 나의 우둔함 때문이리라.

　하지만 존귀한 인간의 운명을 예측하고 판단하는 것이 쉬운 일이라면, 명리는 연구해야 할 가치있는 학문이 아니다.

　인간의 삶은 무엇일까? 끊임없이 부딪치는 문제에 대한 선택과 결정이 아닐까?

　이런 결정에 따라 삶의 길흉화복과 일의 성패가 달려있다. 선택과 결정은 때로는 옳을 수도 있고 틀릴 수도 있다.

　이럴 때 우리는 무엇인가에 대하여 조언을 구하고자 한다.

　그래서 우리는 역학을 공부한다.

　우리는 삶의 큰 흐름에서 선택과 결정을 해야 되는 사안들이 있는가 하면, 일상에서 소소히 만나는 다양한 사안들에 관하여서도 결정과 선택을 해야 하는데, 그들의 중요성을 떠나 후자가 우리에게 좀 더 많이 접하는 사안들이리라. 그래서 역학도 그 분야가 다양하다고 생각된다.

　나의 좁은 소견으로는, 큰 흐름은 명리에서, 소소한 일상의 다양한 문제들은 육효에게서 그 조언을 구하면 어떨런지….

　易은 어렵다. 어렵지 않으면 易이 아니다.

　육효는 어렵다? 그러나 명리는 더 어렵다.

육효는 울고 들어와서 웃고 나가지만, 명리는 웃고 들어와서 울고 나가지도 못한다는 것은 나만의 생각일까.

육효는 명리를 보완할 수 있는 좋은 역술이다.

배워두면 후회하지 않는다고 분명히 확신한다. 이런 확신 때문에 拙書의 집필에 참여했다. 출판하려니 부족한 것도 많아 망설여지나 용기를 내 본다.

좀 더 나은 다음을 위해서.

말이 되풀이되는 것들도 많으나 나름 중요하다고 생각하여 그렇게 하였으며 가능하면 이해하기 쉽고 스스로 공부할 수 있도록 노력하였는데, 그것은 독자들이 판단할 일이리라.

참여를 허락하여 주신 김민조 원장님에게 깊은 감사를 드립니다.

2020년 庚子年 한여름 폭우속에서
佑齊 李 埈 成

서문

　깨끗한 공기, 사람들과의 즐거운 대화와 웃음소리, 아이들이 맘껏 뛰어노는 거리, 수십 년 동안 익숙하게 여겨져 온 것들이 이제는 매일매일 꿈꾸는 것들이 되었습니다.

　한치를 못 보는 인생이라지만 요즘은 더더욱 오리무중일 때가 많습니다.

　올해는 여러 부분에서 힘든 일이 많았습니다. 각종 화재와 사건, 사고 그리고 우리나라뿐만 아니라 전 세계를 공포에 떨게 한 코로나 바이러스까지, 결코 자연과 운명이 만만찮음을 절실히 느끼고 있습니다. 평범한 일상이 이제 과거의 추억거리이자 일상의 바람이 된 지금, 우리는 자연의 힘에 고개를 숙일 따름입니다. 그저 오늘 하루도 건강함에 감사하고, 안위함을 기도하는 나날입니다.

　힘듦을 예측했다 해도 현명히 헤쳐 가는 것 또한 어려운 일입니다. 올해를 기점으로 세상은 포스트 코로나와 그 이전 시대로 분류됩니다. 포스트 코로나의 중심에 놓인 우리에게 인생을 해석하는 힘이 절실할 때이기도 합니다.

　혼란스러움은 저 역시 마찬가지입니다.

　하지만 30여 년 동안 명리학과 육효를 공부해온 저로서는 역시 그 답은 내 안의 힘, 운명에 있었습니다. 명리학과 육효를 공부하는 분들 중에서는 특히 육효를 어려워하는 일반인들이 많습니다. 또한 과거의 학문으로만 여겨 현대에 적용하기 힘들다고 생각하는 분들도 많습니다. 저는 이런 분들을 접할 때마다 안타까움을 금치 못하곤 합니다.

육효는 우리에게 있어 길잡이이자 복잡한 인생 공식을 푸는 열쇠이기도 합니다.

요즘처럼 경우의 수가 많은 힘든 시기일수록 우리는 실낱같은 희망이라 해도 이 공식을 풀어갈 힌트를 원하게 됩니다. 육효 속에는 수 많은 힌트가 숨겨져 있습니다. 결정과 판단 앞에 주저하는 이들에게 이 힌트들은 믿음이자 든든한 지원군이 될 것입니다. 또한 스스로의 선택에 힘을 실어주며 후회는 줄이고, 자신감을 더하는 계기를 만들어 줍니다.

어렵다는 편견을 덜어내고 좀 더 마음을 열고 다가선다면 육효는 너무나도 유익한 공부입니다. 요즘처럼 어지러운 시기를 풀어나가는 해법이자 든든한 등대이기도 합니다. 저는 삶의 안개 속에 머뭇거리는 분들을 위해, 그리고 육효를 어렵게만 여기고 머나먼 과거의 것으로만 여기는 분들을 위해 이 책을 만들게 되었습니다. 무엇보다 이준성 박사님과 함께 책을 준비하면서 더욱더 많은 분들에게 도움이 되고자 심혈을 기울였습니다.

아직도 인생의 크고 작은 결정들 앞에서 주저하고 계시다면 육효를 만나보십시오.

어쩌면 이 만남이 여러분의 인생을 만드는 '포스트 육효', 자신만의 새로운 시대를 여는 터닝포인트가 될 지도 모릅니다. 제가 여러분께 인생을 풀어내는 중요한 열쇠의 하나인 육효를 쥐어드리겠습니다.

2020년 여름에
김 민 조

차 례

민조의 쉬운 '육효'

제 1장 육효 입문

1. 육효란? 15
2. 육효의 역사와 구성 17
3. 득괘법(得卦法) 29

제 2장 64괘의 풀이

1. 외괘(上卦)가 천(天)인 괘 40
2. 외괘(上卦)가 택(澤)인 괘 56
3. 외괘(上卦)가 화(火)인 괘 72
4. 외괘(上卦)가 뇌(雷)인 괘 88
5. 외괘(上卦)가 풍(風)인 괘 104
6. 외괘(上卦)가 수(水)인 괘 120
7. 외괘(上卦)가 산(山)인 괘 136
8. 외괘(上卦)가 지(地)인 괘 152

제 3장 명리 기초 이론

1. 10천간(天干)과 12지지(地支) ······················· 172
2. 간지의 합(合) 충(沖) 형(刑) 파(破) 해(害) ········· 173
3. 오행(五行)의 상생상극(相生 相剋) ················· 177
4. 오행(五行)의 왕(旺) 상(相) 휴(休) 수(囚) 사(死) ··· 179
5. 십이운성(十二運星) ······························· 181
6. 육친(六親) ······································· 185

제 4장 육효 용어 (六爻 用語)

1. 효(爻) ··· 189
2. 팔신(八神) ······································· 191
3. 세(世)효, 응(應)효, 정(靜)효, 동(動)효, 변(變)효 ··· 192
4. 삼전(三傳) ······································· 194
5. 월파(月破), 암동(暗動), 충산(沖散) ················ 195
6. 동효가 변효를 화출하였을 때 나타나는 현상 ········ 196
   • 회두생(回頭生), 회두극(回頭剋) ·················· 196
   • 회두절(回頭絕), 진신(進神), 퇴신(退神) ··········· 197
   • 반음(反吟)과 복음(伏吟) ························ 197
7. 괘신(卦身), 신명(身命) ··························· 199

8. 복신(伏神) ·· 201

9. 유혼괘(遊魂卦), 귀혼괘(歸魂卦) ················ 204

10. 육충괘(六沖卦), 육합괘(六合卦) ················ 205

11. 일묘(日墓), 동묘(動墓), 화묘(化墓) ············ 208

12. 공망(空亡) ·· 209

13. 독정(獨靜), 독발(獨發), 진정(盡靜), 진발(盡發) ··· 214

14. 교중(交重), 탐생망극(貪生忘剋) ················ 215

15. 육수(六獸) ·· 217

제 5장 납갑법(納甲法)과 육친법(六親法)

1. 괘에 비신(飛神) 붙이기(납갑법, 納甲法) ········ 224

2. 괘에 세응 붙이기, 소속괘의 오행 찾기 ·········· 232

제 6장 육친(六親), 세(世), 용신(用神)의 발동과 의미

1. 육친의 의미(意味)와 발동(發動) ·················· 243

2. 세(世)와 응(應)효 ·································· 248

3. 용신(用神)과 원신(元神 혹은 原神) ·············· 252

제 7장 통변법(通辯法)

1. 점치는 순서 ———————————————— 259
2. 육효점의 종류 ———————————————— 263
3. 통변의 일반론 ———————————————— 265
4. 통변의 개별론 ———————————————— 273
   - 월, 일, 동효의 작용과 영향 ———————— 274
   - 용신, 원신, 기신, 구신 ———————————— 276
   - 용신의 왕쇠와 작용 ————————————— 277
   - 원신의 왕쇠와 작용 ————————————— 278
   - 기신과 구신의 왕쇠와 작용 ————————— 278
   - 진신과 퇴신의 왕쇠와 작용 ————————— 278
   - 복신의 왕쇠와 작용 ————————————— 279
   - 육효 안정과 난동의 작용 —————————— 279
5. 상황과 통변 ———————————————— 281
6. 성사 시기, 응기(應期) ———————————— 286

제 8장 18문답(問答)

  1. 일생일극(一生一剋) — 293

  2. 회두극(回頭剋) — 303

  3. 원신(元神, 原神) — 318

  4. 삼합성국(三合成局) — 326

  5. 반음(反吟) — 343

  6. 복음(伏吟) — 352

  7. 공망(空亡) — 361

  8. 월파(月破) — 381

  9. 복신(伏神) — 385

10. 진신(進神)과 퇴신(退神) — 394

11. 충중봉합(沖中逢合), 합처봉충(合處逢沖) — 404

12. 생(生), 사(死), 묘(墓), 절(絶) — 412

13. 육충(六沖)과 육합(六合) — 418

14. 삼형살(三刑殺)과 육해살(六害殺) — 426

15. 독정(獨靜), 독발(獨發) — 431

16. 진정(盡靜), 진발(盡發) — 436

17. 용신 다현(用神 多現) — 442

18. 문(問) 답(答) — 446

제 9장 생활점사들

1. 구재점(求財占) 455
2. 매매점(賣買占) 462
3. 구관점(求官占) 465
4. 시험점(試驗占) 469
5. 관재점(官災占), 송사점(訟事占) 473
6. 질병점(疾病占) 478
7. 결혼점(結婚占) 482
8. 여행점(旅行占), 출행점(出行占) 487
9. 대인점(待人占), 소식점(消息占) 489
10. 실물점(失物占) 493
11. 소망점(所望占) 497
12. 가택점(家宅占) 500
13. 신수점(身數占) 510
14. 년시점(年時占) 516
15. 천시점(天時占) 521
16. 음택(陰宅), 분묘점(墳墓占) 527

제 10장 기타

1. 천금부(千金賦) 535
2. 하지론(何知論) 543
3. 64괘 구성 조견표(世, 応, 飛神, 六親, 身命, 卦身) 549

제1장 육효 입문

제 1장 육효 입문

1. 육효란?

　육효(六爻)는 점술의 일종으로 주역의 64괘에 그 근원을 두고 있다. 주역(周易) 역시 6개의 효로서 괘(대성괘)를 만들고 만들어진 효나 괘의 모양에 따라 그것을 풀이하여 길흉화복(吉凶禍福)을 점친다.

　그러나 육효는 6개의 효에 오행(五行)에 의한 육친(六親)을 부여하고 점치는 대상과 목적 그리고 점치는 년, 월, 일 등을 대입하고 오행의 상생상극 등 명리의 이론을 추가 이용하여 일정 시점의 길흉화복을 점치는 단시점(斷時占)이다.

　사주 명리는 사람이 어떠한 명(命: 성품, 특성, 재질, 관운, 재물운, 배우자, 부모, 자식운 등)을 타고 났으며 이런 명이 대운(大運)이나 세운(歲運)을 만나 어떠한 변화를 일으켜 그 사람의 명에게 영향을 주는가를, 크고 긴 흐름에서 보는 것으로서 점으로 본다면 연시점(連時占)이라 할 수 있으나 점술(占術)이라기 보다는 학문(學問)이다.

　일예를 들면, 비록 한 개인의 대 세운에서 재물운이 나쁘다고 하여도 어느 일정 시점에서는 돈이 들어오는 시기가 있을 수 있다. 이때 어느 한 시점에서, 돈이 들어오느냐 아니냐는 사주풀이 보다는 육효로 점쳐보는 것이 훨씬 유용하고 정확하다.

　더불어 육효는 일상생활에서 접하는 흔하고 다양한 사안들 "이런 사업을 하면 돈을 벌 수 있을까? 취직이 될까? 합격이 될까? 그사람과 동업을 하면 좋을까? 등" 사주명리로 풀이하기에는 조금 애매한 문제들에 대하여도 신속하고 명쾌한 답을 얻을 수 있는 이점이 있다.

　이런 관점에서 육효는 사주풀이의 미비한 점을 보완할 수 있는 유용한 역술의 일부라 할 수 있다.

　그러므로 역술가가 일상의 어느 한 시점에서 어느 개인의 운명을 풀이하거나 어떠한 사안에 대한 길흉화복을 예측할 때, 사주명리와 더불어 육효를 참고한다면 그 개인의 운명이나 특정 사안에 대한 길흉화복과 일의 성패를 좀더 세밀하고 정확하게 풀이해 줄 수 있는 이점이 있다.

2. 육효의 역사와 구성

1) 육효의 역사

팔괘는 태고 중국 삼황(三皇)의 첫 황제인 복희(伏羲)씨가 하늘의 뜻을 받아 창안한 선천팔괘(先天 八卦)와 후대의 주(周) 문왕(文王)의 후천팔괘가 있다.

주역에서는 팔괘와 64괘에서 각각의 효(爻)와 괘(卦)에 의미를 부여하여 풀이를 하고 이들 효나 괘의 변화에 따라 인간의 길흉화복 삶의 자세나 방향등을 제시하였으며 이러한 효(爻)와 괘(卦)풀이를 효사(爻辭) 그리고 괘사(卦辭)라 하였다.

효사나 괘사는 주나라의 문왕과 그의 아들 주공 그리고 노나라 공자의 십익(十翼)등을 통해 수천년동안 면면히 지금까지 전해 내려 오고 있다.

2) 육효의 구성

옛적부터 인간과 하늘(神)과의 소통에는 인간의 언어로는 부족한 점이 있어 나름의 부호로 소통을 하였다. 이 부호가 음(陰)과 양(陽)이며 음을 − − (II) 양을 −(I) 이렇게 표시하였으며 이러한 하나 하나의 음 또는 양을 의미하는 부호를 주역이나 육효에서는 효(爻)라 하였다.

이러한 효가 3개 모이면 이를 소성괘 (小成卦)라 하였으며 소성괘의 각 효는 천인지(天人地)을 의미하고 천인지로 구성된 소성괘는 사물의 현상을 나타낸다. 소성괘가 상하로 다시 어울려져 대성괘

(大成卦)를 이루는데 대성괘는 곧 사물의 현상(소성괘)이 어울려져 나타나는 사건을 의미한다.

그러므로 대성괘는 6개의 효로 구성되어 있으며 제일 밑에서부터 初(一), 二, 三, 四, 五, 上(六)효라 칭한다. 대성괘중 아래의 소성괘를 내괘(內卦) 혹 하괘(下卦)라 하고 위 소성괘를 외괘(外卦) 또는 상괘(上卦)라 칭하며 내괘의 1효는 외괘의 1효(대성괘의 4효) 내괘의 2효는 외괘의 2효(대성괘의 5효) 내괘의 3효는 외괘의 3효(대성괘의 6효)와 대칭된다.

본인을 의미하는 세(世)와 상대편을 나타내는 응(應)의 위치 역시 서로 대칭되는 효에 위치한다.

즉 세가 초효(내괘의 1효)에 있다면 응의 위치는 대칭되는 4효(외괘의 1효)에 있다.

효에는 정효(靜爻)와 동효(動爻)가 있으며 정효는 말 그대로 움직이지 않아 타효를 생극하지 못하나 동효는 움직여 다른 효를 생극충파(生剋沖破)하여 괘에 의한 길흉화복에 절대적인 영향을 준다.

주역에서는 기본이 되는 8개의 소성괘(八卦, 건위천乾爲天, 태위택兌爲澤, 이위화離爲火, 진위뇌震爲雷, 손위풍巽爲風, 감위수坎爲水, 간위산艮爲山, 곤위지坤爲地)가 있으며 이런 팔(8)괘가 상하로 합을 이루어 64괘(384효)를 만들고 이들 64괘가 우주만상의 사물과 사건을 대변한다고 생각하였으며 이를 근거로 우주의 변화와 이들에 의한 인간의 운명과 길흉화복을 예측하였다.

3) 팔괘의 생성

태초에 우주가 생성되었을 때에는 모든 것이 암흑속에 형체가 없는 기체 상태로 존재(무극, 无極)하였다.

시간이 지나면서 우주는 점점 응고되어 하나의 모양을 갖추게 되었는데 이를 태극(太極)이라 한다.

그 뒤 한줄기의 빛이 우주를 비추어 어두움(陰)과 밝음(陽)이 생성되었으며 이러한 음양에 의하여 사물을 분별(兩儀)할 수가 있게 되었다.

이들 밝음과 어두움에 다시 밝음과 어두움이 더해져 태양(太陽), 소음(少陰), 소양(少陽), 태음(太陰)의 사상(四象)이 만들어지고 이는 동양정신 문화의 바탕이 되었다.

시간이 지남에 따라 밝고 어두움의 어울림은 깊어졌고 우주 역시 점점 발전하고 복잡해짐에 따라 이를 표현할 수 있는 부호도 더욱 다양해야 될 필요성을 느껴 사상(四象)은 팔괘(八卦, 건위천乾爲天, 태위택兌爲澤, 이위화離爲火, 진위뇌震爲雷, 손위풍巽爲風, 감위수坎爲水, 간위산艮爲山, 곤위지坤爲地)로 그뒤 팔괘는 64괘로 발전하였다.

※ 팔괘의 생성 (八卦의 生成)

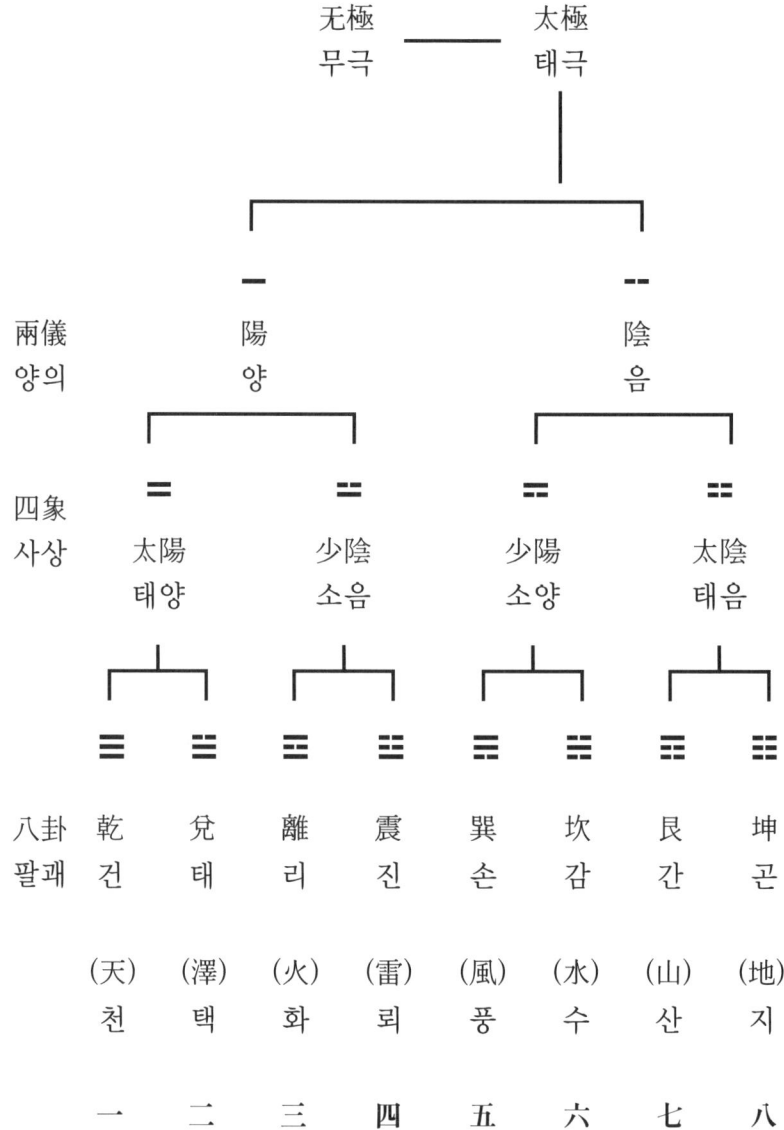

4) 수괘(首卦)와 소속괘(所屬卦)의 생성

사상(四象)에서 발전한 최초의 여덟 개의 소성괘, 즉 8괘를 상하로 조합을 하면 64괘(8x8)의 대성괘가 만들어진다. 이들 중 상과 하의 소성괘가 동일한 괘로 만들어진 대성괘를 수괘라 하며, 수괘는 여덟 개의 괘로 앞에서 설명한 바와 같이 건위천, 태위택, 이위화, 진위뇌, 손위풍, 감위수, 간위산, 곤위지가 있다.

이렇게 최초로 만들어진 대성괘(수괘)가 초효부터 차례대로 변하여 일곱 개의 소속괘를 만들며 이러한 과정은 여덟개의 수괘에서 동일하게 이루어진다. 이를 각각 팔궁(八宮)이라 하는데 이것을 건궁, 태궁, 이궁, 진궁, 손궁, 감궁, 간궁, 곤궁이라고 한다. 각궁에는 최초의 수괘 이외에 일곱 개의 변화된 소속괘가 포함되어 있으며 이들의 오행(木火土金水)은 최초의 수괘와 같다. 말하자면 수괘는 '조상'이 되고, 소속괘는 그 밑에서 태어난 '자손'이 되는 것이다.

수괘에서 소속괘로의 변화는 수괘의 초효부터 시작되어 2효, 3효, 4효, 5효까지 차례로 바뀐다. 그러나 6번부터는 다시 밑으로 내려와서 4효에서 바뀌고, 7번은 3효가 바뀔 차례가 된다. 이러한 효의 바뀜은 양(陽)은 음(陰)으로 음은 양으로 바뀐다.

이렇게 되면 내괘의 초효에서 시작하여 외괘의 4번 5번을 거쳐서 다시 내괘의 3효로 들어오게 된다. 내용만 읽어보면 복잡한데 실제로 응용해보면 어려운 내용은 아니다.

비유하면 내괘가 '고향'이라면, 외괘는 '타향'이라고 생각하면 쉽게 이해가 된다. 초효와 2번, 3번까지 효가 바뀔 때는 고향에 있는 것이고, 4번부터는 외괘가 되므로 타향에 있는 것이다. 그런데 5번을 거쳐 3번으로 온다는 것은 타향에서 다시 고향으로 돌아오는 것이다.

이렇게 고향을 떠나 타향에서 살다가 다시 고향으로 오게 되면 예전에 살던 고향과는 모든 것이 많이 바뀌어 있을 것이다. 그러므로 내괘의 효는 모두 바뀌어 있다. 그러나 바뀐것에서 옛것을 다시 찾을 수 있다. 이런 원리로 하괘에 있는 세 개의 바뀐 효가 모두 다시 바뀌게 되므로 최초 수괘의 하괘와 같게 된다.

예를 하나 들어보자.

건궁(乾宮)의 수괘와 소속괘의 변화를 살펴보면 건궁의 수괘는 건위천이다. 건위천은 여섯 개의 효가 모두 양(-)으로 되어 있다.

첫 번째 소속괘인 천풍구는 건위천의 초효가 양에서 음으로 변한 것이다. 그러니까 건위천이었을 때는 초효부터 순서대로 양양양 양양양이었던 것이 초효가 양이 음으로 바뀌면서 음양양 양양양이 되므로 건위천이 천풍구로 바뀌게 된다.

다른 것도 모두 이와 같은 원리로 유추하면 된다. 자세한 것은 '통변법'에서 다시 설명하기로 한다.

※수괘와 소속괘의 형성 과정과 세의 위치 (예:건궁)

건위천 → 천풍구 → 천산둔 → 천지비 → 풍지관 → 산지박 → 화지진 → 화천대유

					Ⓘ 5효		
				Ⓘ 4효		→ Ⓘ 4효	
			Ⓘ 3효			→ Ⓘ 3효	
		Ⓘ 2효				→ Ⓘ	
	Ⓘ 초효					→ Ⓘ	

수괘   유혼괘   귀혼괘

- 세의 위치 : Ⓘ
- 예) : 수괘(건위천)는 세의 위치가 6효
  5효; 산지박의 세 위치는 5효, 응의 위치는 2효

이렇게 차례대로 변하여 만들어진 8궁의 수괘와 소속괘는 다음과 같다.

5) 수괘(首卦)와 소속괘(所屬卦)의 종류

건궁(乾宮; 陽金): 건위천(수괘), 천풍구, 천산둔, 천지비(부), 풍지관, 산지박, 화지진, 화천대유

태궁(兌宮; 陰金): 태위택(수괘), 택수곤, 택지췌, 택산함, 수산건, 지산겸, 뇌산소과, 뇌택귀매

이궁(離宮; 陰火): 이위화(수괘), 화산려, 화풍정, 화수미제, 산수몽, 풍수환, 천수송, 천화동인

진궁(震宮; 陽木): 진위뇌(수괘), 뇌지예, 뇌수해, 뇌풍항, 지풍승, 수풍정, 택풍대과, 택뇌수

손궁(巽宮; 陰木): 손위풍(수괘), 풍천소축, 풍화가인, 풍뢰익, 천뢰무망, 화뢰서합, 산뢰이, 산풍고

감궁(坎宮; 陽水): 감위수(수괘), 수택절, 수뢰둔, 수화기제, 택화혁, 뇌화풍, 지화명이, 지수사

간궁(艮宮; 陽土): 간위산(수괘), 산화비, 산천대축, 산택손, 화택규, 천택리, 풍택중부, 풍산점

곤궁(坤宮; 陰土): 곤위지(수괘), 지뢰복, 지택림, 지천태, 뇌천대장, 택천쾌, 수천수, 수지비

이들 괘에서 세(世)의 위치는 모든 수괘는 6효인 상효에 있게 된다. 그리고 나머지는 변화된 순서에 따라 世가 자리 잡게 된다.

예를 들면 건궁에서 건위천은 수괘이므로 6효인 상효에 世가 있게 된다. 그다음부터 변화한 순서대로 천풍구는 초효, 천산둔은 2효, 천지비는 3효, 풍지관은 4효, 산지박은 5효로 세효가 자리 잡게 된다. 이렇게 순서대로 世를 붙여서 올라가다 보면 맨 위에 6효인 상효에 도달하게 된다. 그런데 상효는 수괘의 자리로 이 자리는 조상의 자리이므로 자손은 조상의 자리를 침범할 수가 없다. 그러므로 여섯 번째 변할 때는 5효에서 상효로 더는 올라가지 못하고 다시 밑으로 내려오게 되므로 4효의 자리가 世의 자리가

되게 된다. 그러므로 건궁에서 여섯 번째 변화하게 되는 화지진은 4효의 자리에 世가 있게 되고, 화천대유는 일곱 번째 변화하게 되는데 여섯 번째부터는 다시 밑으로 내려오게 되므로 4효를 거쳐 3효의 자리에 世가 있게 된다.

이렇게 건궁의 조상으로부터 만들어진 자손의 괘인 소속괘는 조상의 오행과 같은 오행을 가지게 된다.

소속괘 중 여섯 번째 변화된 화지진, 뇌산소과, 천수송, 택풍대과, 산뢰이, 지화명이, 풍택중부, 수천수를 타향에서 고향으로 돌아오지 못한 괘라 하여 '유혼괘'라 하며, 일곱 번째 변화된 화천대유, 뇌택귀매, 천화동인, 택뢰수, 산풍고, 지수사, 풍산점, 수지비를 고향에 돌아왔다고 하여 '귀혼괘'라 한다.

6) 괘(卦)의 세(世)와 응(應), 오행(五行)

육효에서는 주역과 달리 자신을 표시하는 世와 상대방을 표시하는 應, 그리고 육친이 통변에서는 아주 중요하다. 이들 世와 應은 각각의 괘에 따라 위치가 다르며, 육친 역시 마찬가지이다.

육효에서 육친(兄, 孫, 財, 官, 父)을 정할 때는 수괘의 오행(사주명리에서의 日干과 동일)을 기준으로 하므로 수괘와 소속괘 그리고 그들의 오행을 알고 있는 것은 매우 중요하다.

※ 각궁의 수괘와 오행 그리고 세와 응의 위치

乾宮 건궁 金(금+)	兌宮 태궁 金(금-)	離宮 이궁 火(화-)	震宮 진궁 木(목+)	巽宮 손궁 木(목-)	坎宮 감궁 水(수+)	艮宮 간궁 土(토+)	坤宮 곤궁 土(토-)	世 位 치
乾爲天 (건위천)	兌爲澤 (태위택)	離爲火 (이위화)	震爲雷 (진위뢰)	巽爲風 (손위풍)	坎爲水 (감위수)	艮爲山 (간위산)	坤爲地 (곤위지)	6효
天風姤 (천풍구)	澤水困 (택수곤)	火山旅 (화산려)	雷地豫 (뇌지예)	風天小畜 (풍천소축)	水澤節 (수택절)	山火賁 (산화비)	地雷復 (지뢰복)	초효
天山遯 (천산둔)	澤地萃 (택지췌)	火風鼎 (화풍정)	雷水解 (뇌수해)	風火家人 (풍화가인)	水雷屯 (수뢰둔)	山天大畜 (산천대축)	地澤臨 (지택림)	2효
天地否 (천지부)	澤山咸 (택산함)	火水未濟 (화수미제)	雷風恒 (뇌풍항)	風雷益 (풍뢰익)	水火旣濟 (수화기제)	山澤損 (산택손)	地天泰 (지천태)	3효
風地觀 (풍지관)	水山蹇 (수산건)	山水蒙 (산수몽)	地風升 (지풍승)	天雷无妄 (천뢰무망)	澤火革 (택화혁)	火澤睽 (화택규)	雷天大壯 (뇌천대장)	4효
山地剝 (산지박)	地山謙 (지산겸)	風水渙 (풍수환)	水風井 (수풍정)	火雷噬嗑 (화뢰서합)	雷火豐 (뇌화풍)	天澤履 (천택리)	澤天夬 (택천쾌)	5효
火地晉 (화지진)	雷山小過 (뇌산소과)	天水訟 (천수송)	澤風大過 (택풍대과)	山雷頤 (산뢰이)	地火明夷 (지화명이)	風澤中孚 (풍택중부)	水天需 (수천수)	4효 유혼괘
火天大有 (화천대유)	雷澤歸妹 (뇌택귀매)	天火同人 (천화동인)	澤雷隨 (택뢰수)	山風蠱 (산풍고)	地水師 (지수사)	風山漸 (풍산점)	水地比 (수지비)	3효 귀혼괘

7) 팔괘의 의미

다음은 64괘의 기본이 되는 팔괘가 의미하는 숫자, 자연, 오행, 방위, 성정, 육친 등이다.

- 건위천(乾爲天): 일건천, 1, 하늘, 陽金, 西北, 단단함, 아버지(老夫)
- 태위택(兌爲澤): 이태택, 2, 연못, 陰金, 西, 기쁨, 셋째딸(三女)
- 이위화(離爲火): 삼리화, 3, 불, 陰火, 南, 밝음, 둘째딸(二女)
- 진위뇌(震爲雷): 사진뇌, 4, 우레, 陽木, 東, 징조, 첫아들(長男)
- 손위풍(巽爲風): 오손풍, 5, 바람, 陰木, 東南, 움직임, 첫딸(長女)
- 감위수(坎爲水): 육감수, 6, 물, 陽水, 北, 험난함, 둘째아들(二男)
- 간위산(艮爲山): 칠간산, 7, 산, 陽土, 東北, 정지, 셋째아들(三男)
- 곤위지(坤爲地): 팔곤지, 8, 땅, 陰土, 西南, 부드러움, 어머니(老母)

팔괘는 아버지와 어머니 그리고 3남 3녀로 이루어진 가정의 모습이다. 아버지는 1번으로 모든 일에 솔선수범하고, 어머니는 마지막 8번으로 자식들을 끝까지 보호해주고 있다. 장남은 4번,

장녀는 5번으로 가운데에 있으면서 가족의 중심 역할을 하고 있다. 막내인 셋째 딸은 2번으로 바로 아버지의 옆에서 보호를 받고 있으며, 막내인 셋째 아들은 7번으로 어머니 옆에서 보호를 받고 있다.

그런데 둘째 아들과 둘째 딸은 어정쩡한 위치에서 관심을 받지 못하고 있다. 그래서인지는 모르지만 대부분 가정을 보면 첫째와 막내보다 둘째가 개성이 강하고 독립심도 강한 경우가 많다. 공교롭게도 팔괘의 순서가 우리 가정의 모습과 닮았다는 것은 참으로 신비로운 일이 아닐 수 없다.

3. 득괘법(得卦法)

  육효는 괘를 얻어(得卦) 이를 풀이(통변;通辯)하는 것이다. 이들 모두 다 중요하지만, 풀이보다는 득괘가 좀 더 중요하다. 애초에 정확한 괘를 얻지 못하면 아무리 통변을 잘 하고 열심히 하여도 모든 것이 헛수고가 되기 때문이다.

  인간의 길흉사와 그 해답을 알기 위해서는 질문에 대한 답을 주는 하늘에 대해 문점자(問占者)는 겸허하고 간절한 마음으로 정성을 기울여 기도하는 자세로 물어야 한다. 가벼운 자세로 물으면 하늘도 우리에게 가볍게 답한다.

  점을 칠 때는 한 가지 사안에 대하여 간단하고 명료하게 물어야만 하늘이 혼란스러워하지 않는다. 그리고 결과에 대한 확실한 믿음이나 신념이 없거나 본인이 원하는 답이 나오지 않았다고 하여 원하는 답이 나올 때까지 계속해서 점치는 것은 하늘을 신뢰하지 않는 행위로서 이런 경우에 하늘은 물음에 대해 정확한 답을 주지 않는다.

  사안이 여러 가지이면 나누어 각각 따로 분리하여 점을 쳐야 하며 괘 풀이가 애매할 때는 재점을 한 번 정도 할 수 있으나 그래도 애매하면 후일에 다시 겸손하게 점치는 것이 낫다. 특히 중대사일 경우에는 2-3일 전부터 몸과 마음을 단정히 하고 근신한 뒤 점을 쳐야 한다.

• 득괘(작괘)법의 종류

득괘를 하는 방법이나 수단은 여러 가지인데 우리 주변에 있는 다양한 사물이나 자연현상(年月日時, 시계, 책 페이지, 글자 수, 옷차림의 색상, 주사위, 카드, 동전, 산목... 등)으로 괘를 얻을 수 있으나 간단하고 대표적인 것 몇 개만을 언급하고자 한다.

1) 산대법(算帶법)

손으로 쥐기에 편한 나무 막대기(算木) 여덟 개에 각각 1에서 8까지 숫자를 세긴 뒤 이것을 세 번이나 혹은 여섯 번 뽑아서 괘를 만드는 방법이다. 뽑은 산목을 다시 통에 넣어 뽑을 때마다 여덟 개의 산목을 만들어서 하나씩 뽑는다.

남자는 정성스러운 마음으로 왼손부터 뽑고, 다음에 오른손으로 바꾸어 뽑는다. 여자는 오른손부터 시작하는데 이것은 남좌여우(男左女右)의 법칙에 의한 것이다.

⊙세 번을 뽑는 경우 :

예) 처음 뽑은 산목의 숫자가 '8'이면 곤위지로서 하괘가 되고, 그다음에 뽑은 것이 '3'이면 이위화로서 상괘가 되어 '화지진'이라는 대성괘가 된다. 이때 괘의 이름을 붙이는 방법은 하늘에 있는 상괘 이위화 중의 '火'를 앞에 붙이고, 땅에 있는 하괘 곤위지 중의 '地'를 뒤에 붙여 '화지진'이라는 이름을 붙이게 된다.

동효는 세 번째 뽑은 산목의 숫자가 1에서 6중 하나를 뽑았다면 뽑은 숫자가 동효가 된다. 예를 들면 세 번째 뽑은 숫자가 2라면

2효가 동효가 된다. 그런데 7이나 8중에서 뽑게 된다면 이때는 뽑은 숫자에서 6을 뺀 숫자가 동효가 된다.

예를 들어 7을 뽑았다면 7-6=1이 되므로 1인 초효가 동효가 된다.

⊙**여섯 번을 뽑는 경우:**

여섯 개의 효(육효)를 만들기 위하여 여섯 번을 뽑는다.

여덟 개의 산목이 들어있는 산통에서 각각 하나씩 뽑고 숫자를 기록한 뒤에 뽑은 산목은 산통에 다시 넣어서 여덟 개를 만든 다음에 다시 뽑는 행위를 여섯 번 한다.

뽑은 숫자가 3, 6, 7, 8, 5, 1이 나왔다면, 3은 火로 음이 되고, 6은 水로 양이 되고, 7은 山으로 양이 되고, 8은 地로 음이 되고, 5는 風으로 음이 되고, 1은 天으로 양이 된다.

이렇게 만들어진 음양을 초효부터 시작하여 만들면 음, 양, 양, 음, 음, 양의 기호로 만들어지게 된다. 이것을 정리하면 하괘는 음양양으로 '풍'이 되고, 상괘는 음음양으로 '산'이 된다. 이렇게 만들어진 대성괘의 이름을 붙이는 방법은 외괘인 '산'이 위가 되고, 내괘인 '풍'이 아래가 되므로 이것을 종합하면 '산풍고'가 된다.

이때 나온 숫자가 1번과 8번일 경우에 이들은 동효가 된다. 1번 양효는 음효로 바뀌고, 8번 음효는 양효로 바뀌는데 그 이유는 다음과 같다. 1번은 하늘로 세 개의 효가 모두 양으로 가득 차고, 8번은 땅으로 세 개의 효가 모두 음으로 가득 차 있다. 자연의 이치는 어둠이 깊으면 새벽이 밝아오고, 더위가 극에 이르면 비가 오듯이 음기가 가득 차면 양기로 바뀌고, 양기가 가득 차면 음기로 바뀐다. 이런 원리로 1번은 양기가 가득 찼으므로 음효로 바뀌고, 8번은 음기가 가득 찼으므로 양효로 바뀌게 된다. 그러므로 1번과 8번은 동효가 되어 움직이게 된다.

음양을 외우기가 복잡하면 다음을 외웠다가 사용하면 좋다.

양효의 숫자는 1, 4, 6, 7이고, 음효의 숫자는 2, 3, 5, 8이고, 동효는 1, 8 이다.

산대법으로 작괘를 하는 방법을 정리하여 보면 여섯 번을 뽑아서 만드는 방법은 처음 나온 숫자의 음양을 구별하여 초효로 만들고, 그다음부터 나온 숫자를 순서대로 음양을 구별하여 6효까지 차례대로 붙인다. 이렇게 작괘가 완성되면 상괘의 이름을 먼저 붙이고, 그 뒤에 하괘의 이름을 붙인다. 그리고 1번이나 8번이 나오면 음은 양으로 바꾸고, 양은 음으로 바꾸어 괘의 이름 또한 바꾼 것으로 해석한다.

앞에서 예로 든 괘를 보면 처음에는 산풍고였으나 4효의 8인 음효가 양효가 되고, 상효인 6효의 1이 양효에서 음효로 바뀌게 된다. 처음에는 음양양 음음양이었던 것이 음양양 양음음으로 바뀌게 되어 내괘인 음양양은 풍이 되고, 외괘인 양음음은 뇌가 되어 '뇌풍항'이 된다.

최초의 산풍고를 본괘(本卦)라 하며, 바뀐 뇌풍항을 변괘(變卦)라 한다. 본괘와 동효에 의하여 바뀐 변괘에 의해서 괘의 해석이 바뀌며 길흉화복의 결과에 대한 통변 역시 바뀐다.

세 번을 뽑는 것은 편리하기는 하지만, 상황에 따라서는 동효가 많이 나올 수도 있고, 동효가 전혀 나오지 않는 상황이 될 수 있는데 동효를 인위적으로 무조건 한 번만 만드는 폐단이 있으므로 저자의 생각으로는 권하지 않는 작괘법이다.

2) 척전법(擲錢法)

동전 세 개를 여섯 번 던져서 괘를 얻는 방법으로 '동전점'이라고도 한다. 동전의 앞면과 뒷면을 임의로 양과 음으로 정한다.

예를 들어 그림이 있는 면을 양으로 정하거나, 숫자가 있는 면을 음으로 정하면 된다. 혹은 그 반대로 정해도 상관없다.

세 개를 던져서 음양양이 나왔다면 같은 두 개(양양)는 버리고 하나인 음을 대표로 삼는다. 또 세 개를 다시 던져서 모두 양이거나 모두 음이 되면 번호를 뽑을 때 1, 8번과 같은 것이므로 이 또한 동효가 된다. 그러므로 양은 음으로, 음은 양으로 바뀐다.

만약에 동전 세 개를 여섯 번 던져서 처음에는 음양양(음), 두 번째는 양양양(모두 양이므로 음으로 바뀜), 세 번째는 음음양(양), 네 번째는 양음음(양), 다섯 번째는 음양양(음), 여섯 번째는 음음음(모두 음이므로 양으로 바뀜)이 나왔다면 본괘는 음양양 양음음이 되어 외괘는 뇌가 되고, 내괘는 풍이 되므로 '뇌풍항'이 된다. 동효를 적용한 변괘는 음음양 양음양이되어 '화산려'가 된다.

3) 설시법(揲蓍法)

시초(蓍草)는 식물의 한 종류로서 이의 줄기 50개로써 점을 치는 방법으로서 시초점(蓍草占), 혹은 서법(筮法)이라고도 한다.

시초(蓍草)에 의한 설시법은 복잡하므로 현재는 거의 사용하지 않아서 뽑는 방법은 생략하기로 한다.

이 외에 주사위나 바둑알, 숫자, 시계… 등 다양한 방법으로 육효를 작괘할 수 있다.

4) 기타

실생활에서는 육효를 치기 위한 도구가 준비되지 않은 상황이 있을 수 있다. 이럴 때도 주변의 여러 가지를 이용하여 괘를 뽑을 수가 있다. 일례를 들면 도구가 없을 때, 책의 페이지 숫자를 가지고 괘를 뽑을 수도 있다. 100과 300페이지 사이에서 선택하면 되지만 페이지는 임의로 줄이거나 늘릴 수도 있다. 이 또한 원하는 방법으로 하면 된다. 아무 페이지나 여섯 번을 선택하여 페이지 숫자가 111, 132, 145, 222, 236, 276이 나왔다면, 척전법과 같은 방법으로 괘를 얻는다. 숫자 홀수는 양, 짝수는 음이며 3개의 숫자 중 홀짝이 같은 숫자는 버리고, 남은 한자(홀이나 짝수)의 음양을 대표로 삼는다. 그리고 같은 숫자가 세 개가 나왔다면 그것은 동효가 된다.

위의 숫자를 가지고 음양을 살피면, 초효는 111로 모두 홀수이므로 양이 된다. 그런데 모두 같은 홀수로 양만 가득하므로 양이 음으로 바뀐다. 2효는 132인데 1, 3은 같은 양이라 버리고 남은 2가 음이므로 음이 된다. 같은 요령으로 3효는 145로 4만 음이므로 음이 되고, 4효는 222로 3자 모두 음이므로 양으로 바뀐다. 5효는 236인데 3만 양이므로 양이 되고, 6효는 276에서 7만 양이므로 양이 된다.

이것을 정리하여 보면 초효부터 양음음 음양양이 되어 내괘는 '뇌'가 되고, 외괘는 '풍'이 되므로 본괘(本卦)는 '풍뢰익(風雷益)'이 된다. 그러나 초효와 4효가 동효이어서 변괘(變卦)는 음음음 양양양이 된다. 그러므로 내괘는 '지'가 되고 외괘는 '천'이 되므로 천지비(天地否)가 된다. 또 다른 방법으로는 종이를 작게 잘라 여덟 장을 만들고 각 종이에 1에서 8까지 숫자를 기재한 뒤 산대법과 같은 방법으로 점치면 된다. 제시한 것은 여러 가지 득괘를 하는 방법의 하나며, 상황에 따라 나름의 방법으로 득괘를 할 수 있다.

득괘에서 가장 중요한 것은 방법이 아니라 득괘할 때의 마음가짐이다. 그러므로 항상 일관성을 가지고 간절하게 득괘하는 것이 가장 중요하다는 것을 가슴에 새기고 명심해야 한다.

제 2 장 64괘의 풀이

제 2장 64괘의 풀이

※ 64괘의 종류와 오행 및 세의 위치

	① 乾爲天 건위천	② 兌爲澤 태위택	③ 離爲火 이위화	④ 震爲雷 진위뇌	⑤ 巽爲風 손위풍	⑥ 坎爲水 감위수	⑦ 艮爲山 간위산	⑧ 坤爲地 곤위지
① 乾爲天 건위천	① 乾金 ① 乾爲天 건위천 六	② 坤土 ① 澤天夬 택천쾌 五	③ 乾金 ① 火天大有 화천대유 三	④ 坤土 ①雷天大壯 뇌천대장 四	⑤ 巽木 ①風天小畜 풍천소축 初	⑥ 坤土 ①水天需 수천수 四	⑦ 艮土 ①山天大畜 산천대축 二	⑧ 坤土 ①地天泰 지천태 三
② 兌爲澤 태위택	① 艮土 ① 天澤履 천택리 五	② 兌金 ② 兌爲澤 태위택 六	③ 艮土 ② 火澤睽 화택규 四	④ 兌金 ②雷澤歸妹 뇌택귀매 三	⑤ 艮土 ②風澤中孚 풍택중부 四	⑥ 坎水 ② 水澤節 수택절 初	⑦ 艮土 ② 山澤損 산택손 三	⑧ 坤土 ② 地澤臨 지택림 二
③ 離爲火 이위화	① 離火 ③天火同人 천화동인 三	② 坎水 ③ 澤火革 택화혁 四	③ 離火 ③ 離爲火 이위화 六	④ 坎水 ③ 雷火豊 뇌화풍 五	⑤ 巽木 ③風火家人 풍화가인 二	⑥ 坎水 ③水火旣濟 수화기제 三	⑦ 艮土 ③ 山火賁 산화비 初	⑧ 坎水 ③地火明夷 지화명이 四
④ 震爲雷 진위뇌	① 巽木 ④天雷无妄 천뢰무망 四	② 震木 ④ 澤雷隨 택뢰수 三	③ 離火 ④火雷噬嗑 화뢰서합 五	④ 震木 ④ 震爲雷 진위뇌 六	⑤ 巽木 ④ 風雷益 풍뢰익 三	⑥ 坎水 ④ 水雷屯 수뢰둔 二	⑦ 巽木 ④ 山雷頤 산뢰이 四	⑧ 坤土 ④ 地雷復 지뢰복 初
⑤ 巽爲風 손위풍	① 乾金 ⑤ 天風姤 천풍구 初	② 震木 ⑤澤風大過 택풍대과 四	③ 離火 ⑤ 火風鼎 화풍정 二	④ 震木 ⑤ 雷風恒 뇌풍항 三	⑤ 巽木 ⑤ 巽爲風 손위풍 六	⑥ 震木 ⑤ 水風井 수풍정 五	⑦ 巽木 ⑤ 山風蠱 산풍고 三	⑧ 震木 ⑤ 地風升 지풍승 四
⑥ 坎爲水 감위수	① 離火 ⑥ 天水訟 천수송 四	② 兌金 ⑥ 澤水困 택수곤 初	③ 離火 ⑥水水未濟 화수미제 三	④ 震木 ⑥ 雷水解 뇌수해 二	⑤ 離火 ⑥ 風水渙 풍수환 五	⑥ 坎水 ⑥ 坎爲水 감위수 六	⑦ 離火 ⑥ 山水蒙 산수몽 四	⑧ 坎水 ⑥ 地水師 지수사 三
⑦ 艮爲山 간위산	① 乾金 ⑦ 天山遯 천산둔 二	② 兌金 ⑦ 澤山咸 택산함 三	③ 離火 ⑦ 火山旅 화산려 初	④ 兌金 ⑦雷山小過 뇌산소과 四	⑤ 艮土 ⑦ 風山漸 풍산점 三	⑥ 兌金 ⑦ 水山蹇 수산건 四	⑦ 艮土 ⑦ 艮爲山 간위산 六	⑧ 兌金 ⑦ 地山謙 지산겸 五
⑧ 坤爲地 곤위지	① 乾金 ⑧ 天地否 천지비 三	② 兌金 ⑧ 澤地萃 택지췌 二	③ 乾金 ⑧ 火地晉 화지진 四	④ 震木 ⑧ 雷地豫 뇌지예 初	⑤ 乾金 ⑧ 風地觀 풍지관 四	⑥ 坤土 ⑧ 水地比 수지비 三	⑦ 乾金 ⑧ 山地剝 산지박 五	⑧ 坤土 ⑧ 坤爲地 곤위지 六

예) 건위천의 3번째 소속괘인 천지비의 예

　① 乾金 : 수괘의 오행, 陽金.
　⑧ 天地否 : 괘 명,　 三 : 세의 위치(3효)
• 天地否(천지비, 천지부)괘의 수괘는 건위천(乾爲天) 괘이며 오행은 金이고 세(世)의 위치는 3효

1. 외괘(上卦)가 천(天)인 괘

1) 건위천 (乾 : 하늘 '건')

☰ 외괘(상괘) : 하늘, 강건함, 아버지(天)
☰ 내괘(하괘) : 하늘, 강건함, 아버지(天)

하늘에도 양(陽)이 가득한 천(天)이 있고, 땅에도 양이 가득한 천이 있다. 그러므로 강건하고 굳센 기상을 나타내고 있으며 사람은 강건하고 사업은 왕성하다. 그러나 하늘과 땅에 양의 기운이 가득하여 빈틈이 없으므로 더는 양이 들어 설 자리가 없으므로 발전 가능성이 없다. 말하자면 더는 올라갈 곳이 없는 상태이므로 내려오는 수밖에 없다.

그러므로 이제부터는 내려갈 준비를 해야 한다.

지금 최선을 다하는 것이 상책이다.

한순간이라도 방심하거나 쉬면 안 된다.

하늘은 높고 크고 이롭고 바른 것을 말한다.

하늘은 항상 끊임없는 변화를 일으키므로 조화를 잘 이루면 만물의 생장을 돕는다.

건위천은 남자의 양기가 가득하므로 남성의 괘다.

남자라면 열심히 일해야 할 때이며, 여자라면 전업주부가 아니라 사회생활을 하는 것이 좋다.

건위천은 끝장을 보는 일에는 좋으므로 관청 관계, 법률관계, 시험에는 좋다.

- **운수(運數)** = 현재는 매우 좋으니 기회를 놓치지 말고 서둘러 모든 일에 착수하라.
  특히 직장 관계에 있어 승진 또는 시험에 힘쓰면 뜻을 이룬다.
* 소원(所願) = 윗사람이나 선배에게 부탁하면 이루어진다.
* 건강(建康) = 보통사람은 강건한 편이나, 병이 오래된 환자의 경우는 낫지 않는다.
* 재물(財物) = 구하면 얻는다. 사업 관계는 현재 상태를 더 확장하면 실패한다.
* 여행(旅行) = 목적한 바를 무난히 달성한다. 그러나 몸을 다칠 염려가 있다.
* 대인(待人) = 기다리는 사람은 오지 않으나, 진일(辰日)이나 술일(戌日)에 소식이 온다.
* 심인(尋人) = 찾는 사람은 아주 먼 곳에 있어 오지 않는다. 그리고 찾지 못한다.
* 실물(失物) = 찾기 어려우나 서북간(西北間)에서 찾아보라.
* 혼인(婚姻) = 남자는 불리하나, 여자는 무난히 이루어진다.
* 매매(賣買) = 뜻한 대로 옳은 값을 받는다.
* 직장(職場) = 곧 얻는다.
* 이사(移徙) = 옮기지 않는 것이 좋다.
* 출산(出産) = 딸을 낳는다.

2) 천택리 (履 : 밟을 '리')

☰ 외괘 : 하늘, 강건함, 아버지(天)
☱ 내괘 : 연못, 웃음, 삼녀(澤)

안(내괘)에는 천진무구한 셋째 딸이 기쁨으로 웃고 있지만, 바깥(외괘)에는 강건하고 무서운 아버지가 있으니 함부로 나아가지 마라. 집 안에 있는 호기심 많은 막내딸이 바깥으로 나가고 싶은데, 바깥에 아버지가 버티고 있으니 들키지 않고 나가려면 조심스럽게 움직여야 한다.

천택리는 주역에서 '잠자는 범의 꼬리를 밟고 있으니 그 자리가 위험하다.' 라고 표현되어 있다.

그러므로 범이 잠에서 깨어나지 않게 조심스럽게 움직여야 한다.

현재 위험한 상황은 아니지만, 경거망동하게 되면 위험에 직면하게 되므로, 윗사람이나 타인의 의사를 존중하고 따르며 겸손하게 행동하라는 뜻이다. 그러므로 가능하면 하지 마라, 위험하다.

편안한 가운데 위험이 있고 위태로운 상황에도 신중하고 겸손하면 상하지 않는다.

될 수 있는 한 남보다 앞장서지 말고 남의 뒤를 따르면 실패를 줄일 수 있다. 과감한 것은 위험하므로 모험을 하거나 투기하는 것은 나쁘다.

운수 = 경거망동하지 말고 윗사람의 의견에 따르면 무난하다.
* 소원 = 이루기 어려우나 욕심을 줄이면 가능하다.
* 건강 = 병자는 위태롭고 건강한 자는 무관하다.
　　　　성병에 주의하라.
* 재물 = 그림의 떡이다.
　　　　분수를 모르면 도리어 손재한다.
* 여행 = 질병을 얻기 쉬우니 집에 있는 것이 좋다.
* 대인 = 기다리는 사람은 시일이 늦어지나 반드시 돌아온다.
* 심인 = 찾는 사람은 서북방에 있는 것 같으나 돌아오지
　　　　않는다.
* 실물 = 여자에게 문의하라.
　　　　급히 찾으면 나온다.
* 혼인 = 이루어지기 어렵다.
* 소송 = 불리하니 취하하고 만일 소송(訴訟)중이면 화해하라.
* 매매 = 별로 이익은 없으나 가능하다.
* 직장 = 윗사람에게 부탁하면 뜻을 이룬다.
* 이사 = 이롭지 못하니 옮기지 마라.
* 출산 = 딸을 낳고 순산한다.

3) 천화동인 (同人 : 같을 '동', 사람 '인')

☰ 외괘 : 하늘, 강건함, 아버지(天)
☲ 내괘 : 불, 밝음, 이녀(火)

하늘 밑에 불이 있는 모습으로, 밑의 밝은 불이 하늘까지 비쳐 모두 같이 밝아지니 이를 동인(同人)이라 한다.

그러므로 독단으로 하는 것보다 다른 사람과 함께 하면 구하고자 하는 것을 모두 얻는다. 그러나 함께하므로 좋은 것도 함께하고 나쁜 것도 함께하게 되어 쓸데없는 일에 협력하면 같이 휘말려서 손해를 보게 된다.

동인은 더불어 같이 밝아진다는 의미인데, 땅에서 위로 비추는 불빛은 가까운 곳만 비추는 것이 아니라 하늘 전체를 밝게 해주므로 모든 사람에게 골고루 좋아지는 공익사업에는 좋다. 동인은 같은 사람이므로 남편이 일하면 여자도 일한다는 것으로 부부는 맞벌이하는 것이 좋다.

동인의 괘 모습을 보면 2효에 있는 음이 양에 둘러싸여 있는 모습으로 여자가 남자에게 둘러싸여 있는 모습이다. 2효는 짝수로 음의 자리인데 이곳에 여자가 홀로 자신의 자리를 지키는 모습으로 여자가 남자와 대등한 입장으로 특수한 기능이나 재주가 있는 여자다. 사업에는 좋은데 경쟁자가 많다.

특히 공동체 사업에는 좋다.

운수 = 동료(同僚) 또는 친구나 윗사람의 도움을 받아 발전한다. 그리고 독립사업보다는 동업 같은 공동사업에 대길(大吉)한 괘이다.

* 소원 = 이루어진다.
* 건강 = 좋지 않다.
  오래 묵은 병세는 위험하다.
* 재물 = 다른 사람과 동업하면 이익(利益)이 많다.
* 여행 = 동행하면 길하다.
  그러나 여자와 동행하면 구설수가 있다.
* 대인 = 동반자(同伴者)가 있어 반드시 온다.
* 심인 = 다른 사람이 권유해서 같이 돌아온다.
* 실물 = 남쪽을 찾아보라.
* 혼인 = 상대자가 다른 곳에 미련이 있으나 결국 이루어진다.
  좋은 인연(因緣)이다.
* 소송 = 유리(有利)하게 이긴다.
* 매매 = 너무 욕심을 부리지 마라.
  일에 실패할 수 있다.
* 직장 = 친구에게 부탁하면 좋다.
  취직(就職)되고 시험(試驗)은 합격한다.
* 이사 = 이사해도 무방하다.
* 출산 = 순산(順産)이며 사내다.
  그러나 진사유일(辰巳酉 日)이면 딸이다.

4) 천뢰무망 (无妄 : 없을 '무', 망령될 '망')

☰ 외괘 : 하늘, 강건함, 아버지(天)
☷ 내괘 : 우레, 미세한 진동, 장남(雷)

우레는 하늘 아래에서 울리는 것이 자연의 법칙이므로 자연의 순리에 따르는 것이 좋다. 아버지가 장남 위에 있는 모습으로, 가족 간에 위계질서가 있다.

그러므로 순리에 따라서 자연의 이치에 맞게 순종하면 좋지만 거역하는 행동을 하면 화를 초래한다. 적극적으로 행동하는 것보다는 수동적으로 행동하는 것이 좋다.

현재 최악의 상태라면 때를 기다려라.

우레는 잠시 지나가는 것이므로 힘든 상황도 시간이 지나면 지나가므로 조급하게 서두르지 말고 조금 기다려라.

망령되이 움직이지 않으면 나쁜 일은 없다.

망은 잊을 망 '亡'에 계집 녀 '女'가 합쳐진 글자로, 여자로 인해 패가망신할 수 있으므로 절대 여자를 가까이해서는 안 된다.

운수 = 현재는 침체(沈滯)되어 매우 불안하다.

그러나 운수가 나쁜 것은 아니고 앞으로는 차츰 좋은 운이 다가오는 상태이니 기다려야 한다.

* 소원 = 늦게 이루어진다.

그러나 실속보다는 소문이 크게 난다.
* 건강 = 중한 환자나 오래된 병은 사망한다.
* 재물 = 구하면 얻으나 만족하지 못한다.
* 여행 = 영리(營利)를 위한 것과 항공여행(航空旅行)은 하지 않는 것이 좋다.
* 대인 = 기다리지 마라.

오지 않는다.
* 심인 = 서북방으로 향하였으나 찾기 어렵다.
* 실물 = 물건을 쌓아둔 곳에서 찾아보라.
* 혼인 = 재혼은 성사(成事)되고 초혼은 방해가 있다.

두 번째 말하는 곳이면 된다.
* 소송 = 관재수(官災數)가 있고 불리하니 소송 중이면 화해(和解)하라.
* 매매 = 제값은 받을 수 없으나 팔린다.
* 직장 = 간신히 취직된다.

입학시험은 어렵다.
* 이사 = 옮기지 마라.

불리하다.
* 출산 = 순산(順産)이며 아들을 낳는다.

5) 천풍구 (姤 : 만날 '구')

☰ 외괘 : 하늘, 강건함, 아버지(天)
☴ 내괘 : 바람, 움직임, 장녀(風)

하늘 아래에서 부는 바람.

바람은 막힌 곳이 아니면 어디든지 갈 수 있고 무엇이든지 만날 수 있다. 그러므로 천풍구의 만남은 소개도 없고 절차도 밟지 않고 우연히 만나는 것으로 뜻밖의 연애나 이별을 뜻한다. 천풍구의 모습을 보면 맨 아래에 음기가 하나 있고 위에는 양기가 다섯 개가 있다. 양기는 가득한데 맨 밑에 있는 음기는 가운데가 뚫려 있으므로, 위에 가득한 양기가 음기의 구멍에 의해 다 빠져나가는 모습이다.

부드러운 여자 하나가 강한 남자를 많이 만나서 그 남자들의 기(氣)를 다 빼앗아 가는 형상이다.

초효의 자리는 홀수로 양의 자리인데 음의 여자가 있으므로 여자가 남자의 기를 제압하는 모양이다.

음기는 주역에서는 소인배로 보기에, 소인배가 군자의 기를 빼앗아서 힘을 쓰지 못하게 하는 모습이므로 남자가 이런 괘를 만나게 되면 나쁜 여자나 억센 여자를 만나게 된다.

그러나 여자라면 남자를 꼼짝하지 못하게 하는 능력이 있으므로 남자를 상대로 사업을 하거나 유흥업에는 적합하다.

구 '姤'는 계집 녀 '女'에 임금 후 '后'가 합친 글로 '여자 임금'

이라는 의미가 있으므로 여자가 세력을 얻으면 나쁘다는 의미도 있다. 기본적으로 구 '姤'는 만난다는 의미지만 '좋은 일보다는 나쁜 일을 만난다.' 라는 의미가 더 크다.

운수 = 운수가 현재 쇠퇴(衰退)하는 상태이다.
  사업은 규모를 줄여야 하고, 혼인이나 계약 따위는 하지 않는 것이 좋다.
* 소원 = 방해가 많아서 될 듯 하면서도 결국은 이루지 못한다.
* 건강 = 가벼운 증세라도 방심하지 말고 치료에 힘써라.
* 재물 = 적은 돈은 들어오나 낭비가 많다.
* 여행 = 단, 가까운 곳은 무방하나 주색가(酒色家)에 출입하면 망신을 당한다.
* 대인 = 이편에서 오게끔 주선해야 한다.
  불연(不緣) 하면 오지 않는다.
* 심인 = 아주 먼 곳에 있어 오지 않는다.
  그리고 찾지 못한다.
* 실물 = 여자가 가지고 서북간 방으로 갔으나 찾지 못한다.
* 혼인 = 상대방이 거짓이 많다. 단념하라.
* 소송 = 일으키지 마라. 오히려 손해를 본다.
* 매매 = 남에게 위임(委任)하면 가능하다.
* 직장 = 직장도 안 되고 시험도 안 된다.
* 이사 = 불길하니 집을 옮기지 마라.
* 출산 = 산모가 고통을 받는다. 아들이다.

6) 천수송 (訟 : 송사 '송')

☰ 외괘 : 하늘, 강건함, 아버지(天)
☵ 내괘 : 물, 위험, 이남(水)

하늘은 위로 향하고, 물은 아래로 흐르니 서로가 화합하지 못하고 다투며 소송하는 상태이다.

내괘인 안에는 험난한 것이 있는데 외괘인 바깥에는 강건한 것이 있다. 안에는 험난함이 있고, 위험하고, 고민이 가득한데 바깥은 강경하여 안에서의 고통을 들어주지 않으니 안과 바깥이 통하지 않는다. 서로 말이 통하지 않으면 자연히 갈등이 생기게 되고 갈등은 분쟁의 불씨가 된다. 그러므로 소송을 하게 된다.

안과 바깥이 통하지 않아서 소송하는 것이지만 천수송은 자기의 의견이 바깥에서 통하지 않는다는 것을 뜻하고 있다. 그러므로 상대가 나에게 소송을 거는 것은 대처해야 하지만 내가 상대에게 소송을 거는 것은 나의 의견이 외부에서는 통하지 않으므로 오히려 스스로 곤란한 상황을 만드는 것이 된다. 그러므로 스스로 소송을 하는 것은 좋지 않다.

상대와 통하지 않으니 운이 쇠퇴해지고 정지된 상태이며, 혼담은 이루어지지 않는다.

사람으로 인해 싸우고 송사하는 일이 생긴다.

뜻은 동쪽으로 두고 있으나 일은 서쪽으로 진행하는 것으로 몸과 마음이 따로따로이다. 송(訟)은 말씀 언(言)에 공평할 공(公)이 합친 글자로 말로써 공평함을 가린다는 뜻으로 폭력이나 심한 언쟁은 피하는 것이 좋다.

운수 = 쇠운에 처해 있으며 특히 남과 의사충돌 시비 및 소송이 일어날 징조가 있으니 주의해야 한다.
* 소원 = 아직 시기가 이르다.
  그리고 방해자가 있어 이루지 못한다.
* 건강 = 변비(便祕) 등에 주의하고 또한 사소한 병이라도 방심하지 마라. 오래 끌기 쉽다.
* 재물 = 약간의 돈은 들어오나 사용처가 많아 결국은 손해(損害)를 본다.
* 여행 = 불리하다. 여행 중에 주색으로 인한 봉변을 당하기 쉽다.
* 대인 = 이쪽에서 먼저 연락하라. 그렇지 않으면 오지 않는다.
* 심인 = 서북방으로 갔으나 있는 곳이 분명치 못하여 찾기 어렵다.
* 실물 = 찾기 어렵다.
  억지로 수색하면 도리어 남의 원한만 사게 된다.
* 혼인 = 현재 말하고 있는 곳은 성사되기 어려우니 다른 곳을 구함이 좋다.
* 소송 = 취하하라.
  괜히 잘못 건드리면 오히려 골칫거리만 생긴다.
* 매매 = 시세를 잃지 않고 매매한다.
* 직장 = 직장을 구하기 어려우니 시기를 기다려라.
* 이사 = 해도 좋다.
* 출산 = 약간 난산의 기미가 있으나 큰 탈은 없다. 아들이다.

7) 천산둔 (遯 : 달아날 '둔')

☰ 왜괘 : 하늘, 강건함, 아버지(天)
☷ 내괘 : 산, 막힘, 삼남(山)

하늘 밑의 산이 점점 솟아올라 하늘을 침범하니 하늘이 물러서는 모습이다. 뾰족한 산꼭대기가 마치 하늘을 찌르니 하늘이 도망가는 모습으로 달아날 '둔(遯)'이다.

또 다른 시각으로 보면 내괘에 있는 초효와 2효는 음인데 점점 세력을 확장하면서 올라오므로 3효에 있는 양기가 음기에 밀려서 도망가는 모습이다. 마치 늦게 들어온 남편에게 부인이 계속 잔소리하므로 싸움을 하기 싫어서 남편이 바깥에 있는 양기인 친구에게 가는 모습이다.

앞으로 나아가려 해도 바깥에서는 강건함이 있고, 뒤로 물러서려 해도 막혀 있으니 갈팡질팡하여 어디로 가야 할지를 모르는 상황이다. 이럴 수도 저럴 수도 없어서 진퇴양난일 때는 도망치는 것이 상책이다.

일상적으로 하는 사업이나 추진하던 일은 축소해라.

여관, 요정 등 도망가서 숨거나 신분을 감추기 좋은 장사는 오히려 적극적으로 나서야 한밑천을 잡는다.

잠시 물러나서 머리를 식히는 운이므로 영화, 연극, 예능 방면 등 한가하게 즐기는 종류의 일은 좋다.

운수 = 좋지 않다.

이 괘가 나온 사람은 사업의 확장이나 자본의 증가에는 크게 불길하니 그 규모를 줄이는 것만이 최선이다.

* 소원 = 이루기 어렵다.
* 건강 = 만일 노인이 병을 얻었다면 위독하다.

　　　　사망하지는 않는다.
* 재물 = 생기는 곳 보다 쓰는 곳이 많다.
* 여행 = 가지 않는 것이 좋다.

　　　　목적을 달성하지 못한다.
* 대인 = 장애가 있어 오지 않으니 기다리지 마라.
* 심인 = 상대가 거처를 자주 옮기므로 찾기 어렵다.
* 실물 = 타인이 가져간 것인데 급히 찾으면 나온다.

　　　　서북방 또는 남방에 있다.
* 혼인 = 어렵게 이루어진다.
* 소송 = 판결이 매우 오래 걸린다.

　　　　이익도 없고 해도 없다.
* 매매 = 시일이 걸린다.
* 직장 = 얻지 못한다.
* 이사 = 무방하다.
* 출산 = 아들을 낳는다.

　　　　다만, 유산에 주의하라.

8) 천지부 (否 : 아닐 '부' '비')

☰ 외괘 : 하늘, 강건함, 아버지(天)
☷ 내괘 : 땅, 순종, 어머니(地)

양기는 바깥(외괘)으로 다 밀려나고 안(내괘)에는 음기만 가득하다. 또한, 위에 있는 하늘은 끝없이 높고 높은데도 계속 높은 곳을 향하여 올라가고 아래에 있는 땅은 얕은데 계속 얕은 곳으로 내려가니 위에 있는 사람은 교만하게 우뚝 서고 아래에 있는 사람은 한없이 몸을 낮추니 윗사람과 아랫사람이 서로 화합하지 못하고 틈새만 넓어진다. 또한, 안에는 한없이 여리고 부드럽고 나약한 음의 기운이고, 바깥은 강하고 고집스러운 양의 기운이므로 안과 밖이 통하지 않는다. 하늘과 땅이 교접하지 않으니 만물이 생산되지 못한다.

남녀 간의 사랑에서는 하늘과 땅이 만나지 못하는 것이므로 서로 마음만 그리워하는 정신적인 사랑이다.

부부는 불화하고 헤어지거나 교접이 안 되니 자식이 생기지 않는다. 교접하지 못하니 적극적이지 못하고 소극적이다.

한편 자신의 나약함을 포장하기 위하여 바깥으로 강하게 무장한 것이므로 실속이 없다.

운수 = 현재로서는 아무 일도 안된다.

　　　　모든 것을 뒤로 미뤄라.

* 소원 = 현재의 상태로는 이루지 못한다.
* 건강 = 치료할 수 있다.

　　　　급히 약을 써라.

* 재물 = 돈을 벌기는 고사하고 빚도 얻어 쓰기 힘들다.
* 여행 = 먼 곳은 가지 않는 것이 좋다.
* 대인 = 장애가 있어 오지 않는다.
* 심인 = 서남방에 숨어 있으나 찾기 어렵다.
* 실물 = 찾지 마라.

　　　　나오지 않는다.

* 혼인 = 현재 말하고 있는 곳은 인연이 아니니 단념하라.
* 소송 = 좋지 않다.

　　　　이쪽에서 소송을 건 경우는 기각 당한다.

* 매매 = 제값은 받지 못하나 팔린다.
* 직장 = 단념하고 다음 기회를 기다려라.
* 이사 = 좋지 않으니 옮기지 마라.
* 출산 = 안심할 수 없으니 병원에 가라.

2. 외괘(上卦)가 택(澤)인 괘

1) 택천쾌 (夬 : 결정할, 제거할 '쾌')

☱ 외괘 : 연못, 웃음, 삼녀(澤)
☰ 내괘 : 하늘, 강건함, 아버지(天)

초효부터 양의 기운이 시작하여 5효까지 차지했다.

양은 다섯으로 전진하는 형상이고 음은 맨 마지막 상효에 앉아서 밀려 나가지 않으려고 애를 쓰고 있다. 군자가 소인배를 물리치는 것은 명분이 있는 일이므로 과감하게 물리쳐야 한다. 이제 마지막 상효에 남아 있는 소인배인 음기를 제거하는 일만 남았다.

소인배를 제거하는 방법은 여러 가지가 있을 것이다.

하나는 강제로 쫓아내는 방법이고, 다른 하나는 상대방을 설득하여 스스로 물러나게 하는 방법이고, 또 다른 하나는 합법적인 절차를 걸쳐서 정당하게 쫓아내는 방법이다.

이 중에서 택천쾌는 초효부터 순서대로 양기인 군자가 자리를 차지하면서 상효에 있는 음기를 밀어내는 양상이므로 절차나 순서를 밟아서 제거하는 것이 좋다.

순서를 밟지 않고 무리한 결단을 하거나 폭력을 쓰는 강압적인 방법으로 일을 처리하면 화를 부른다.

아래에서 위를 밀어내는 형국이므로 하극상의 뜻이 있다.

기세가 매우 당당하여 지나치게 세력만 믿고 분별없이 밀고 나가면 실패할 위험이 있다. 문서로 계약을 하는 일은 쉬우나 성사되기는 어렵다.

운수 = 비교적 좋은 상태지만 분수에 맞도록 해야 한다.
* 소원 = 방해가 있어 중도에서 좌절당하는데, 여자의 도움이 있으면 길하다.
* 건강 = 환자의 경우는 오래가니 방심치 말고 치료에 힘써라.
* 재물 = 노력한 결과만큼의 성과는 거둘 수 있다.
* 여행 = 손재수가 있거나 뜻밖의 놀랄 일을 만난다.
* 대인 = 기다리는 사람이 여자라면 오고, 남자는 오지 않는다.
* 심인 = 찾는 사람은 오랜 시일이 걸린 뒤에 한적한 곳에서 찾는다.
* 실물 = 잃어버린 물건은 서쪽에 있으니 자세히 찾으면 나온다.
* 혼인 = 만족할 만한 상대자는 아니나 성사된다.
* 소송 = 타인에게 부탁하면 승소(勝訴)한다.
* 매매 = 잘되지 않는다.
* 직장 = 어렵다.
　　　　가까스로 된다 해도 변변치 못한 곳이다.
* 이사 = 옮겨도 좋고 그대로 있어도 무방하다.
* 출산 = 순산한다.
　　　　그리고 첫 아기인 경우는 딸이다 .

2) 태위택 (兌 : 바꿀 '태', 기뻐할 '태')

⚌ 외괘 : 연못, 웃음, 삼녀(澤)
⚌ 내괘 : 연못, 웃음, 삼녀(澤)

하늘(외괘)에도 땅(내괘)에도 기쁨이 있고 웃음이 있으므로 기쁘고 즐거운 일이 생긴다.

하늘에도 입이 있고 땅에도 입이 있으니 입이 두 개가 겹쳐 있는 모양으로 말이 많은 모습이다.

위와 아래가 모두 입을 가지고 있으므로 말을 직업으로 하는 세일즈, 선전, 외판원, 방송인 등 말로 하는 직업은 좋다.

기쁘고 즐거움이 많다 보면 긴장을 풀게 되어 오히려 실속 없는 일이 생길 수도 있고, 말을 많이 하다 보면 실수를 할 수도 있고 말이 많은 곳에는 속이는 말도 있으므로 믿는 도끼에 발등 찍힐 수도 있다.

위에도 셋째 딸이 있고 아래도 셋째 딸이 있으므로 젊고 웃음이 많은 모습이고 남녀가 서로 즐거워하는 형상인데 나이가 어려서 판단력이 얕아 이성 문제로 신경 쓸 일이 많으며 일에 다른 사람이 개입되면 배신하는 일이 생긴다.

웃음과 웃음이 겹쳐 있으므로 웃음을 직업으로 하는 서비스업 계통과 유흥업도 좋다.

금전 운이 좋다.

운수 = 현재는 곤고(困苦)하나 점차 운이 순조롭게 풀려 나간다.

* 소원 = 당장은 어려운 것 같으나 여자의 협조를 얻으면 성취된다.
* 건강 = 건강한 상태.
그러나 식중독 따위는 조심해야 한다.
* 재물 = 조급히 서둘지 마라.
조금 시일이 지나야 얻을 수 있다.
* 여행 = 순조롭게 목적을 달성한다.
그러나 여난(女難)을 조심하라.
* 대인 = 곧 온다. 빠르면 당일에 소식이 있다.
* 심인 = 서쪽으로 가라.
시일이 걸리나 찾을 수 있다.
* 실물 = 도적의 소행이 아니니 찾을 수 있다.
여자에게 물어보라.
* 혼인 = 약간의 어려움이 있으나 결국 성사된다.
재혼은 안된다.
* 소송 = 타인에게 위임하면 길하다.
* 매매 = 시일이 오래 걸린다.
* 직장 = 근심하지 마라. 취직된다.
* 이사 = 오직 북쪽으로 가는 것만이 좋다.
* 출산 = 순산이며 딸을 낳는다.

3) 택화혁 (革 : 고칠 '혁')

☱ 외괘 : 연못, 웃음, 삼녀(澤)
☲ 내괘 : 불, 밝음, 이녀(火)

　내괘를 지배하고 있는 것은 2효에 있는 음인데, 양이 위 아래에서 포위하고 있고 외괘를 지배하고 있는 것은 상효에 있는 음인데 양이 밑에서 점점 올라오면서 밀어내고 있다.
　음은 소인배고 양은 군자이므로 군자가 소인배를 밀어내려면 과감하게 밀어내야 한다.
　군자들의 사이에 소인배가 들어와서 중심 역할을 했으므로 서로 화합이 되지 않았던 것을 소인배를 몰아냄으로 군자들이 화합이 되니 변혁을 통해서 서로 믿음을 가지게 된다.
　그러므로 과감하게 변화를 하고 개혁을 해야 한다.
　옛것을 고치고 변혁을 일으키는 것이다.
　변혁해야 서로 믿음을 가지게 된다.
　그러므로 바꾸겠다는 의지가 있어야 한다.
　사물의 개혁, 사업의 혁신, 직업의 변동, 가옥의 증, 개축 등에 적합한 시기이며 계약 같은 것이 취소되거나 변경되는 일이 있다면 전화위복이 될 수 있다.(큰 탈은 없다)

운수 = 순풍에 돛단배와 같이 매우 순조롭다. 모든 일을 박력 있고 결단성 있게 밀고 나가면 무난하게 뜻을 이룰 수 있다.

* 소원 = 처음은 이루지 못할 것 같으나 뒤에는 좋은 성과를 얻는다.
* 건강 = 중병환자는 사망하고, 경환자는 치료된다. 의사와 병원을 바꿔라.
* 재물 = 예상한 액수의 칠팔 할을 얻는다. 그러나 낭비가 심하다.
* 여행 = 서쪽, 남쪽이 길하다. 또는 계획의 변경이 있을 것이다.
* 대인 = 상대방의 마음이 변하여 오지 않는다. 여자라면 희망이 있다.
* 심인 = 찾는다. 상대가 스스로 돌아온다.
* 실물 = 남의 손에 들어가고 그 뒤 또 다른 사람에게 옮겨져서 찾기 힘들다.
* 혼인 = 상대가 마음이 변해 있다. 오래 끌던 혼담은 의외로 성사된다.
* 소송 = 불리했던 경우는 유리해지고, 유리했던 경우는 불리해 진다.
* 매매 = 순조롭고 이익도 얻는다.
* 직장 = 뜻대로 된다. 직업을 바꾸는 것도 좋다.
* 이사 = 가능하면 옮기는 것이 길하다.
* 출산 = 딸을 낳는다.

4) 택뢰수 (隨 : 따를 '수')

☱ 외괘 : 연못, 웃음, 삼녀(澤)
☳ 내괘 : 우레, 미세한 진동, 장남(雷)

아래에는 우레가 움직이고 위의 연못물도 웃으면서 같이 움직이므로 기쁘게 순종하고 따른다. 따름이 피동적이지만 자의에 의한 것이므로 아무 문제가 없다.

아래의 움직임이 위의 물을 움직이게 하는 것이므로 자신의 실력을 감추고 다른 사람의 의견을 따르는 수동적인 행동이 좋다.

위에 있는 셋째 딸인 젊은 여성이 아래에 있는 첫째 아들인 나이 많은 남자에 의해 움직이는 것이므로, 나이 많은 남자가 어린 여자를 유혹하는 모습이다(澤은 소녀, 雷는 장남).

그러므로 남녀 간의 아름다운 만남을 뜻한다.

아래의 움직임이 위에 영향을 주는 것으로 움직임이 위에까지 전달되려면 시간이 필요하다.

그러므로 기회가 올 때까지 기다려라.

아래의 미세한 움직임이 위의 물을 움직이는 것이므로 일을 처음부터 크게 하지 말고 작은 일부터 시작해서 점차 늘려가는 것이 좋다.

남보다 앞서는 일보다 남이 한 일을 추종하는 것이 더 이롭다.

운수 = 처음은 평범하다가 점차 좋은 운으로 돌아선다.
* 소원 = 무리한 소원이 아니면 거의 이루어진다.
* 건강 = 약간 시일이 걸리나 결국은 치료된다.
* 재물 = 수입도 많고 지출도 많으나 자금은 순조롭게
　　　　회전한다.
* 여행 = 대체로 여정(旅程)이 순탄한 편이다.
* 대인 = 두 사람이 동반해서 온다.
　　　　그리고 기다리는 소식도 온다.
* 심인 = 동북간 방향에 있다.
　　　　지금 돌아올 의향이 있다.
* 실물 = 물속(水中)에 있으므로 찾지 못하고 헛수고만 한다.
* 혼인 = 이루어진다.
* 소송 = 이쪽이 유리하다.
* 매매 = 가능하나 이익이 없다.
* 직장 = 길하다.
　　　　노력하면 얻는다.
* 이사 = 대길하다.
　　　　이 기회를 놓치지 마라.
* 출산 = 순산이며 딸을 낳는다.

5) 택풍대과 (大過 : 큰 '대', 지나칠 '과')

☱ 외괘 : 연못, 웃음, 삼녀(澤)
☴ 내괘 : 바람, 움직임, 장녀(風)

위에는 연못, 밑에는 바람이 부는 모습으로 바람이 강하게 움직이면 연못에 있는 물은 바깥으로 넘쳐흐른다.

그러므로 강한 것이 지나치면 나쁘다.

대과(大過)는 너무 지나치다는 뜻으로 현 상황이 비정상적이며 위태롭고 힘겹다는 것을 의미한다.

괘를 보면 초효와 상효(6효)에 음이 있고 나머지는 모두 양이 차지하고 있으므로 음보다 양이 너무 많으니 강한 것이 지나치다.

또한, 안에는 강한 양의 기운이 있지만 처음(1효)과 끝(6효)에는 음의 기운으로, 처음과 끝에 구멍이 뚫려 새고 있으므로 안전하지 않고 허술한 상태다.

시작도 음이고 마지막도 음이므로 시작도 어렵고 마무리도 쉽지 않다. 음기로 인해 가운데 양기가 곤란을 당하는 상황이므로 남자는 여자로 인해 문제가 생길 수도 있다.

위 아래가 단단하지 않고 허술하므로 건강에 문제가 있을 수 있으니 과로 등을 하면 문제가 생긴다.

책임은 막중한데 현재 위험에 직면해 있으므로 하고자 하는 일이 순조롭지 못하다.

근심하는 일이 생기고 끝내 일을 이루기 어렵다. 힘에 부치는데도 무리하게 감당하다가 손상이 따르게 되므로 자신의 역량과 능력을 충분히 검토하여 움직이는 것이 좋다.

지금은 한걸음 뒤로 물러서서 상황을 판단하는 것이 좋다.

운수 = 우선으로 현재의 곤경 속에서 벗어날 방법을
　　　　모색(摸索)해야 한다.
* 소원 = 분수에 맞지 않는 일이면 성취하지 못한다.
* 건강 = 오래된 병은 위험하다.
* 재물 = 심한 자금난에 빠져 있다.
* 여행 = 불길하다.
　　　　뜻밖의 사고가 생기니 집을 나서지 마라.
* 대인 = 오지 않는다.
　　　　소식도 없다.
* 심인 = 남쪽에 있으나 이른 시일에는 찾지 못한다.
* 실물 = 찾지 못하니 단념하라.
* 혼인 = 이루어지지 않는다.
　　　　재혼이나 연령차가 많은 혼인은 성사된다.
* 소송 = 관재수가 있고 불리하다.
* 매매 = 불가능하다
* 직장 = 방해가 있어 안 된다.
* 이사 = 옮기지 마라.
* 출산 = 난산이며 딸을 낳는다.

6) 택수곤 (困 : 곤란, 곤궁할 '곤')

☱ 외괘 : 연못, 웃음, 삼녀(澤)
☵ 내괘 : 물, 위험, 이남(水)

위에는 연못이 있고 밑에는 물이 있는 것으로, 연못에 있는 물이 밑으로 흘러내려서 연못의 물이 말라버린 상태다.

그러므로 꼼짝달싹할 수 없는 상황이다. 사대난괘 중의 하나로 64괘 중에서 나쁜 4대난괘 중의 하나에 해당한다.

困은 입(口)속에 나무(木)가 자라고 있는 모습으로 현재 여러 가지 어려움을 겪고 있으며 사업을 하는 사람이라면 금전이 바닥이 난 상태다.

입속에 나무가 있으니 입안이 편치 않아 음식을 제대로 씹기 곤란하므로 음식으로 인해 문제가 생긴다. 과식이나 과음으로 인해 위장이 상한 상태다.

마음도 몸도 힘들고 위험에 처하게 된다.

안에서는 곤란한 일이 있는데 바깥에는 어린 셋째 딸이 아무것도 모르고 웃고 있는 모습으로, 안에서는 고민이 많은데 바깥에 있는 어린 소녀는 너무 어려 일을 해결하지 못하고 있는 모습이다. 마음에 고민이 많고 좋은 일이 점점 없어진다.

손실을 보더라도 무리하여 어려움을 이겨내려고 애를 쓰면 점점 더 궁지에 빠지게 된다. 구멍 뚫린 독에 물 붓기이므로 현재 피해를 감수하고 과감하게 방향을 전환하는 것이 올바른 선택이다.

4대난괘중의 하나.

운수 = 아무리 노력해도 효과가 없다.

　　　　마치 모래로 강물을 막는 격으로 한껏 수고로움과 시간만 허비할 뿐이니 분수를 지키고 기회를 기다려라.

* 소원 = 이루어지지 않는다.
* 건강 = 치료하면 낫는다.
* 재물 = 얻기 어렵다.

　　　　특히 투기 사업이나 도박 같은 것에 손대지 마라.
* 여행 = 집을 나서면 당장 질병과 손재수를 당한다.
* 대인 = 사람은 오지 않으나 소식은 있다.
* 심인 = 머지않은 시일에 스스로 돌아온다.
* 실물 = 도적의 소행은 아니다.

　　　　그러나 찾지 못한다.
* 혼인 = 인연이므로 예상외로 성사된다.
* 소송 = 일으키지 마라.

　　　　그리고 소송 중이면 화해하라.
* 매매 = 되지 않는다
* 직장 = 헛수고만 한다.
* 이사 = 불길하다.

　　　　옮기지 마라.
* 출산 = 난산(難産) 혹은 유산되기 쉽다.

　　　　주의하라.

7) 택산함 (咸 : 부드러울, 찰 '함')

☱ 외괘 : 연못, 웃음, 삼녀(澤)
☶ 내괘 : 산, 막힘, 삼남(山)

산 위에 있는 연못으로 산에 있는 흙은 연못에 있는 물이 바깥으로 흐르지 않도록 보호해주고, 연못에 있는 물은 산에 있는 나무에 수분을 공급해주어 나무를 잘 자라게 하므로 서로에게 도움을 주면서 교감한다.

또 괘의 모습을 보면 안에는 셋째 아들이 있고 바깥에는 셋째 딸이 있으니 젊은 사람끼리 통하여 애정을 교감하고 있다.

바깥에 있는 셋째 딸의 부드러운 기운이 아래로 내려와 멈추게 되어 그 부드러움이 안에서 머물게 되는데, 남자가 여자의 밑에 있는 모습으로 좋은 여자를 만나게 되는 것이다.

또한, 막내딸과 막내아들의 만남으로 어떤 이유나 계산을 하지 않고 순수한 마음으로 대하니 서로 상대에게 즐거움을 주어 상호간에 자연히 이득과 발전이 있는 것이다.

咸(함)의 밑에 心(심)을 붙이면 감(感)이 되어 感 – 감수성, 감정적으로 행동한다는 뜻이다. 헛된 마음 없이 순수한 마음으로 행하면 밖에는 기쁨이 있으므로 본분을 지키고 가식 없는 행동이 좋다.

감정이 교감 되는 것이므로 결혼이나 연애는 좋다. 진심으로 대하면 하고자 하는 일마다 안 되는 일이 없다.

운수 = 남의 협조를 얻어 만사가 순탄하다.
* 소원 = 귀인의 도움이 있어 이루어진다.
* 건강 = 대체로 건강한 상태나 이미 병중이면 위험하다.
* 재물 = 윗사람의 의견을 받아들이면 큰 이익을 얻는다.
* 여행 = 길하다.
* 대인 = 온다. 그리고 기다리는 소식도 온다.
* 심인 = 찾을 수 있다.
　　　　여자를 시켜 찾아보라.
* 실물 = 어린이나 여자에게서 찾아보라.
　　　　찾는다.
* 혼인 = 좋은 인연이니 이루어진다.
* 소송 = 이익이 없다.
* 매매 = 이익은 없으나 가능하다.
* 직장 = 때가 이르다.
　　　　성심으로 노력하면 머지않아 적합한 곳이 생긴다.
* 이사 = 옮겨도 좋다.
* 출산 = 순산이며 딸을 낳는다.

8) 택지췌 (萃 : 모을 '췌')

☱ 외괘 : 연못, 웃음, 삼녀(澤)
☷ 내괘 : 땅, 순종, 어머니(地)

땅 위에 있는 연못으로, 연못에 있는 물이 주변의 초목을 적셔주어 무성하게 자라나게 하고, 사방팔방에 있는 물이 연못으로 모여들어 많아지니 '췌(萃)'가 된다.

'췌(萃)'의 한자를 보면 병졸 '졸(卒)'들이 초목처럼 무성하게 어우러진 모습이다. 이렇게 뭉치게 되면 자연히 일이 많아지게 되는데 이럴 때는 나쁜 일도 같이 생길 수가 있으므로 주변을 잘 살피고 경계해야 한다.

안에서는 지극히 온순하고 유순하며 밖으로는 기쁨과 웃음으로 대하니 모든 인심이 모여 자연히 사람들이 모여든다.

그러나 물이 많이 모이면 넘쳐서 샐 염려가 있고 사람이 많이 모이면 서로 의견이 달라 분쟁이 일어날 수도 있으므로 매사 경계하고 조심해야 한다.

다른 사람이 나를 괴롭히지만 결국에는 특별히 나쁜 일은 없다. 땅 위에 있는 연못으로 온천으로 보기도 한다.

기운이 모이는 것이므로 시험과 승진, 승급, 영전, 선거 당선 등에 좋다.

안은 온순하고 바깥에는 웃음이므로 결혼 생활에도 좋다.

- **운수** = 손윗사람이나 선배 또는 동료의 도움으로 뜻밖의 성공을 한다. 그리고 여러 사람이 합심해서 협동하는 일이면 크게 성공한다.
* 소원 = 대개는 성취하는데 노인이나 여자가 끼어 있으면 중도에서 실패한다.
* 건강 = 건강하다.
  현재 환자의 경우라도 치료에 힘쓰면 완치된다.
* 재물 = 예상보다 많은 재물이 생긴다.
  투기사업도 무방하다.
* 여행 = 별로 신통한 일은 없으나 나쁘지는 않다.
* 대인 = 기다리는 사람도 오고 소식도 있다.
* 심인 = 사람을 찾을 수 있으나 스스로는 돌아오지 않는다.
* 실물 = 남의 수중에 있고 서남간으로 갔으나 찾을 수 있다.
* 혼인 = 빨리 서두르면 이루어진다.
  연애결혼은 이루지 못한다.
* 소송 = 윗사람에게 부탁하라.
  자기의 고집은 불리하다.
* 매매 = 어렵다. 억지로 처분하면 손해가 크다.
* 직장 = 윗사람에게 신임을 얻으면 성취된다.
* 이사 = 옮기지 마라. 운이 아니다.
* 출산 = 순산이며 딸이다.

3. 외괘(上卦)가 화(火)인 괘

1) 화천대유 (大有 : 큰 '대', 있을 '유')

☲ 외괘 : 불, 밝음, 이녀(火)
☰ 내괘 : 하늘, 강건함, 아버지(天)

밑에는 하늘이 있고 위에는 태양이 있는 모습으로 해가 중천에 떠서 만물을 비추니 모든 것이 밝아 운세가 강하다.

안에는 강건한 기세를 가지고 있는데 바깥으로 밝게 행동하니 크게 이루어진다.

괘의 모습을 보면 5효는 양효이며 군왕의 자리인데 이곳에 음효가 있다는 것은 강한 군왕을 여자의 부드러움과 선한 마음으로 끌고 가는 것이니 모든 것이 좋다는 것이다.

부드러운 것이 높은 지위(음효가 5효에)를 얻고 그것에 감동한 무리가 따르니 하늘이 도와줄 것이다.

또한, 火는 밝음이므로 악한 것을 막고 선한 것을 드러내어 하늘의 아름다운 도리에 따른다는 의미도 있다.

한편 지금은 해가 중천에 떠 있는 밝은 대낮인데, 이제 조금 있으면 해가 기울 것이므로 지금 곧 적극적으로 행동하는 것이 좋고 빠르면 빠를수록 좋다.

운수 = 명예에 관계되는 일이면 더욱 좋다.
　　　　 사업 면에서도 크게 발전한다.
* 소원 = 분수에 맞는 일이라면 이루어진다.
* 건강 = 열병에 조심하라.
　　　　 오래된 병은 중태에 빠진다.
* 재물 = 적은 액수의 재물 융통은 순조로우나 대체로 지출이 많다.
* 여행 = 봄과 여름 이외로는 길하다.
* 대인 = 기다리는 사람은 이편에서 주선하면 속히 온다.
* 심인 = 찾는 사람은 서북방에 있으나 돌아오지 않는다.
* 실물 = 잃은 물건은 급히 찾음이 좋다.
　　　　 늦으면 찾지 못한다.
* 혼인 = 늦으나 이루어진다.
* 소송 = 당신에게 유리하다.
* 매매 = 이른 시일에는 매매할 수 없다.
* 직장 = 부지런히 노력하라.
　　　　 뜻대로 된다.
* 이사 = 옮겨도 좋다.
* 출산 = 순산이며 딸을 낳을 가능성이 크다.

2) 화택규 (睽 : 어긋날 '규')

☲ 외괘 : 불, 밝음, 이녀(火)
☱ 내괘 : 연못, 웃음, 삼녀(澤)

불(태양)과 물(연못)은 서로 화합할 수가 없고 항상 어긋난다. 태양의 불은 위로 타오르는 성질이 있고 연못의 물은 아래로 흐르는 성질이 있어서 상반된 모습으로, 뜻이 통하지 않아 양쪽이 어긋나기 시작한다.

또 다른 규(睽)는 目과 癸의 합성어로 비뚤어진 눈으로 헤아리고 노려본다는 뜻이다. 눈으로 보아 측량한 것과 실제는 어긋남이 있다는 뜻이다. 외괘의 火는 밝음으로 사물을 관철하는 눈으로 보기도 하는데 연못에 비친 모습은 물결에 따라 흔들리므로 정확하게 볼 수 없으므로 실제 모습과 어긋나 보일 수 있으므로 '규'가 된다.

아래는 셋째 딸이 있고, 위에는 둘째 딸이 있는데 이 둘의 관계는 비슷한 또래로 보여 누가 언니고 동생인지 구별하기가 어렵다. 그리고 둘째와 셋째는 나이도 비슷해서 서로 질투하면서 많이 다투게 된다.

말하자면 상대와 맞지 않는 것이 '규'다.

예를 들면 남자는 미남인데 여자는 추녀든지 여자는 미녀인데 남자는 추남인 것처럼 상대와 배합이 맞지 않는 것이다. 작은 일에는 좋으나 큰일은 불리하고, 대체로 재물은 없어지고 사람은 떠나며 구설이 생긴다.

운수 = 말과 행동을 조심하고 매사를 양보하면 평탄하다.
* 소원 = 운이 불리하니 지금은 이루지 못한다.
* 건강 = 환자의 경우는 중태다.
  그리고 교통사고 등에 주의하라.
* 재물 = 수입보다 지출이 많다.
* 여행 = 멀고 가까운 곳을 막론하고 불길하다.
* 대인 = 기다리는 사람은 오지도 않고 소식도 없다.
* 심인 = 신불(神佛) 근처에 숨어 있다.
  여자에게 물어보라.
* 실물 = 여자에게 물어보고 급히 서두르면 찾을 수 있다.
* 혼인 = 성사되지 않는다.
  만약 재혼의 경우라면 이루어진다.
* 소송 = 억지로 일으키면 불리하니 화해하라.
* 매매 = 남의 의견에 따르면 매매된다.
* 직장 = 직장을 구하는 일이나 시험 등은 다음 기회를
  기다려라.
* 이사 = 불길하니 옮기지 마라.
* 생산 = 별로 염려할 것은 없다.
  딸이다.

3) 이위화 (離 : 밝을, 떠나갈 '이, 리')

☲ 외괘 : 불, 밝음, 이녀(火)
☲ 내괘 : 불, 밝음, 이녀(火)

아래도 불이고, 위에도 불인데 아래의 불은 달, 위의 불은 해로 마치 해와 달이 붙어 있는 모습이다.

해와 달이 있으니 쉬지 않고 주야를 밝힌다는 의미가 있어 많은 사람에게 봉사하고 은덕을 베풀면 좋고 또한 명망이 높아진다.

안과 밖으로 밝은 덕이 있고 한낮에 태양이 사방을 두루 비추어 만물이 자라나고 있는 모습이다. 火의 괘 모습을 보면 중간이 음으로 비어있으므로 물건을 담고 보호하고 기른다는 뜻도 있다. 또한, 火는 가운데 가장 중요한 자리에 음이 자리하고 있으므로 유하고 부드럽게 행동하라는 의미가 담겨 있다.

지금은 달과 해가 빛나니 가장 밝을 때이므로 자신의 능력을 발휘할 수 있는 때이다.

'火'와 '火'가 겹치면 불꽃 염(炎)자가 된다. 격렬함과 정열 그리고 화려함이다. 그러나 불은 멀리서 보면 밝고 아름답지만 가까이 가기에는 너무 뜨거워서 상처를 입기 때문에 열렬하게 사랑하고 있지만, 영원히 이루어질 수 없는 사랑이다.

불은 움직이면서 빛을 발할 때는 화려하게 빛나지만, 시간이 지나면 화려함은 사라지고 쓸쓸함만 남는다. 너무 화려했던 것은 사라지고 나면 더욱 쓸쓸한 법이다.

잠깐은 좋지만, 시간이 지나면 시들해져서 구설이 많아지고 사람과는 이별하고 재산은 없어진다.

리(離)는 밤하늘의 불꽃놀이와 같다.

운수 = 봉사적인 사업에 대길하다.
　　　　자신의 재능과 지혜를 지나치게 믿고 오만함을 가지면 실패한다. 그러나 대체로 창달(暢達) 하는 운세이다.
* 소원 = 문예(文藝) 방면의 일이면 모두 성취한다.
* 건강 = 좋지 않다.
　　　　정신적으로 오는 질환을 주의하라.
* 재물 = 약간의 손해가 있다.
* 여행 = 불길하다.
　　　　다음 기회로 미뤄라.
* 대인 = 이른 시일에 소식도 오고 기다리는 사람도 온다.
* 심인 = 동북간 방향에 있으나 속히 찾지 못한다.
* 실물 = 찾기 어려우니 단념하라.
* 혼인 = 될 듯 하면서도 성사되지 않는다.
* 소송 = 속히 서두르면 유리하다.
* 매매 = 급히 서두르지 마라, 시세를 잃는다.
* 직장 = 현재 위치가 불안하다.
　　　　그리고 취직은 어렵다.
* 이사 = 해도 좋다.
* 출산 = 딸이면 순산한다.

4) 화뢰서합 (噬嗑 : 씹을 '서', 말 많을 '합')

☲ 외괘 : 불, 밝음, 이녀(火)
☳ 내괘 : 우레, 미세한 진동, 장남(雷)

하늘에는 불꽃이 번쩍하면서 번개가 치고 땅에는 우레가 진동하니 천지개벽이라도 될 것 같지만 소리만 요란할 뿐 큰 변화는 일어나지 않는다. 우레가 합하여 빛나고 함께 하는 것으로, 서(噬)는 씹는 것이요, 합(嗑)은 다물어 합하는 것이므로 입속에 음식물을 씹고 있는 모습이다.

괘의 모습을 보면 위와 아래 중간 陽에 음식이 있는 모습으로, 음식을 씹어서 소화한다는 의미가 있다. 잘 씹어서 소화하기 위해서는 스스로 열심히 음식을 씹는 노력을 해야 하므로 장애물이 생기더라도 끝까지 노력해야 한다는 의미이다.

다만 음식이 어떤 종류인지를 모르고 함부로 먹었다가는 탈이 생기므로 먼저 음식물을 잘 파악하고 먹어야 하므로 무조건 덤비면 안 된다.

안에서는 움직이고, 바깥에서는 밝게 움직이는 현상이니 '만물이 서로 합하여 형통하다.' 라는 뜻도 가지고 있다.

번개 치고 우레가 진동하니 소리가 요란하다. 그러므로 일이 순조롭게 이루어지지 않고 방해가 있고 구설수가 생긴다. 그러나 이런 경우에는 적극적인 자세로 임해 이를 타파해야 한다.

소리는 요란하지만, 위험한 상황은 아니므로 앞장서서 장애물을 극복해야 한다. 천둥 번개는 시간이 지나면 사라지고 그 뒤 고요가 찾아오듯이 무엇을 하든 다투고 싸워서 시끄러워야 일이 해결된다.

　인간관계에서도 잡음이 생긴다. 부부 싸움이 서로의 사이를 멀어지게도 하지만 때로는 그동안 쌓였던 불만을 다 털어놓다 보면 상대의 마음을 이해하게 되어 싸우기 전보다 사이가 더 좋아지는 것처럼 한바탕 시끄러운 일을 겪어야 일이 순조롭게 풀린다. '비 온 뒤에 땅이 굳는다.' 는 속담과 같다.

- **운수** = 경영하는 일마다 방해가 있으나 이를 제거해 나가면 큰 성과를 얻는다.
- * 소원 = 방해가 있기 마련이다.
  그러나 이를 제거하면 성취한다.
- * 건강 = 대체로 건강한데 오래된 병(舊病)은 조심하라.
- * 재물 = 별로 이해관계가 없다.
- * 여행 = 당일 왕복은 무관하나 기타는 구설이 있다.
- * 대인 = 소식만 있고 오지 않는다.
- * 심인 = 남쪽으로 가보라. 깊은 곳에 숨어 있다.
- * 실물 = 물건 사이에 끼어서 잘 보이지 않는다.
- * 혼인 = 경쟁자가 있어서 이루어지기 어렵다.
- * 소송 = 엉뚱한 일이 생긴다.
- * 매매 = 여의치 않다.
- * 직장 = 경쟁자가 많으므로 최선의 노력이 필요하다.
- * 이사 = 옮기지 마라.
- * 출산 = 난산이며 아들을 낳는다.

5) 화풍정 (鼎 : 솥 '정')

☲ 외괘 : 불, 밝음, 이녀(火))
☴ 내괘 : 바람, 움직임, 장녀(風)

밑에는 바람이 불고, 위에는 불이 타오르고 있는 모습이다.

또한, 바깥에는 불이 있고, 안에는 나무가 있으니 장작으로 불을 지펴서 음식을 덥히고 있는 모습으로 솥의 모습이다.

안에는 순순히 받아들이는 덕이 있으며 밖으로 환하게 밝은 덕이 있으니 스스로 자신을 희생해서 바깥을 밝히는 뜻이 있으므로 자신을 희생하여 솥 안의 음식을 끓이고 있는 상이다.

불은 바람이 없거나 나무가 없으면 살 수가 없다.

그러므로 서로 협조하여 일을 이루는 상이다.

음식은 불의 온도에 달려있으므로 온도 조절을 잘 해야 한다.

불이 너무 강하면 솥에 있는 음식이 타버리거나 끓어서 넘치기가 쉬우니 언쟁을 하는 것은 좋지 않다.

솥은 옆에 받쳐주는 부뚜막이 있어야 안정되어 진다.

말하자면 혼자 일을 할 수 있는 것이 아니라 솥을 걸 수 있는 부뚜막이 있어야 하고 불이 있어야 제 역할을 할 수 있으므로 혼자 독단으로 일을 하는 것이 아니라 주변과 같이 일을 하는 것이 좋다. 밑에서 바람이 불기 시작하므로 일을 새롭게 시작하는 것이 중요하다. 새로운 일을 다른 사람들의 화합과 협력하에 자신이 주도적으로 하면 크게 성공한다.

운수 = 기반이 튼튼하다.

그러나 세 가지 여건(솥은 다리가 세 개) 중에 하나만 빠져도 무너지고 마는 것이니 매사를 튼튼히 합심하여 처리해 나가야 한다.

* 소원 = 이루어진다.

세 사람이 협력하는 일이면 가장 좋다.
* 건강 = 곧 낫는다. 다만 열병에 주의하라.
* 재물 = 금전의 융통은 가능하나 쓸데없는 곳에 소비가 많다.
* 여행 = 세 사람이 동행하면 매우 길하다.
* 대인 = 좋은 소식을 가지고 온다.
* 심인 = 남방에 있으나 오지 않는다.
* 실물 = 당장은 찾지 못하나 오래된 뒤에 스스로 나온다.
* 혼인 = 이루어진다.

상대편에서 호의를 가지고 있다.
* 소송 = 우선은 승리하나 뒤에 또 말썽이 생긴다.
* 매매 = 예상했던 금액과 차이가 많게 매매된다.
* 직장 = 다른 곳으로 옮기는 것이 좋다.

취직도 가능하다.
* 이사 = 옮기면 더욱 좋다.
* 출산 = 첫 번째 아기면 아들이고, 두 번째는 딸이다.

6) 화수미제 (未濟 : 아닐 '미', 건널 '제')

☲ 외괘 : 불, 밝음, 이녀(火)
☵ 내괘 : 물, 위험, 이남(水)

위에 있는 불은 위를 향하고, 아래에 있는 물은 밑으로 향하니 서로 지향하는 바가 달라 화합할 수가 없다.

안에는 물(위험)로써 험하며 밖으로는 火로 밝은 덕이 있으나 안에서 어려움이 있으므로 지금은 힘든 상황이다.

초효, 3효, 5효는 양의 자리, 2효, 4효, 상효는 음의 자리인데 양의 자리에 음이 있고, 음의 자리에 양이 있으므로 음양이 제 위치에 있지 않아 각자 자기의 역할을 하고 있지 않다.

군주는 군주에 자리에, 백성은 백성의 자리에, 남편은 남편의 자리에, 아내는 아내의 자리에, 학생은 학생의 자리에 있지 않은 것으로 이렇게 되면 모든 일이 제대로 이루어지지 않는다. 그러므로 지금은 때가 아니다.

아래는 水로 북방에 위치하고 저녁이며, 위는 火로 남방에 처한 괘로 아침이므로 내부는 아직 해가 떠오르기 전의 어두운 밤에 해당한다. 그러므로 지금 하고자 하는 일을 현재는 할 수가 없고 아침이 되기까지 기다려야 하므로 매사 일이 성사되지 않고 막히는 일이 많다.

한번 나가면 한번 물러선다. 한 가지 일도 성사되는 일이 없다. 하지만 노력하여 난관을 극복하고 견디면 운이 좋아진다.

운수 = 현재는 난관이 있으나 시일이 갈수록 운이 좋아진다.
* 소원 = 이루어진다.

    남에게 부탁하는 일이라면 시원하게 고백하라.
* 건강 = 점점 쾌차해지기 시작한다.
* 재물 = 아직은 수입보다 지출이 많다.
* 여행 = 불리하니 그만두어라.
* 대인 = 좀 더 기다려 보라 늦게야 소식이 있다.
* 심인 = 두 사람이 동행이다.

    북쪽으로 도망쳤다.
* 실물 = 찾지 못한다.
* 혼인 = 방해자가 있다.

    기다렸다가 뒤에 이야기해 보라.
* 소송 = 시일이 오래 걸린다.
* 매매 = 값을 약간 손해를 보지만 매매는 된다.
* 직장 = 단념하고 다음 기회에 힘써라.
* 이사 = 옮기지 않는 것이 좋다.
* 출산 = 순산이며 딸이다.

7) 화산려 (旅 : 나그네 '려')

☲ 외괘 : 불, 밝음, 이녀(火)
☶ 내괘 : 산, 막힘, 삼남(山)

산 위에 불이 붙은 모습으로 볼 수도 있고, 산 위에 해가 뜨는 모습으로도 볼 수 있다. 위에는 끊임없이 움직이면서 밝은 모습을 하고 있는데 아래는 정지되어 있으니 불안한 상태다.

바깥에서 해와 달은 밝은 모습으로 그 자리에 한시도 머물지 않고 무질서하게 떠도는 것 같으나 결코 일정한 법칙에서 벗어나는 법이 없다.

우리의 인생도 끊임없이 떠도는 것 같지만 결코 자신의 일상에서 벗어날 수 없는데 이것은 어쩌면 우리는 이 세상에 매여서 쉴 새 없이 방황하다가 사라지는 나그네와 같은 모습이다.

비록 지금은 산 위에 해가 있지만, 그 해는 계속 머물러 있는 것이 아니라 시간이 지나면 떠나가는 것이기에 려(旅)가 되는 것이다. 여행하면 일상에서 벗어나서 산 위에 해 뜨는 모습을 볼 수 있는 여유가 생기지만 이는 일상으로 돌아오면 곧 끝난다. 그리고 여행이란 새로운 경험을 하고, 많은 것을 보고 느낄 수는 있지만 안정된 상태가 아니다. 새가 둥지를 떠나 방황하는 것과 같다.

한편 여행은 견문을 넓힐 수가 있으니 화산려는 여행하거나 연구하는 사람에게는 좋다.

마치 주인과 나그네의 관계처럼 잠시 머물다 가는 것으로 내 것이 될 수는 없다. 좋은 일은 끝나고 슬픈 일이 생긴다.

현재 불안하고 안정이 되어 있지 않다. 특히 금전의 소통이 원활하지 않다. 학문 연구나 해외 유학, 여행을 목적으로 할 때는 대단히 좋다.

운수 = 마음을 가라앉히는 것이 급선무다.
　　　　그리고 차분하게 어려움을 해결하는 방법을 모색하라.
　　　　친구나 윗사람에게 도움을 청하는 것도 좋다.
* 소원 = 사소한 소원은 이루어진다.
* 건강 = 좋지 않다. 오래된 병은 중태나 죽지는 않는다.
* 재물 = 약간의 돈은 생긴다.
　　　　그러나 곧 낭비하고 만다.
* 여행 = 해외여행은 길하나 그 밖의 여행은 심신의 고초가 많다.
* 대인 = 늦는다. 그러나 온다.
* 심인 = 찾지 못한다.
　　　　아주 먼 곳에 숨어 있다.
* 실물 = 높은 곳에 얹혀 있거나 남쪽 은밀한 곳에 있다.
* 혼인 = 이루어지지 않는다.
* 소송 = 여자로 인한 사건이면 취소하라.
* 매매 = 보류해 둬라. 팔리지 않는다.
* 직장 = 다른 곳으로 옮기는 것이 좋다.
* 이사 = 마음은 간절하더라도 그만둬라.
* 출산 = 순산이며 초산이면 딸이다.

8) 화지진 (晋 : 나아갈 '진')

☲ 외괘 : 불, 밝음, 이녀(火)
☷ 내괘 : 땅, 순종, 어머니(地)

해가 땅 위에서 솟아오르는 모양이다. 태양이 지평선 위에 떠올랐으므로 시간이 지날수록 점점 밝아질 것이다.

그러므로 매사 적극적으로 일을 추진하는 것이 좋다.

안에는 음이 가득하므로 부드럽고 유순한데 바깥에는 火의 기운으로 밝은 덕을 갖추고 있으므로 점차 성장할 수 있는 기반을 마련한 것이다. 괘의 모습은 해가 땅 위로 떠 오르는 것으로 마치 새벽과 같다. 새벽은 어둠 속에서 해가 뜨는 것으로 이제는 시간이 지나면서 점차 밝아오리라는 것을 예고하는 것이다. 또한, 위에 있는 군주가 밝은 덕으로 아래에 있는 백성을 어루만져 주는 것으로 백성이 자비로운 군주를 만났으므로 이제는 밝은 세상이 열릴 것이다.

밝은 해는 스스로 땅 위로 올라오는 것이므로 자기 스스로 노력을 해야 좋은 운이 들어온다.

지위가 있는 사람은 더 높이 승진하고 복이 생긴다.

점차 밝아지는 것이므로 결혼 운에도 좋다.

운수 = 대길하다.

　　　　웅대한 포부를 가지고 목적을 향하여 전진하라.

　　　　다만 지나친 오만이나 해이한 마음은 기회를 놓치는 결과가 된다.

* 소원 = 성취한다.

　　　　서남방의 사람이 귀인이 된다.

* 건강 = 가벼운 병에 걸린다.

　　　　노인은 중태다.

* 재물 = 처음에는 지출이 많으나 나중에는 더욱 많은 재물을 얻는다.

* 여행 = 윗사람과 동행하면 대길이다.

* 대인 = 좋은 소식을 가지고 온다.

* 심인 = 깊이 숨어 있다.

　　　　찾기 어려우니 스스로 오기를 기다려라.

* 실물 = 서남간 방향으로 도적이 갖고 갔으니 찾기 어렵다.

* 혼인 = 좋은 인연으로 성사된다.

* 소송 = 정당한 사유에 의한 소송은 승리한다.

* 매매 = 여의하다.

　　　　값도 많이 받을 수 있다.

* 직장 = 위치를 옮길 수 있으며 영전된다.

　　　　그리고 취직된다.

* 이사 = 길하다.

* 출산 = 순산이며 딸이다.

4. 외괘(上卦)가 뇌(雷)인 괘

1) 뇌천대장 (大壯 : 큰 '대', 씩씩할 '장')

☳ 외괘 : 우레, 미세한 진동, 장남(雷)
☰ 내괘 : 하늘, 강건함, 아버지(天)

하늘에서 우레가 울리는 모습으로, 우레가 치니 소리가 크다. 안으로는 강건하고 바깥으로 우레가 울리니 크게 움직여 씩씩하니 대장(大將)이다. 하지만 집 안에 아버지가 조용히 있는데 장남이 외부 활동을 큰 소리 나게 하는 모습으로 아버지의 권위에 도전하는 것처럼 보여 지나치게 강하면 오히려 위험하다는 것을 경고하는 것이다.

장남은 아버지보다 아래라는 것을 항상 명심하고 스스로 낮추고 겸손하면 화를 피할 수 있다.

괘상에서 뇌천대장의 모습을 보면, 위 두 개의 음이 마치 숫양의 뿔처럼 생겨서 돌진하는 형태다. 이것은 숫양이 무모하게 울타리를 받는 것으로 스스로 발등을 찍는 격이니 뿔이 상하고 양이 상한다. 또한, 괘상에서는 양의 기운이 아래에서 하나씩 성장하고 있지만, 위에 있는 두 개의 음은 밑에서 일어나는 상황을 잘 모르고 잘못 판단하여 과감하게 행동하면 나쁜 결과를 초래한다.

하늘에서 우레가 스스로 조화를 부리니 군자가 하늘의 뜻을 잘 살펴서 행하면 크게 형통한다.

강함이 있어도 없는 듯이 행동하는 것이 군자이고, 힘이 있으면 쓰고 싶은 것이 소인의 마음이다. 바르게 행동하면 좋지만 바르지 않게 행동하면 후회할 일이 생길 것이다. 너무 잘하려고 무리를 하게 되면 오히려 실패한다.

하늘에서 우렛소리만 들릴 뿐 비가 오지 않으니 소문만 크게 나고 실속이 없는 양상이다. 무모하지 않고 은인자중하면 우레 뒤에는 결국 비가 오니 실속을 얻게 된다.

운수 = 스포츠 같은 승부 운에는 강한 운이며 사업의 경쟁 면에도 좋다. 그러나 무모하면 안 된다.
* 소원 = 아주 조그만 일이면 성취된다.
* 건강 = 건강한 상태나 급병, 부상 등에 주의하라.
* 재물 = 수입은 원만하나 지출이 많다.
* 여행 = 불리하니 그만두는 것이 좋다.
* 대인 = 기다리는 사람은 동행으로 온다. 소식도 있다.
* 심인 = 찾는 사람은 먼 곳으로 가서 찾지 못한다.
* 실물 = 잃은 물건은 찾기 어렵다.
* 혼인 = 시기가 아니다. 이루어지지 않는다.
* 소송 = 불리하다. 그만두어라.
* 매매 = 이루어진다. 시세를 따르도록 하라.
* 직장 = 구직자는 길하나 재직 중인 자는 조심하라.
* 이사 = 대체로 불리하다.
* 출산 = 순산이며 딸을 낳는다.

2) 뇌택귀매 (歸妹 : 돌아올 '귀' 누이 '매')

☳ 외괘 : 우레, 미세한 진동, 장남(雷)
☱ 내괘 : 연못, 웃음, 삼녀(澤)

위에 있는 장남이 미세하게 움직여 아래에 있는 나이 어린 셋째 딸을 흔들어 놓는 모습으로 젊은 여자가 나이 든 남자를 따라가서 결혼한다. 하지만 나이가 많은 사람에 의해 일시적으로 끌려 정식으로 결혼하지 않은 상황이며 젊은 여자가 한때는 철모르고 나이든 남자를 따라가므로 일시적인 감정이다.

기쁨만 쫓아 움직이다 보면 여자의 도리를 잃게 되어 흉하고 이로운 것이 없는 상태이다.

일시적인 감정으로 움직여서 결혼한 것이라면, 결혼하고 나면 생각과는 다른 현실에 마음이 흔들려서 결혼 생활에 회의를 느낄 것이다. 그래서 동거했던 남자와 헤어져서 친정으로 돌아오면 다시 예전의 처녀로 돌아오는 운이다.

예를 들면 여자가 시집을 가면 처녀로는 끝이지만 주부로는 시작하는 것이고, 여자가 이혼하면 주부로는 끝이지만 다시 처녀로 돌아가는 것이다. 전진하면 후퇴하는 일이 생기고, 운이 열리는 듯 하면서도 닫히는 상황이다.

이사를 하면 예전의 집은 떠나지만 새로운 집에서 생활을 시작하는 것이므로 뇌택귀매는 시작과 끝을 의미한다.

운수 = 시작은 좋으나 결과가 나쁘다.
　　　　　모든 일에 적극성을 띠지 말고 수동적으로 행동하는
　　　　　것이 좋다.
* 소원 = 모든 일이 뜻대로 안 되어 이루지 못한다.
* 건강 = 질병에 걸리면 오래간다.
　　　　재발(再發)에 주의하라.
* 재물 = 지출보다 수입이 적다. 적자운영
* 여행 = 상업을 목적으로 하는 것 이외에는 좋지 않다.
　　　　색난을 당한다.
* 대인 = 한번 청하여 보라.
　　　　응답이 있다.
* 심인 = 깊이 숨어 있어 찾지 못한다.
* 실물 = 찾지 못한다.
* 혼인 = 지금 말하고 있는 곳이 좋지 않다.
* 소송 = 취하하는 것이 좋다.
　　　　구설수가 있다.
* 매매 = 당분간 보류하라.
　　　　여의치 않다.
* 직장 = 경쟁자가 있어 어렵다.
* 이사 = 옮기지 마라. 불리하다.
* 출산 = 순산이며 아들이다.

3) 뇌화풍 (豊 : 풍성할 '풍')

☳ 외괘 : 우레, 미세한 진동, 장남(雷)
☲ 내괘 : 불, 밝음, 이녀(火)

　번개인 불이 아래에서 번쩍하고 하늘에서는 우레가 울리는 것으로 바깥에서는 움직이고 안에는 밝으니 크게 풍성해지는 것이다. 번개가 치고 우레가 같이 상응하는 것으로 서로 응하여 합하니 자연 풍성하게 되는 것이다.
　마치 하늘에서 번개와 우레가 동시에 울리는 모습으로 번개와 우레는 요란하지만 금방 사라진다.
　풍은 풍성하고 큰 것으로, 다 크면 성장이 멈춤으로 잠시 풍성하게 이루어지지만 오래도록 지속하지는 않는다.
　그러므로 다음을 준비하라. 그리고 즉시즉시 행하라.
　우레와 천둥소리가 요란하니 일도 어수선하다.
　좋은 일과 나쁜 일이 같이 일어난다.
　해가 중천에 떠 있으면 기울고 달도 차면 기운다.
　땅에 불빛이 밝으므로 화려한 일, 예술, 문화, 예능, 미술 등에는 좋다.

운수 = 차츰 그 범위를 좁히는 것이 좋다.

　　　　　운수가 쇠퇴해 가고 있으므로 앞으로 닥쳐올 재난에
　　　　　대비하여 미리 착실한 준비가 필요하다.

* 소원 = 아직 때가 이르다.

　　　　먼 시일을 기다려라.

* 건강 = 좋지 않다.

　　　　병원이나 의사를 바꾸어 치료해 보라.

* 재물 = 약간의 재물은 들어오나 낭비한다.
* 여행 = 해외여행은 길하나 그 외는 불리하다.
* 대인 = 급히 오는 것은 기대하지 마라.

　　　　늦게 온다.

* 심인 = 동남 방향으로 갔으나 찾기 어렵다.
* 실물 = 남쪽 높은 곳에 있다.

　　　　남의 수중에 들어가기 전에 찾아라.

* 혼인 = 서둘지 마라.

　　　　늦어도 성사된다.

* 소송 = 불리하다.
* 매매 = 손해가 크니 보류해 두라.
* 직장 = 다만 직장을 구하는 경우는 길하다.
* 이사 = 옮기지 마라.
* 출산 = 약간 난산의 기미가 있다.

　　　　아들이다.

4) 진위뇌 (震 : 움직일 '진')

☷ 외괘 : 우레, 미세한 진동, 장남(雷)
☷ 내괘 : 우레, 미세한 진동, 장남(雷)

하늘에서 우레가 울리고 땅에서도 우레가 진동하는 모습으로 반복되는 천둥소리다. 천둥소리는 두렵지만, 소리만큼 위험한 일은 없고 소리만 요란하고 실속도 없다.

안팎으로 우레가 거듭 울리는 상이므로 땅속에 숨어 있던 싹이 바깥으로 올라오는 상태다.

진(震)은 연속해서 움직이는 모습인데 계속 움직이면서 나갈 수는 없으므로 언젠가는 멈추는 때가 있는 것이다.

진의 모습은 맨 아래에 양이 생겨서 위로 나아가고 우레가 거듭 진동하여 생하니 모든 것을 형통하게 한다.

하늘에서 우레가 진동하고 땅에서도 진동하여 두 번 연속해서 진동하므로 어떤 일이 한번 일어나는 것이 아니라 연속해서 일어난다는 의미이다.

결혼에서는 초혼은 별로 좋지 않고, 재혼에는 좋다.

사업도 처음 시작하는 것보다 한번 실패하고 다시 재기하는 사업에는 좋다.

거듭되는 우레의 소리가 천 리에 널리 퍼지니 구하고 원하는 것이 모두 이루어지고 소문을 내거나 널리 알리는 홍보에는 좋다. 다만, 관직은 안정한 것이 좋은데 진위뇌는 거듭해서 움직이는 것이므로 좋지 않다.

운수 = 대개는 겉만 좋고 실속이 없다.

그러나 좋은 협력자를 만나면 놀랄만한 발전이 있다.

* 소원 = 부진한 편이나 차츰 이루어진다.
* 건강 = 환자의 경우 오래 걸리지만 치료된다.
* 재물 = 재수는 좋은 편이나 절반은 손실한다.
* 여행 = 여행 중에 뜻밖의 놀라운 일이 생긴다.
* 대인 = 곧 온다.

특히 오래된 소식이 온다.

* 심인 = 힘써 찾으면 있는 곳을 알 수 있다.
* 실물 = 기다려라.

남이 찾아 준다.

* 혼인 = 재혼은 성사되고 초혼은 경쟁자가 있어 이루어지기 어렵다.
* 소송 = 이익이 없으니 소송 중이면 화해하라.
* 매매 = 뜻과 같이 된다.
* 직장 = 경쟁자가 있으니 힘써 노력해야 한다.
* 이사 = 옮기지 마라.
* 출산 = 약간 어려움을 겪는다.

아들이다.

5) 뇌풍항 (恒 : 항상 '항')

☳ 외괘 : 우레, 미세한 진동, 장남(雷)
☴ 내괘 : 바람, 움직임, 장녀(風)

집안에서는 장녀 같은 아내가 가사를 책임지고 바깥에서는 장남 같은 남편이 일을 열심히 하여 가정을 일으키는 모습으로, 장녀와 장남은 가족을 이끌어가기 위해 책임감이 강한 사람이므로 안과 밖이 책임을 다하니 위험한 일이 생기지 않는다. 부창부수(夫唱婦隨)하는 가정의 도리를 나타낸다.

하늘에서는 우레가 울고 땅에서 바람이 분다. 하늘의 우레의 움직임이 바람을 통해 땅에 전달되고, 땅에 있는 바람의 움직임은 우레를 통해 하늘에 통하므로 만물이 생성되고 움직인다.

뇌풍항의 항은 천지(天地=二) 가 일월 (일=日)과 같이 짝이 되어 서로의 마음을 (심=忄) 합하여 부부로서 영원한 도리를 다한다는 뜻이 있다.

우레와 바람은 같은 나무(木)의 기운으로 같다.

그러므로 언제나 한결같은 마음으로 현재 상태를 유지해라.

현 상황이 안정되고 지루하여 새로운 일을 시도할 생각이면 바꾸지 마라. 도리어 걱정거리가 생겨 후회한다.

오랫동안 안정하고 있으라.

현재에 만족하고 움직이지 않는 것이 최선이다.

운수 = 평범한 운이므로 더는 발전도 없고 후회도 없다.
고로 확장하거나 변동하지 말아야 한다.
움직이지 않으면 보이지 않는 발전이 있다.
* 소원 = 조그만 소원은 이루어진다.
급히 서둘지 마라.
* 건강 = 환자의 경우 지루하나 치료된다.
* 재물 = 수중에 돈이 끊어지지 않는다.
* 여행 = 가까운 곳은 길하고 먼 곳은 불리하다.
* 대인 = 중도에서 머무르고 있다.
늦더라도 온다.
* 심인 = 여자를 시켜 찾게 하라.
동남 방향 간에 있다.
* 실물 = 도적의 소행은 아니나 찾기 어렵다.
* 혼인 = 피차간에 적극성이 없어 지루하다.
* 소송 = 지루할 것이니 그만두는 편이 좋다.
* 매매 = 늦다.
급히 서두르면 그만큼 손해가 있다.
* 직장 = 취직에는 시일이 오래 걸린다.
* 이사 = 옮기지 마라.
* 출산 = 순산이며 딸이다.

6) 뇌수해 (解 : 해결되다 '해')

☳ 외괘 : 우레, 미세한 진동, 장남(雷)
☵ 내괘 : 물, 위험, 이남(水)

우레가 울리고 비가 내리면 열이 해소되는 모습으로 여름 한더위의 소나기와 같다. 水는 위험, 雷는 움직임으로 움직여서 위험에서 벗어난다. 즉시 판단하고 빨리 움직이는 것이 좋다.

내괘의 水는 방위로는 북쪽, 계절로는 겨울이고 외괘의 雷는 방위로는 동쪽, 계절로는 봄으로, 안은 겨울이지만 바깥에는 봄이 와서 해동하는 시기이므로 안으로는 고민이 있지만, 바깥에서는 서서히 해결되는 징조이다.

또한, 밑에 있는 물이 위에 있는 나무를 도와주므로 새싹이 움터나오는 모습으로 고민은 해결된다.

그러나 양면성이 있다. 소나기가 오면 더러운 것도 씻겨 없어지지만 깨끗한 것도 씻겨 없어진다.

나쁜 일은 해결되나, 좋은 일에는 방해가 생기는 운이다.

운수 = 모든 어려운 문제가 풀리고 점차 번창해 가는 좋은 운이나 양면성이 있다.

* 소원 = 오래 묵은 소원일지라도 모두 이루어진다.
* 건강 = 환자는 곧 낫는다.
  그러나 오래된 병은 생명이 위험하다.
* 재물 = 큰 이익이 돌아온다.
  오래된 빚을 갚을 수 있다.
* 여행 = 좋은 일이 생길 것이니 길하다.
  해외로 나갈 기회도 있을 것이다.
* 대인 = 연락을 취하라.
  기쁜 소식을 가지고 온다.
* 심인 = 찾기는 어려우니 스스로 돌아오기를 기다려라.
* 실물 = 우물이나 연못 근처에 가서 찾아보라.
  찾을 수 있다.
* 혼인 = 속히 결정하라.
  오래 끌면 성사가 안 된다.
* 소송 = 화해(和解) 하는 것이 좋다.
* 매매 = 손해가 있으니 억지로 팔려 하지 마라.
* 직장 = 성실하게 구하면 얻을 수 있다.
* 이사 = 옮겨도 좋고 현재 있는 곳에 머물러 있어도 좋다.
* 출산 = 순산이며 아들이다.

7) 뇌산소과 (小過 : 적을 '소', 실수 할 '과')

☳ 외괘 : 우레, 미세한 진동, 장남(雷)
☶ 내괘 : 산, 막힘, 삼남(山)

산 위에서 우레가 울리고 있는 모습이다.

위에는 나무(雷의 오행은 木)가 있고 아래에 산(山)이 있다. 나무가 산에 뿌리를 내리려면 시간과 어려움이 걸리는 일로 빨리 진행되는 상황은 아니다.

괘의 모습을 보면 가운데에 두 陽이 있고 그 주위를 陰이 둘러싸고 있으니 소인배가 과도하게 많은 것으로 음이 지나쳐 군자인 양이 꼼짝을 하지 못하고 있다.

안에서는 멈춰있고, 밖으로는 미세한 움직임이 있으니 일단 멈추었다가 조금씩 나가는 모습으로 음이 과다하므로 소과(小過)가 된다. 소과는 초목이 겨울에 나오면 죽듯이 아직 때가 아니므로 분수를 지키며 나가지 말고 때를 기다려야 한다. 작은 일은 가능하지만, 큰일은 불가능하므로 앞으로 나가는 것은 마땅하지 않고 후퇴하는 것은 괜찮다.

그러므로 마음을 비워라.

출입이 자유롭지 못하고 어려운 일이 있다.

절약하고 자신을 낮추는 것이 좋다.

도가 넘치면 실패한다.

운수 = 산 위에 우레가 진동하고 소리만 요란하므로 현재는 나쁜 상태다.

　　　　자기의 분수에 맞는 일을 경영하면 사소한 성과는 거둔다.

* 소원 = 이루어지기 어렵다.
* 건강 = 자기의 잘못으로 병이 생기거나 다친다.

　　　　근심할 필요는 없으나 오래된 병이면 치료에 힘써라.
* 재물 = 사정이 좋지 않다.

　　　　될 수 있는 한 지출을 줄이는 것이 최선이다.
* 여행 = 집을 나서지 마라.

　　　　건강에 해롭다.
* 대인 = 기다리지 마라. 오지 않는다.

　　　　그리고 소식도 없다.
* 심인 = 찾지 못한다. 있는 곳을 알기 어렵다.
* 실물 = 도적의 소행이니 찾지 못한다.
* 혼인 = 중매인의 거짓이 있다. 성사되지 않는다.
* 소송 = 생각도 하지 마라.

　　　　도리어 관재수가 당신에게 미친다.
* 매매 = 여의치 않다. 현재 시세가 많이 떨어졌다.
* 직장 = 뜻대로 되지 않으며 재직(在職) 중인 사람도 불안한 상태이다.
* 이사 = 옮기지 마라. 이사하면 흉하다.
* 출산 = 난산의 기미가 있으나 염려할 것은 없다.

　　　　딸이다.

8) 뇌지예 (豫 : 미리 '예')

☷ 외괘 : 우레, 미세한 진동, 장남(雷)
☷ 내괘 : 땅, 순종, 어머니(地)

땅 위에 우레가 있는 것으로, 땅을 뚫고 나무(뇌의 오행은 나무)가 밖으로 싹이 터서 나온 모습이다.

예(=豫)는 자신(=子)의 모습(=象)을 말하는 것으로 현재 자신의 모습을 잘 보면 앞일을 예측할 수 있으므로 예(豫)라고 한다. 아래는 음의 기운이 가득하므로 부드럽고 유순하고 밖으로 우레가 움직이니 아래에 있는 것이 같이 움직인다. 그러므로 순리대로 따라 하지 않으면 어려움이 생긴다.

또한, 괘의 모습을 보면 4효의 양효인 군자를 제외하고 모두 음효로 되어 있으므로 군자가 폭군의 마음을 비우고 앞날을 예측하면서 서서히 계획을 진행하여야 순조롭게 일이 성사된다. 더불어 땅 위의 미세한 움직임을 잘 관찰하면 상황을 예측할 수 있으므로 주변을 잘 관찰하여 뜻하지 못한 재난에 대비해야 한다.

싹이 땅을 뚫고 올라와 미세하게 땅이 움직인다. 이런 미세한 움직임으로 새로운 운이 시작되는 징조를 예측할 수 있다.

마치 어린아이가 태동을 시작하는 운이다.

모든 일에 어려움이 없으니 모두가 기뻐하는 형상이다.

운수 = 종전부터 준비하고 계획하여 오던 사업 등에는 큰
성과를 얻는다.
* 소원 = 성취한다.
* 건강 = 급히 생긴 병은 불리하고, 오래된 병은 차츰 낫는다.
* 재물 = 수입보다 소비가 많다.
절약하라.
* 여행 = 무난하다.
동반이 있으면 더욱 좋다.
* 대인 = 조금 더 기다려야 한다.
* 심인 = 동방으로 가다가 서쪽으로 향하였다.
* 실물 = 나오지 않는다.
찾지 마라.
* 혼인 = 약간의 말썽이 있으나 결과적으로는 성사된다.
* 소송 = 화해하는 것이 좋다.
* 매매 = 남에게 위임하면 순조롭다.
* 직장 = 재직 중이면 영전하고, 실업자는 만족한 곳에
취직한다.
* 이사 = 해도 좋고 안 해도 좋다.
* 출산 = 순산이며 딸이다.

5. 외괘(上卦)가 풍(風)인 괘

1) 풍천소축 (小畜 : 적을 '소', 쌓을 '축')

☴ 외괘 : 바람, 움직임, 장녀(風)
☰ 내괘 : 하늘, 강건함, 아버지(天)

하늘 위에 바람이 부는 모습으로 비가 오기 전의 흐린 하늘이다. 비가 오고 나면 풍성해지겠지만, 지금은 비가 오기 바로 전이라 예측할 수 없어 큰일을 할 수 있는 때가 아니다. 비가 오기 전에 몸이 찌뿌듯한 것처럼 현재는 우울한 권태기이다.
 이제 곧 비가 오니 잠시 피하여 기다려야 한다.
 구름이 너무 빽빽하면 비가 내리지 않듯이 너무 큰일을 도모하는 것은 위험하다. 4효에 있는 陰이 밑에서부터 올라오는 陽을 오지 못하게 함으로 아래의 강건한 기운이 멈추어 적게 쌓는다고 하여 소축(小畜)이 되었다.
 물건을 쌓아 올릴 때 위에 흔들림이 없어야 높게 쌓을 수 있는데 위에 바람이 불어서 약간씩 흔들리니 많이 쌓을 수가 없다. 적게 쌓을 수 있으므로 조금 저축한다.
 바람은 물건을 흐트러지게 하므로 잘못하면 일을 그르칠 수가 있어서 초조한 상태다.
 양은 너무 많고 음은 적으므로 음양이 조화롭지 못하다. 양이 앞으로 나감에 음 하나가 가로막고 있으니 소인으로 인해 잠시 머물러 있지만, 때를 기다려서 전진하면 뜻을 이룰 수 있다.

그러나 현재는 뜻대로 진행되지 않는다. 구하고자 하는 일은 성사가 되지 않고 도무지 종잡을 수가 없다.

운수 = 현재는 아무 일도 하지 않고 관망하는 자세로 있는 것이 좋다.
가정이 불안한 상태이므로 분수에 맞도록 노력하면 착실한 재미를 본다.
* 소원 = 조금만 기다리면 이루어진다.
* 건강 = 매우 건강한 상태이다.
* 재물 = 적은 금액은 자주 들어온다.
* 여행 = 여행 중에 횡재수도 있을 가능성이 있다.
* 대인 = 기다리는 사람은 방해자가 있어 오지 않는다.
* 심인 = 찾는 사람은 서북방으로 도주 하였다.
* 실물 = 잃은 물건은 찾지 못한다.
* 혼인 = 두세 번 교섭한 뒤에 이루어진다.
* 소송 = 그만두라. 기각되기 쉽다.
* 매매 = 이익은 없으나 팔린다.
* 직장 = 잠시만 기다려라.
좋은 직업을 얻을 기회가 왔다.
* 이사 = 어느 방위로 가거나 길하다.
* 출산 = 유산될 염려가 있다.
첫아기면 딸이다.

2) 풍택중부 (中孚 : 가운데 '중', 믿을 '부')

☴ 외괘 : 바람, 움직임, 장녀(風)
☱ 내괘 : 연못, 웃음, 삼녀(澤)

연못 위에 바람이 부는 한가로운 모습이다. 위에서 바람이 불어 아래 연못의 물결을 움직이게 하는 것으로, 위와 아래가 서로 상응하고 화합하여 기뻐한다.

중(中)은 가운데 '중'자이며 부(孚)는 조(爪, 손톱)와 자(子, 아들)가 합친 말로, 어미 닭이 어린 새끼(子)를 손톱(爪)으로 조심스럽게 품고 있는 모습이다.

안에는 기쁨이 있고, 바깥에서는 순수한 움직임이 있는데 이런 움직임을 믿음(中孚)으로 따라야 기쁨이 된다. 믿음이 있으려면 진실해야 하므로 진심으로 대하면 이루어진다.

서로 믿음이 있으므로 열렬히 사랑하는 것이다.

괘의 모습을 보면 3효와 4효에 陰의 기운이 있으므로 가운데가 허한데, 이것은 허약한 어린 새끼의 모습이다. 3효와 4효를 제외한 나머지는 모두 陽의 기운으로 마치 모든 양이 가운데의 유약한 음의 기운을 보호하고 있는 것 같다.

한편 바깥에는 양의 기운으로 단단하지만, 중심은 음의 기운으로 허전하므로 신중하게 행동해야 한다.

믿음을 기본으로 하는 승진이나 관직에 좋고 결혼에도 좋은 괘다. 상대방을 대상으로 하는 일, 상업, 교섭, 허가의 신청, 상품의

특허, 부부관계 등에는 좋은 결과가 있겠다. 하늘과 땅이 서로 조화로우니 만물이 편안하다. 좋은 일이 있다.

운수 = 원하는 일이면 된다.
  특히 당신의 재능을 인정받을 수 있는 기회가 왔다.
  특허신청, '아이디어' 및 학위논문 제출 등에 매우 길하다.
* 소원 = 성실하게 노력하면 반드시 이루어진다.
* 건강 = 조그마한 일로 건강을 해칠 염려가 있다.
  방심 말고 예방하라.
* 재물 = 뜻대로 생긴다. 그러나 반 이상이 나간다.
* 여행 = 길하며 횡재도 할 수 있다.
  혹은 해외여행도 할 수 있다.
* 대인 = 이쪽에서 청하면 속히 온다.
* 심인 = 멀리 가지 않았다. 속히 찾아라.
* 실물 = 다른 물건과 휩싸여 있다. 속히 찾아라.
* 혼인 = 윗사람에게 맡기면 순조롭게 이루어진다.
* 소송 = 유리하다.
  상대방과 화해하는 것도 당신에게는 길하다.
* 매매 = 급히 서두르지 마라. 이익이 있다.
* 직장 = 길하다. 당신의 뜻대로 된다.
* 이사 = 임의대로 하라. 가도 좋고 안 가도 좋다.
* 출산 = 순산이며 아들이다.

3) 풍화가인 (家人 : 집 '가', 사람 '인')

☴ 외괘 : 바람, 움직임, 장녀(風)
☲ 내괘 : 불, 밝음, 이녀(火)

바깥에서 바람이 들어와 안의 불을 밝히는 모습으로, 안이 밝은 모습으로 밖의 바람을 반기는 화목한 가정의 모습이기도 하다. 아래의 불은 위로 오르는 성질이 있고 위의 바람은 아래로 내려 가려고 하므로 서로 만나 화합을 하는 상으로, 밖의 바람이 안의 불을 지펴 안을 밝게 하려고 애쓰는 모습이다. 그러므로 밖으로 진출하기보다 내실을 다지거나 수신제가하여야 한다. 바깥일에 너무 몰두하지 말고 내실을 다져야 하므로 사업을 확장하는 것은 좋지 않다. 바람이 너무 강하면 도리어 불이 꺼지므로 도를 넘으면 안 된다.

자기주장을 하지 마라. 고집을 부리지 마라. 적극적으로 추진하지 마라. 조용히 있어라.

안이 밝은 것으로 안의 일을 하는 여자는 좋지만, 외부에서 적극적으로 무엇을 하고자 하는 남자에게는 좋지 않은 괘다.

운수 = 과욕만 부리지 않으면 구하지 않아도 스스로 이루어지고
가업은 번창한다.
조그마한 일, 가내 공업 같은 일에는 좋다.
이 괘는 발전이 늦으나 차츰 진보하고 있는 운세이다.

* 소원 = 귀인의 도움을 얻어 성취한다.
* 건강 = 지병(持病)은 오래간다.
* 재물 = 수입은 있으나 불필요한 지출도 많다.
* 여행 = 길하다. 가족동반의 여행도 좋다.
* 대인 = 기다리는 사람도 오고 소식도 있다.
* 심인 = 동남방 먼 곳에 있다.
  가족이면 온다.
* 실물 = 집 안에 있다.
  발견이 늦어진다.
* 혼인 = 대길하니 성취한다.
* 소송 = 승소(勝訴)한다.
* 매매 = 조금 보류해 두라.
  물건을 원하는 이가 자연 나타난다.
* 직장 = 현재 자리가 안정되었다.
  취직도 가능하다.
* 이사 = 가족의 의견에 따르도록 하라.
  해도 좋고 안해도 좋다.
* 출산 = 순산이며 딸이다.

4) 풍뢰익 (益 : 더할 익)

☴ 외괘 : 바람, 움직임, 장녀(風)
☳ 내괘 : 우레, 미세한 진동, 장남(雷)

아래에는 우레가 울리고 위에는 바람이 부는 모습으로, 우레와 바람이 같이 움직임으로 만물이 크게 움직여서 성장하는 모습이다.

밑에서 움직여서 위에 바람을 일으키는 모습으로 먼저 투자를 하여야 이익이 있고, 자신의 마음을 먼저 열어야 상대의 마음을 얻게 된다.

먼저 자신의 욕심을 버려야 모든 것이 유익하게 된다.

아래에 있는 뢰(雷)는 陽의 木으로 땅속에서 싹이 움트는 것이고 위에 있는 풍(風)은 陰의 木으로 가지에 잎과 나무가 뻗어 나가는 모습이다. 이는 싹이 자라서 무성하게 성장하는 것으로 작은 것이 점점 커져서 크게 되는 모습으로, 이익이 더해짐으로 더할 익(益)이다.

사업으로는 현재 당장 이익을 보는 것보다 미래를 위해 투자하는 토목이나 공익사업이 좋다.

밑에도 움직임, 위에도 움직임이 있으므로 이동하는 것이 좋다. 밑에는 움직이고 바깥에는 겸손하게 행하니 덕을 숭상하고 행동하는 군자의 모습이다. 그러므로 군자로 행동하면 이익이 있고 소인배로 행동하면 손실이 있다.

운수 = 작은 것으로 시작하여 큰 것이 되는 것으로, 지금의 이익만 생각하지 말고 멀리 내다봐야 한다.
손(損)이 이익으로 변하는 운이다.

* 소원 = 귀인의 도움으로 성취한다.
* 건강 = 지병을 앓고 있던 사람에게는 병이 중해진다.
* 재물 = 수입은 많고 지출은 적다.
* 여행 = 매우 분주한 여행이 되겠으나 길하다.
* 대인 = 곧 온다. 그리고 소식도 있다.
* 심인 = 산골짜기에 숨어 있다.
   급하게 찾지 마라.
* 실물 = 도적이 훔쳐 갔으나 곧 찾는다.
* 혼인 = 성사된다.
   그러나 재혼인 경우는 좋지 않다.
* 소송 = 불리하니 화해하라.
* 매매 = 보류해 두면 뒤에 값이 오른다.
* 직장 = 어렵다.
   다음 기회를 기다려라.
* 이사 = 무방하니 마음대로 하라.
* 출산 = 순산이며 딸을 낳는다.

5) 손위풍 (巽 : 공손할 '손')

☴ 외괘 : 바람, 움직임, 장녀(風)
☴ 내괘 : 바람, 움직임, 장녀(風)

 안팎이 모두 바람이다. 바람은 주변 상황에 따라 이리저리 흔들리므로 확고한 신념이 없고 독립성이 약하다, 하지만 한편으로는 부드럽고 유순한 성질이 있어 바람이 거듭 불면 서로 같은 마음으로 당연히 하나가 되니 공손할 손(巽)이 된다.
 바람은 사방팔방 퍼져 나가는 것으로 주위의 것을 이용하면 좋고 주변의 흐름에 순응하는 것이 좋다.
 자신이 주체가 아님을 알고 실력 있는 사람에게 소속되어 순종하는 것이 좋다. 바람은 널리 이동하는 것이므로 무역업처럼 광범위하게 하는 사업은 좋다. 바람은 어디든지 통과하기 때문에 소식을 전하는 기자도 좋다. 바람은 때와 장소를 가리지 않으므로 분주하게 움직이는 것이 좋고 열심히 움직일수록 장애물이 없어진다.
 바람은 장소를 가리지 않고 틈만 있으면 들어오는 것이므로 도둑이 들어 올 염려가 있으니 문단속을 잘 해야 한다.
 한편 바람은 어디로 와서 어디로 갈지를 몰라 결단을 내리지 못하고 갈팡질팡하게 되므로 때로는 주관이 없는 것처럼 보인다. 바람은 머무는 것이 아니므로 결혼 생활은 힘들고 혼사는 성사되지 않는다.

운수 = 믿을 수 있는 윗사람의 의견에 따라 성심을 다하면 대길하다.

* 소원 = 윗사람에게 부탁하라.
  이루어진다.
* 건강 = 노인은 위험하고 청소년은 쾌차(快差)해진다.
* 재물 = 약간은 들어온다.
  낭비에 조심하라.
* 여행 = 뜻과 같이 되지는 않으나 무방하다.
* 대인 = 칠팔일 뒤에 온다.
  소식도 마찬가지다.
* 심인 = 나타나지 않는다. 기다리지 마라.
* 실물 = 여성에게 물어보라.
  그러나 찾기 어렵다.
* 혼인 = 중간에 장애가 있어 이루어지기 어렵다.
* 소송 = 여자로 인한 사건이면 그만두라.
* 매매 = 남에게 위임하라.
  약간의 손해는 있으나 무난하다.
* 직장 = 다른 곳으로 옮기는 것이 좋다.
  취직은 윗사람에게 부탁해 보라.
* 이사 = 여러 사람의 의견을 좇아 결정하라.
* 출산 = 순산이며 초산이면 딸이다.

6) 풍수환 (渙 : 흩어질 '환')

☴ 외괘 : 바람, 움직임, 장녀(風)
☵ 내괘 : 물, 위험, 이남(水)

물 위에 부는 바람으로 잔잔한 수면에 바람이 불면 파문이 일어나서 물이 흩어져버린다.

위에 있는 風은 나무(손위풍의 오행은 木)요, 아래에 있는 水는 물로, 물 위에 나무배를 띄운 모습으로 바람을 이용하여 배를 움직여서 교역하는 모습이기도 하다. 위에 바람이 불면 밑의 물결이 움직이므로 조류와 바람을 이용하여 이동하는 것으로 나라와 나라 사이의 무역과도 연관이 있다.

바람이 불어 물(위험)이 흩어지는 현상이므로 운세가 강하다. 물 위에 바람이 적당할 때는 배가 움직일 수 있지만 바람이 강하면 물이 흩어져 배가 멈추게 되므로 때로는 좋고 때로는 나쁘다. 흩어진다는 것은 이별과도 관련이 있으므로 운이 나쁠 때는 죽는 일도 있다. 운의 흐름이 나쁠 때는 정신이 산만해지고 험하고 어려운 상황이 생긴다.

나쁜 것은 흩어져서 사라지고, 좋은 것도 흩어져서 사라지므로 나쁜 것은 기회가 오고 좋은 것은 위기가 온다.

흐름에 따라 좋고 나쁜 것이 같이 생긴다. 열심히 움직일수록 장애물이 없어진다. 작은 곳에서 큰 집단으로 옮겨가는 전환기다.

운수 = 지금까지의 고난이 사라지고 순풍에 돛을 달고 항해하는 기상이니 당신의 역량(力量)을 마음껏 발휘(發揮)할 때가 왔다.

* 소원 = 귀인의 도움을 받아 비록 늦어도 이루어진다.
* 건강 = 지병(持病)은 차도가 늦다.
  병원이나 의사를 바꿔 보라.
* 재물 = 금전의 손실이 크다.
* 여행 = 순조롭지 못하다.
  예정 일자보다 늦어진다.
* 대인 = 사람은 오지 않으나 소식은 온다.
* 심인 = 찾기 어렵다.
  시간이 오래 지난 뒤에 있는 곳을 알 수 있다.
* 실물 = 깊숙이 묻혀 있으므로 찾기 어렵다.
* 혼인 = 이루어진다.
  그러나 세심한 주의를 하지 않으면 방해가 있다.
* 소송 = 타인에게 위임하라.
* 매매 = 순조롭게 잘 된다.
  물물교환이 있겠다.
* 직장 = 현재는 어려우나 참고 기다리면 좋을 때가 온다.
* 이사 = 불리하다.
  예전의 자리를 지키고 있어라.
* 출산 = 유산될 위험이 있으니 조심하라.
  아들이다.

7) 풍산점 (漸 : 천천히 움직일 '점')

☴ 외괘 : 바람, 움직임, 장녀(風)
☶ 내괘 : 산, 막힘, 삼남(山)

나무가 산에 뿌리를 내리고 점차 자라는 모습이다.

산 위의 나무는 하루아침에 자라지 않고 점진적으로 자라서 하고자 하는 일이 순식간에 이루어지지 않는다.

산 위에 나무가 자라는 모습은 보이지는 않지만, 세월이 지나면 큰 나무로 자라나 있는 것으로, 안에는 멈추어서 성장하는 것 같지 않지만 외부로 공손하게 행동을 하면 언젠가는 이루어져 있다는 것이다.

전진하지만 순서를 밟아가야 한다.

그러므로 조급하게 움직이지 말고 차분하게 진행해라.

점진적으로 발전하는 것으로 절차를 거치는 것이 좋다.

정식적인 절차를 거쳐서 하는 결혼은 좋지만, 순간적인 만남에 의한 동거는 결국은 헤어지게 된다.

산 위에 나무가 시간이 지나면서 자라듯이 운이 점차 상승하는 운이므로 차례로 행동하면 반드시 좋은 일이 생긴다.

관직에 있는 사람은 승진하고 화는 소멸하고 복은 생긴다.

운수 = 서둘지 말고 침착하게 한 걸음씩 나아가라.
　　　　 끝내 성취한다.
* 소원 = 점차로 이루어지기 시작한다.
* 건강 = 병이 있는 경우는 속히 치료하라.
　　　　 방심하면 일어나지 못한다.
* 재물 = 심심치 않게 들어온다.
* 여행 = 대길하다.
　　　　 항공여행의 징조가 있다.
* 대인 = 늦더라도 좋은 소식과 같이 온다.
* 심인 = 찾지도 못하고 돌아오지도 않는다.
* 실물 = 동북간으로 가보라.
　　　　 늦으면 찾지 못한다.
* 혼인 = 좋은 인연으로서 성립된다.
* 소송 = 타인에게 위임하라.
　　　　 한 번의 소송으로는 끝나지 않는다.
* 매매 = 유리하다.
　　　　 곧 이루어진다.
* 직장 = 취직된다.
　　　　 그리고 승진의 기미가 보인다.
* 이사 = 길하다.
　　　　 생각대로 해라.
* 출산 = 순산이며 첫아기면 아들이다.

8) 풍지관 (觀 : 바라볼 '관')

☴ 외괘 : 바람, 움직임, 장녀(風)
☷ 내괘 : 땅, 순종, 어머니(地)

땅 위에서 부는 바람으로, 바람이 불면 모든 생물은 이를 따라 같이 흔들리게 된다.

땅 위에 거친 바람이 불면 흔들리지 않도록 지나가기를 기다려야 한다. 상황을 주시하면서 바라봐야 한다.

관(=觀)은 황새가 창공에 높이 올라 아래의 먹이를 살피는 것으로, 괘 상에서 위의 두 陽이 높은 곳에 있으면서 아래의 陰인 소인배를 관찰하고 있는 모습이다.

안으로는 유순하고 바깥으로는 공손한 덕이 있으니 마음을 비우고 주변의 상황을 잘 살피는 것이 중요하다.

마음을 부드럽게 가지고 남의 말에 동요하지 말며 성급하게 움직이지 마라. 그렇게 하지 않으면 허무한 일만 생긴다.

좋은 일이 오래가지 않으므로 뒷일을 미리 생각해 두어야 한다. 생각하고 반성하고 수양하는 자세로 임해야 한다.

그러므로 정신적인 것에는 좋다. 학문, 연구, 신앙에는 좋으나 물질은 나쁘다.

운수 = 덕을 쌓는 군자(君子)는 길하고 소인(小人)은 흉하다.
* 소원 = 이루어진다.

    특히, 윗사람을 위하는 일이면 더욱 좋다.
* 건강 = 건강하다.

    그러나 간혹 뜻밖의 상처를 입을 수 있다.
* 재물 = 궁한 사람에게 뜻밖의 재물이 생긴다.
* 여행 = 길하다.

    맡은 임무를 다 마치고 돌아온다.
* 대인 = 온다. 그리고 소식도 들을 수 있다.
* 심인 = 서남방으로 갔다가 동남방으로 향했다.
* 실물 = 제삼자에게 넘어가서 이미 파손되었다.
* 혼인 = 상대방의 의사에 달렸다.
* 소송 = 정당한 이유의 소송이라면 길하다.
* 매매 = 유리하게 처분된다.
* 직장 = 정성을 다하여 노력하면 뜻대로 된다.
* 이사 = 해도 좋고 안 해도 좋다.
* 출산 = 순산이며 생남(生男)도 한다.

6. 외괘(上卦)가 수(水)인 괘

1) 수천수 (需 : 구할, 기다릴 '수')

☵ 외괘 : 물, 위험, 이남(水)
☰ 내괘 : 하늘, 강건함, 아버지(天)

하늘 위에 물이 있다. 하늘에 비구름이 잔뜩 끼어 있으니 아직은 비가 내리지 않고 있지만, 곧 비가 올 것을 예고하고 있다. 조금 있으면 비가 올 것인데 굳이 비를 맞아가면서 나갈 필요는 없는 것이다.

비가 지나간 뒤에 행동해도 늦지 않다. 그러므로 지금은 기다려야 한다.

다른 관점에서 본다면, 안에는 天으로 강건함이 있어서 자신감이 넘치지만 바깥은 아직 위험(水)해서 지금 나가면 힘든 상황에 직면하게 된다. 이럴 때 무리수를 두지 말고 상황이 호전될 때까지 기다려라.

큰일을 이루려고 하나 근심거리가 생기고 우환이 있다.

충분히 휴식을 취하면서 침착하게 때를 기다려서 행동하면 이겨낼 수 있다. 그러므로 무조건 기다려라.

갈 일이 있어도 가면 곤란한 일이 생기니 전진하면 안 된다.

운수 = 초조해하지 말고 여유 있는 마음으로 힘을 기르면서 때를 기다리면 머지않아 원조자와 협력자가 나타날 것이다.

* 소원 = 속히 이루지 못한다.
　　　　그러나 천천히 달성해 나가는 일이면 길하다.
* 건강 = 환자의 경우에는 오래간다.
　　　　그러나 생명에는 관계가 없다.
* 재물 = 약간의 금전은 수시로 들어온다.
* 여행 = 여행 중에 실물수가 있으니 조심하라.
* 대인 = 기다리는 사람은 비록 늦더라도 반드시 온다.
* 심인 = 찾는 사람은 바닷가 부근에 있으며 돌아올 마음이 있다.
* 실물 = 잃어버린 물건은 찾지 못하니 단념하라.
* 혼인 = 아직 시기가 이르다.
　　　　다음 기회를 노려라.
* 소송 = 지루하게 시일이 걸린다.
* 매매 = 당장은 안 된다.
　　　　내버려 두어라.
* 직장 = 한 달만 기다려라.
* 이사 = 이사 운이 아니니 옮기지 마라.
* 출산 = 순산의 기미가 있다.
　　　　초산인 경우는 딸이다.

2) 수택절 (節 : 절제, 절도 '절')

☵ 외괘 : 물, 위험, 이남(水)
☱ 내괘 : 연못, 웃음, 삼녀(澤)

연못 위에 비가 오는 모습으로, 연못은 물을 담을 수 있는 한계가 있다. 비가 너무 많이 내리면 연못의 물은 넘쳐 버린다.

절제해야 한다.

밖은 비록 험난하지만, 안에서는 웃음으로 이겨내야 하고, 안에서 금(金)인 가을 서쪽의 기운을 지나 바깥의 수(水)인 북쪽의 겨울 기운을 맞는 때이니, 모든 것을 마치고 정리하는 과정으로 다음 단계를 위해 결산하는 때이다.

그러므로 맺고 끊음이 분명하지 않으면 어려운 일이 생긴다.

정도에 맞게 행동해야 한다. 분수를 지켜라.

밖에는 유혹과 근심스러운 일이 있고 안에는 기쁜 일이 있으니, 될 수 있으면 집을 나가지 마라.

그릇에 물이 고여 있는 모습으로, 몸 안에 물이 잔뜩 있어서 마치 위에 음식물이 가득 들어 있는 상태이다.

건강 조심 과음, 과식을 조심해라.

운수 = 순리를 따르고 고집과 만용을 부리지 않고 절도를
           지키며 지출을 줄여 절약해야 하는 시기이다.
* 소원 = 의외로 장애가 있어 이루지 못한다.
* 건강 = 성병, 위장병 등에 조심하라.
* 재물 = 수입이 고르지 않다.
       절약하는 것만이 최선이다.
* 여행 = 집을 나서지 마라.
       객지에서 뜻밖의 난관을 만난다.
* 대인 = 매우 늦다.
       소식도 늦게 온다.
* 심인 = 본인이 스스로 찾아온다.
* 실물 = 급히 나오지 않으나 오랜 뒤에 찾을 수 있다.
* 혼인 = 방해는 없으나 시일이 오래 걸린다.
* 소송 = 시일이 지루하다.
* 매매 = 팔린다.
       약간의 이익도 있다.
* 직장 = 무직자인 경우 직장이 알선된다.
* 이사 = 옮기지 마라.
       불리하다.
* 출산 = 난산의 기미가 약간 있으나 무사하다.
       아들이다.

3) 수화기제 (旣濟 : 이미 '기' 이루어질 '제')

☵ 외괘 : 물, 위험, 이남(水)
☲ 내괘 : 불, 밝음, 이녀(火)

　물이 불 위에 있는 모습으로 陰은 음의 자리에 陽은 양의 자리 각자의 제자리에 있다. 물이 위에 있고 불이 아래에 있으면서 제자리에 있다는 것은 전혀 다른 성질이지만 서로가 각자 고유의 자리에 있으며 조화를 이루고 있어 다시는 변화가 필요 없다는 뜻이다.

　양의 숫자는 홀수이고, 음의 숫자는 짝수인데 1, 3, 5 효의 자리에 양이 있고 2, 4, 6 효의 자리에 음이 있으므로 모두 제 자리에 있어서 지금은 완전한 상태이므로 당장 새로운 일을 도모해서는 안 된다.

　기제(旣濟)는 모든 것이 이미 이루어져 굳게 지키지 않으면 곧 쇠퇴하게 된다.

　안에는 밝으나, 바깥에는 험난함이 있으니 처음에는 좋으나 나중에는 곤란한 일이 생길 수 있다. 그러므로 이 시기를 잃지 말고 서둘러서 일을 처리해야 한다.

운수 = 지금이 최상의 운이며 곧 쇠퇴할 운이니 현재를 잘 지켜라.

새로운 일을 시작하거나 더 큰 욕심을 부리면 실패한다.

* 소원 = 곧 성취된다.

그러나 오래가지 못한다.

* 건강 = 가벼운 증세라도 소홀히 다루면 중태에 빠질 수도 있다.
* 재물 = 현재의 것으로 만족하라.

더 이상의 욕심은 과욕(過慾)이다.

* 여행 = 색정에 빠져 곤경을 당할 우려가 있다.
* 대인 = 곧 온다.

이성 간이면 좋은 소식을 전해 줄 것이다.

* 심인 = 그 사람이 스스로 돌아온다.
* 실물 = 찾지 못한다.

강제로 수색하면 괜히 문제만 일으킨다.

* 혼인 = 이루어진다.

혼인 후에 권태증이 빨리 올 것이다.

* 소송 = 이루지 못한다.

남에게 위임해 보라.

* 매매 = 속히 팔린다.

그러나 나중에 후회가 있다.

* 직장 = 점점 인기가 떨어져 가고 있다.
* 이사 = 이익도 없고 손해도 없다.
* 출산 = 순산이며 딸을 낳는다.

4) 수뢰준 (屯 : 어려울, 미숙할 '둔')

원래는 '둔'인데 '천산둔'과 구분하기 위해 '준'이라고 부름

☵ 외괘 : 물, 위험, 이남(水)
☳ 내괘 : 우레, 미세한 진동, 장남(雷)

위에는 물이 있고 아래는 우레가 있다. 비록 바깥은 물로 험하지만, 안에서는 어려움을 극복하려는 움직임이 있는 것으로 물속에서 우레가 움직이고 있는 모습이다.

얼어붙은 땅속에서 陽氣가 꿈틀거리고 어두운 밤 속에서 새벽이 시작되는 것으로 험한 가운데 새로운 기운이 시작된다.

屯은 초목이 땅을 뚫고 올라오는 모습이다. 어두운 땅 밑에서 새싹이 나오려고 하므로 힘든 상황에서 희망을 기대한다.

괘의 모습을 보면 안에서는 장남이 가정을 돌보고 차남이 밖에서 일하는 모습으로 어른이 없는 집안에 장남이 가정을 책임지면서 살아가는 어려움을 나타내고 있는 것으로 움직이고 나아가기 힘든 것을 말한다.

지금은 때가 아니므로 처신을 바로 하고 때를 기다리는 것이 좋다.

세상의 이치가 어떤 일을 처음 할 때는 어려움이 있고 생각처럼 쉽게 이루어지지 않으므로 초심을 잃지 말고 자기의 위치를 지켜야 한다.

재물도 들어 올 듯 하지만 들어오지 않고 쉽게 보았다가 나중에는 예상하지 못한 어려움이 생기지만 새싹이 땅을 뚫고 올라오는

운이므로 희망은 버리지 마라.

　현재는 매우 힘든 상황이나 단념하지 마라. 참고 견디고 노력하면 행운이 온다. 64괘 중 사대난괘의 하나.

운수 = 현재는 매우 빈약(貧弱)하다.
　　　　그러나 크게 성공할 수 있는 저력(底力)이 숨어 있으니
　　　　결심을 버리지 말고 노력하면 대길할 운이 당신을 기다린다.
* 소원 = 곧 오래 묵은 소원만은 성취된다.
* 건강 = 현재 신경쇠약의 증세, 병중인 사람은 위태(危殆)하다.
* 재물 = 금전의 고난이 있다.
　　　　여성이나 아랫사람에게 융통(融通)해 보라.
* 여행 = 수액(水厄)과 여난(女難)이 있으니 그만두는 것이 좋다.
* 대인 = 기다리지 마라. 오지 않는다.
* 심인 = 영원히 찾지 못한다.
* 실물 = 물속에 던져진 것 같다. 찾지 못한다.
* 혼인 = 늦기는 하나 이루어진다.
* 소송 = 무해무익(無害無益)하다.
　　　　타인에게 위임하여 진행토록 하라.
* 매매 = 이익이 없다.
　　　　다음 기회를 기다려라.
* 직장 = 간신히 자리를 지키고 있는 정도, 취직도 못 한다.
* 이사 = 옮기지 마라.
* 출산 = 난산인 듯하지만 무관하다. 아들이다.

5) 수풍정 (井 : 우물, 통할 '정')

☵ 외괘 : 물, 위험, 이남(水)
☴ 내괘 : 바람, 움직임, 장녀(風)

나무 위에 물이 있는 모습으로, 아래에 있는 나무가 바람을 일으키면서 물 위로 솟구치는 모습이다.

우물에서 물을 두레박으로 끌어 올리는 모습이 연상된다.

아래에 있는 風은 겸손함을 나타내고 밖으로의 水는 험난함을 예고하고 있다.

그러므로 섣불리 새로운 일을 도모해서는 안 된다.

땅 속을 집중적으로 깊이 파야 맑은 샘물을 얻을 수 있는 것과 같이 무슨 일이든지 시작하면 끝까지 노력해야 원하는 것을 얻을 수 있다.

우물 정(井)은 가운데가 비어있으므로 통하는 이치다.

그러므로 타인과의 소통과 협력이 필요하다.

우물의 샘물은 아무리 퍼도 마르지 않는 것으로 자신의 우물을 만인이 쓸 수 있게 모든 사람에게 베풀면 좋다.

운수 = 일을 성취하고자 하는 여건과 역량이 있으므로 열심히 노력해야 한다.

타인과 합심이 잘 안 되고 있다.

양보심과 협동심을 기르도록 노력하라.

* 소원 = 적은 소원이라면 이루어진다.
* 건강 = 병의 상태가 고르지 못하다.
* 재물 = 수입과 지출이 원활하다.

그리고 융자(融資)도 받을 수 있다.
* 여행 = 불리하니 단념하는 것이 좋다.
* 대인 = 그곳의 사정이 있다.

기다려라.
* 심인 = 찾을 수 있다.

노력하라.
* 실물 = 집안에 묻혀 있으니 자세히 찾아보라.
* 혼인 = 거의 다 되어 가는 것 같으나 결국 이루지 못한다.
* 소송 = 불리하니 중지하라.
* 매매 = 곧 된다. 이익도 있다.
* 직장 = 안타까운 실정이다.

낙심하지 말고 꾸준히 노력해 보라.
* 이사 = 옮기지 마라.

손실이 있다.
* 출산 = 순산이며 초산이면 딸이다.

6) 감위수 (坎 : 구덩이 '감')

☵ 외괘 : 물, 위험, 이남(水)
☵ 내괘 : 물, 위험, 이남(水)

안에도 험난함이 있고 바깥에도 험난함이 있으므로 위험이 겹쳐 있다.

감(坎)자를 살펴보면 흙에 구덩이가 파였다는 뜻과 물이 흐르면 땅이 파여 구덩이가 생겨 위험하다는 뜻이 있다.

안팎으로 험난한 상태이지만, 내괘와 외괘의 중심인 2효와 5효에 陽인 군자가 중심을 잡고 있으므로 각오를 단단히 하고 희망을 버리지 않으면 시련을 극복할 수 있다.

아래도 물이 흐르고 위에도 물이 흐르고 있는 것은 쉬지 않고 덕을 채우는 것으로 부족한 것을 채우기 위해서는 자신을 갈고닦는 노력을 끝없이 해야 한다. 그러므로 곧고 바른 마음으로 도를 잃지 않고 공부를 하면 큰 뜻을 이룰 수 있다.

위 아래에 험난함이 있으므로 사기와 도난을 조심해야 한다.

험한 일과 나쁜 일이 있으니 서로 함께 계획하고 의논을 하고 남의 충고를 귀담아들어라.

주변 상황이 매우 어려우므로 수양을 하면서 마음을 가다듬는 시기이다. 학문, 연구, 종교 등 정신적 일을 하는 것이 좋다.

일반적으로는 나쁜 운이므로 결혼과 건강에도 나쁘다.

사대난괘 중의 하나이다.

운수 = 파란을 의미하는 쇠운(衰運)이다.

움직이지 말고 분수를 지켜라.

* 소원 = 생각지도 마라.

이루어지지 않는다.

* 건강 = 병중인 사람은 수술을 받아야 한다.

신경쇠약에 걸린다.

* 재물 = 벌어들이는 돈은 적고 쓸 곳은 많다.
* 여행 = 실물수(失物數)가 있으니 출행(出行)하지 마라.
* 대인 = 방해가 있어 오지 않는다.
* 심인 = 찾지 못한다.

해외로 멀리 간듯하다.

* 실물 = 동쪽이나 북쪽에서 찾아보라.

그러나 매우 어렵다.

* 혼인 = 인연이 아니다.

성립되지 않는다.

* 소송 = 크게 불길하니 그만두어라.
* 매매 = 시세를 제대로 받을 수 없으며 팔리지도 않는다.
* 직장 = 소원이 이루어지지 않는다.

좋은 운이 올 때까지 기다려라.

* 이사 = 손해가 적지 않으니 옮기지 마라.
* 출산 = 난산이며 딸이다.

7) 수산건 (蹇 : 다리를 절 '건')

☵ 외괘 : 물, 위험, 이남(水)
☶ 내괘 : 산, 막힘, 삼남(山)

위에는 물이 있고 아래에 산이 있어서 비(水) 내리는 산(山)을 절뚝거리며(蹇) 올라가는 모습이다. 혼자 비 오는 산을 넘어갈 수가 없으므로 타인의 도움이 필요하다.

안에 있는 산도 험난하고, 바깥에 있는 물도 깊이를 알 수가 없으므로 안팎으로 힘든 상황이다.

밖에는 험하고 위험이 도사리고 있고 안에는 산이 가로막혀 나가지 못하는 모습으로 만일 이를 무시하고 나아가면 커다란 난관에 빠지게 된다. 정지하는 것이 최선이다. 스스로 수양을 하고 때를 기다리면 때가 올 것이다.

괘의 모습을 보면 내괘의 양효는 음효에 의해 밀려 나가는 상태이나 외괘의 양효는 가운데 중심을 잡고 있다.

그러므로 비록 안에서는 힘든 상황이나 밖에서 중심을 잡고 있으면 어려움을 이겨낼 수 있다. 안팎으로 어려운 시기이므로 도난, 사기, 수해등을 조심해야 한다.

사대난괘 중의 하나.

운수 = 매우 쇠약하다.

무슨 일에 있어서나 발전이 없고, 노력하면 노력한 만큼의 손해가 있을 뿐이니 매사(每事)를 체념하고 때를 기다려라.

* 소원 = 운수가 불길하니 이루지 못한다.
* 건강 = 현재 앓는 중이면 치료의 효과가 없다.
* 재물 = 지출을 삼가라.

  수입은 없고 낭비뿐이다.
* 여행 = 중도에서 상처를 입을 우려가 있다.
* 대인 = 상대방의 사정이 허락지 않으므로 오지 않는다.
* 심인 = 멀리 가지 못하였다.

  기다리면 스스로 찾아온다.
* 실물 = 나오지 않는다.

  도적의 소행인 것 같다.
* 혼인 = 방해가 있어서 성립되지 않는다.
* 소송 = 지루하다.

  비용도 찾기 어렵다.
* 매매 = 정당한 시세를 받을 수 없다.
* 직장 = 있는 자리가 길지 못하고 취직도 뜻대로 안 된다.
* 이사 = 불리하니 옮기지 마라.
* 출산 = 아기가 약하다.

  아들이다.

8) 수지비 (比 : 견줄, 도울, 이웃, 친근할 '비')

☵ 외괘 : 물, 위험, 이남(水)
☷ 내괘 : 땅, 순종, 어머니(地)

땅 위에 물이 있다. 물이 흘러 땅을 적시니 땅이 촉촉해져서 초목이 무성하게 자라난다. 그러므로 주변이 풍성해진다.

수지비의 '비(比)'자는 두 사람이 나란히 서 있는 모습으로 서로 돕는다는 것을 뜻하고 있다.

땅위에 물이 흐르면 나무가 무성하게 자라게 되는데, 이들 나무는 크고 작음이 있어 서로 경쟁을 하게 된다.

그러므로 '비'는 서로 협조하면서도 경쟁하는 관계다.

괘의 모습을 보면 5효에 陽이 군왕의 자리에 있으면서 다섯 개의 陰을 이끌어가고 있으며 음은 양의 이끎에 순히 따르고 있는 모습이다.

군왕의 자리에 있는 양은 물로써 아래에 있는 백성인 땅을 적셔주고, 군왕이 곡식을 키울 수 있는 물을 주니 땅인 백성은 군왕을 잘 따를 수밖에 없다.

안에는 순하고 부드럽지만, 바깥에는 험난하니 유하고 부드럽게 행동해야 백 가지 근심이 없어진다.

바르게 행동하지 않으면 재앙이 생기며 길과 흉이 같이 있는데 좋은 일이 더 많다.

운수 = 당신이 노력한 만큼의 인정을 받는다.
여러 사람의 힘을 빌어서 하는 일이면 대체로 순조롭게 진행된다.

* 소원 = 이루어진다.
안심하라.
* 건강 = 병중에 있는 경우는 차도(差度)가 늦다.
* 재물 = 조그마한 재물은 무난히 얻어진다.
* 여행 = 동행이 있으면 길(吉)하다.
* 대인 = 돌아오지 않으나 곧 소식은 온다.
* 심인 = 서남방으로 갔으나 돌아올 뜻이 없다.
* 실물 = 북방 물가에 가보라.
* 혼인 = 좋은 인연이다.
늦기 전에 서둘러라.
* 소송 = 불리하나 화해하면 길하다.
* 매매 = 잘 팔리며 이익도 있다.
* 직장 = 좋은 직장이 알선된다.
* 이사 = 매우 길하다.
* 출산 = 순산이며 아들이다.

7. 외괘(上卦)가 산(山)인 괘

1) 산천대축 (大畜 : 큰 '대' 쌓을 '축')

☶ 외괘 : 산, 막힘, 삼남(山)
☰ 내괘 : 하늘, 강건함, 아버지(天)

하늘 위에 산이 있다. 하늘보다 높은 산이니 크게 쌓여 있다.

내괘(안)는 모두 陽의 기운으로, 양이 단단하게 버티고 있으니 바깥에 산을 높이 쌓을 수 있다.

안에 있는 하늘은 양의 강건한 기세로 무조건 앞으로 돌진하려는데, 바깥에 있는 산은 멈추어야 할 때 멈출 수 있게 해준다. 멈추어야 할 때 멈출 수 있는 결단이 있어야 크게 이룰 수 있다.

괘의 모습을 보면 안에는 든든한 양이 있고 바깥에는 두 개의 음이 하나의 양을 받치고 있으니 안정되어 보인다.

괘의 의미도 안으로는 강건한데 바깥에는 그치는 덕이 있어서 진퇴의 시기를 알고 노력하면 커다란 결실을 보는 좋은 괘 중에 하나다.

흙이 크게 쌓여야 큰 산을 만들 수 있듯이 사람도 많은 학문과 경험을 쌓아야 큰일을 할 수 있다.

새로운 경험을 하고 세력을 잘 활용해라.

자신의 세력만 믿고 무조건 돌진하려는 망령된 생각이 없고 학문과 사업에 정진하면 큰 뜻을 이룰 수 있다.

산은 하루아침에 만들어지지 않듯이 노력하면 고생한 만큼 성과가 있다. 날로 덕이 새로워지니 직장을 얻거나 명예를 얻는 것에는 좋다.

운수 = 처음은 어려움이 있지만, 나중에는 영화롭다.
　　　　점차 발전하는 운이다.
* 소원 = 이루어진다.
　　　　사욕(私慾)을 버리고 정당한 것만 취하라.
* 건강 = 환자의 경우는 오래간다.
* 재물 = 매우 길하다.
　　　　금전의 융통이 여의하다.
* 여행 = 여행 중 사고가 생길 염려가 있다. 단념하라.
* 대인 = 기다리는 사람은 늦어진다.
　　　　소식도 매우 늦게 온다.
* 심인 = 찾는 사람은 동북 방향의 산속에 숨어 있다.
* 실물 = 잃은 물건은 찾지 못한다.
　　　　도적의 소행이다.
* 혼인 = 좋은 인연과 이루어진다.
* 소송 = 급히 서두르면 이익이 있다.
* 매매 = 순조롭게 되고 값도 비싼 시세를 받는다.
* 직장 = 재직자는 승진하고 실업자는 취직된다.
* 이사 = 길하다.
* 출산 = 순산이며 딸을 낳는다.

2) 산택손 (損 : 덜어낼 '손')

☶ 외괘 : 산, 막힘, 삼남(山)
☱ 내괘 : 연못, 웃음, 삼녀(澤)

산 아래 연못이 있는 것으로 못이 깊으면 산은 높아지니 아래의 그것을 덜어서 위를 보태준다.

연못에 있는 물이 산속 초목의 성장을 도와주는 것으로, 안에 있는 것이 바깥에 있는 것을 도와주는 모습이다. 도와주어 잃는 것처럼 보이나 나중에는 큰 이익을 얻는 것이다.

산택손의 손(損)은 손(手)으로 숫자(원=員)를 헤아려서 덜어낸다는 의미가 있다. 그러므로 먼저 덜어내어 손실을 보면 나중에 이익을 보고 이루어진다는 의미의 괘다.

남녀 관계에서는 먼저 상대에게 베푸는 형태이므로 결혼에도 좋은 괘다.

운수 = 결혼에 있어 가장 좋은 운이다.

남을 위해서 노력하면 언젠가 그 보답을 받고 반드시 그 결과가 좋다.

* 소원 = 매우 늦다. 그러나 반은 이루어진다.
* 건강 = 수술 등의 치료에는 매우 좋다.
* 재물 = 실물수(失物數)가 있다.

손해 본 것 같으나 결과는 유익하다.

* 여행 = 순조롭지 못하다.
* 대인 = 여러 번 연락을 취하라.

늦더라도 온다.

* 심인 = 가까운 곳에 있다.

여인에게 찾도록 하라.

* 실물 = 집안을 잘 살펴보라.

가까운 곳의 물건 사이에 끼여 있다.

* 혼인 = 좋은 인연을 만난다. 대길하다.
* 소송 = 비용이 많이 든다.

그러나 판결은 유리하다.

* 매매 = 서둘러 매매하라.

얼마 뒤에는 시세가 떨어진다.

* 직장 = 장소를 옮기는 징조가 보인다.

구직자는 돈이 약간 필요하다.

* 이사 = 해도 무방하다.
* 출산 = 순산이며 딸이다.

3) 산화비 (賁 : 꾸밀 '비')

☶ 외괘 : 산, 막힘, 삼남(山)
☲ 내괘 : 불, 밝음, 이녀(火)

산 밑에 있는 불이다. 산에서 도시의 야경을 보는 것이다.
아름답게 보이지만 낮에 실상을 보게 되면 실망한다.
산화비의 비(賁)는 열매가 많이 매달린 것으로 열매 맺는다는 의미와 꾸민다는 뜻이 있다. 장식으로 꾸미니 겉은 화려하나 실속은 없으므로 속임수가 있다. 그러니 계약은 잘 보고 해야 한다.
좋지 않은 사람이 접근할 수 있으니 문서를 조심해야 한다.
선을 보는 경우, 중매하는 사람의 말을 믿었다가 낭패를 볼 수도 있다.
사업의 경영이나 대인관계에서는 겉치레로 꾸미지 말고 열심히 노력하여 갈고 닦아야 비로소 이루어질 수가 있다.
겉으로 꾸미는 것이므로 예술, 문화, 연예인 등에는 좋다.

운수 = 명예에 관한 것은 모두 좋다.
　　　　단, 사기에 주의하라.
* 소원 = 분수에 맞는 일이면 이루어진다.
* 건강 = 오래된 병이거나 노인병은 위험하다.
* 재물 = 소문만 크고 생기는 실속은 적다.
* 여행 = 대체로 무난하나 항공여행은 주의하라.
* 대인 = 오래 기다려야 한다.
* 심인 = 남방 가까운 곳에 있다.
* 실물 = 금전상의 가치가 크면 찾지 못한다.
* 혼인 = 이루지 못한다.
　　　　허위가 많다.
* 소송 = 상대방은 거짓 진술을 많이 한다.
　　　　이점에 주의하라.
* 매매 = 아직 처분하지 마라.
　　　　문서를 꼼꼼히 봐라.
* 직장 = 직위가 오른다.
　　　　구직자도 길하다.
* 이사 = 관계없다 임의로 하라.
* 출산 = 순산이며 딸을 낳는다.

4) 산뢰이 (頤 : 턱 '이')

☶ 외괘 : 산, 막힘, 삼남(山)
☳ 내괘 : 우레, 미세한 진동, 장남(雷)

산 아래에 초목(새싹)이 자라고 있는 모습이다.

위에는 멈추어 있고 아래는 움직이고 있는 형상으로 아래턱을 움직여서 음식을 먹고 있는 모습이기도 하다.

음식을 씹어서 체력을 키울 뿐만 아니라 정신적으로도 수양하여 자신의 능력을 길러야 하는 때다.

괘의 모습을 보면 맨 아래와 맨 위에 陽의 기운이 있고 중간에는 모두 陰으로 마치 입안이 비어있는 상태이고, 음은 이빨이 되기도 한다.

음식을 먹으려면 자신이 음식을 씹어야 하니, 무슨 일이든지 스스로 노력하고 해결해야 한다.

산뢰이는 먹는 모습과 관련이 있으므로 이빨이나 위장, 소화기 계통의 질병과 더불어 입이 화의 근원이 될 수 있으니 말조심해라.

운수 = 현재는 궁하더라도 머지않아 구복(口腹)을 채울만한 운에 이른다.

* 소원 = 기대와는 차이가 있으나 이루어진다.
* 건강 = 오래된 병, 노인의 병은 위험하다.
* 재물 = 소문만 크고 생기는 실속은 적다.
* 여행 = 대체로 무난하나 항공여행은 주의하라.
* 대인 = 오래 기다려야 한다.
* 심인 = 남방에 있으나 속히 찾지는 못한다.
* 실물 = 벽장, 다락 상자 속을 찾아보라.
* 혼인 = 성사된다.
* 소송 = 도리어 관재구설이 생긴다.
* 매매 = 좀 더 기다려라.
         지금은 팔지 못한다.
* 직장 = 취직된다.
         직장에 있는 사람은 말조심해라.
* 이사 = 온 가족과 뜻을 같이하여라.
* 출산 = 순산이며 아들이다.

5) 산풍고 (蠱 : 독 '고')

☶ 외괘 : 산, 막힘, 삼남(山)
☴ 내괘 : 바람, 움직임, 장녀(風)

산 밑에서 바람이 불고 있으니 단풍이 들고 낙엽이 지는 모습이다. 안에 있는 風은 陰이 하나 생기고, 위에 있는 山은 음이 두 개니, 음이 점차 생기는 것으로 가을과 쇠퇴를 의미한다.

산 밑의 바람이 산에 막혀 통풍되지 않아 먼지가 쌓이고 썩어서 독 벌레가 생긴다.

蠱는 '힘든 노동, 벌레 먹다"의 뜻으로, 글자 모양은 그릇 위에 세 마리의 독충이 있는 모양이다.

주위의 상황이 극히 복잡하고 혼란스러울 때다.

자신의 주변 가까이에 적이 있으니 믿는 도끼에 발등을 찍힐 수 있다. 자칫하면 손실이 커지니 미리 경계하고 대비해야 한다.

운수 = 운수가 쇠약하다.

　　　움직이면 움직일수록 손해만 크다.

* 소원 = 성취하기 어렵다.
* 건강 = 좋지 않다.

　　　병자(病者)는 치료가 더디다.

* 재물 = 수입보다 지출이 많다.
* 여행 = 부득이한 경우가 아니면 취소하라.
* 대인 = 기다리지 마라.

　　　오지 않는다.

* 심인 = 동북방으로 향하였으나 찾지 못한다.
* 실물 = 동북간 방에 있으나 파손되었다.
* 혼인 = 이루어지기 어렵다.
* 소송 = 불리하니 그만두어라.
* 매매 = 파는 것이 길하고 사들이는 것은 흉하다.
* 직장 = 자리가 불안하다.

　　　구직도 여의치 못하다.

* 이사 = 옮기지 마라.
* 출산 = 유산할 위험성이 있으니 조심하라.

6) 산수몽 (蒙 : 어리석을 '몽')

☶ 외괘 : 산, 막힘, 삼남(山)
☵ 내괘 : 물, 위험, 이남(水)

안으로는 水가 있으므로 험난함이 있고 바깥에는 山이 있으니 멈춰 있는 모습이다.

험한 곳에 있으면서 앞으로 나아가는 것을 잠시 멈추고 상황을 살펴보거나, 어찌해야 할지 몰라 멈추어 있는 모습이다.

산 밑에 있는 물이므로, 산 아래의 짙은 구름이나 안개도 된다.

그러므로 희미해서 앞을 볼 수가 없다. 결정을 할 수 없다.

앞이 보이지 않으니 계몽으로 무지를 일깨워 준다.

모든 일에 결정하지 못하고 쩔쩔매고 있으니 주변의 깨우침(蒙)을 따르면 발전하고 성공한다.

蒙은 '어리다. 어리석음을 일깨운다.' 라는 뜻이 있으므로 새로 시작하는 사업이나 학문, 어린아이의 장래에 대한 운은 좋다.

안팎으로 험한 처지에 있어서 어떤 일도 이룰 수가 없다. 그러니 현재는 답답하다.

운수 = 선배의 도움을 청하라.
　　　　무슨 일에나 처음 시작하는 것은 장래성이 있다.
* 소원 = 분수에 맞는 일이라면 이루어진다.
* 건강 = 건강한 편이나 병중인 사람은 오래간다.
* 재물 = 금전융통이 순조롭지 못하다.
* 여행 = 실물수와 신병(身病)을 만나기 쉬우니 그만 두는
　　　　것이 좋다.
* 대인 = 상대방의 뜻은 정해져 있으나 좀 늦어진다.
* 심인 = 아직 멀리 가지 않았으니 속히 찾으면 된다.
* 실물 = 어린이가 주워다 버렸다.
　　　　찾지 못한다.
* 혼인 = 이루지 못한다.
　　　　중간에 마음이 변했다.
* 소송 = 남의 의견을 좇아라.
　　　　화해하는 것이 좋다.
* 매매 = 손해 보고 처분하지만, 결과는 좋다.
* 직장 = 급히 서두르면 불리하고 침착성 있게 기다리면 길하다.
* 이사 = 이사하면 오히려 손해가 있다.
* 출산 = 난산인 듯하다.
　　　　아들이다.

7) 간위산 (艮 : 어긋날 '간')

☶ 외괘 : 산, 막힘, 삼남(山)
☶ 내괘 : 산, 막힘, 삼남(山)

첩첩산중에 있다.
안에서도 정지되어 있고 바깥에도 정지되어 있다.
태산이 안팎으로 가로 놓여있으니 어려울 때다.
제 자리에 머무르면서 본분을 지키고 때가 되면 처신하는 것이 올바른 방법이다.
뜻하는 바를 얻지 못하니 마음과 몸이 불안하다.
기왕의 일은 축소하고 새로운 계획은 일체 중단하라.
결론이 난 것은 바꿀 수가 없다.

운수 = 어려움이 많으며 당분간 쉬고 있어라.
* 소원 = 이루지 못한다.
　　　　될 듯하면서도 잘 안 되는 상태.
* 건강 = 이미 병중에 있는 사람은 낫기 어렵다.
* 재물 = 돈의 융통이 잘 안 된다.
　　　　여러 번 교섭해 보라.
　　　　적은 돈이면 얻을 수 있다.
* 여행 = 불길하다.
　　　　떠나지 않는 것이 좋다.
* 대인 = 사람도 오지 않고 소식도 없다.
* 심인 = 동행이 있어 산중에 숨어 있다.
* 실물 = 서쪽이나 남쪽 높은 곳에 있으나 찾기 어렵다.
* 혼인 = 지금 말하고 있는 곳은 성사되지 않는다.
* 소송 = 남에게 위임하는 것이 유익하다.
* 매매 = 급히 서두르면 값을 잃는다.
　　　　기다려라.
* 직장 = 만족할 곳은 아니나 취직은 된다.
* 이사 = 불길하다.
　　　　옮기지 마라.
* 출산 = 난산의 기미가 있으나 큰 탈은 없다.
　　　　딸이다.

8) 산지박 (剝 : 깍아(갉아)먹을 '박')

☶ 외괘 : 산, 막힘, 삼남(山)
☷ 내괘 : 땅, 순종, 어머니(地)

태산(山)이 무너지고 깎여서(剝) 볼품없는 평지(地)가 되었다.

위에는 陽이 있어 가득해 보이지만 아래는 陰들이 가득하여 곡간이 비어있다. 사업하는 사람은 뜻하지 않게 손실이 생겨 사업이 축소되거나 파산한다.

陰의 무리가 점점 자라나고 陽이 소멸하여 가는 모습으로, 소인이 득세를 하게 되니 군자가 피해를 본다.

그러나 운이 쇠퇴해 가니 대항하지도 말고 뜻을 펼칠 기회가 올 때까지 참고 기다려라.

사업가는 현상 유지에 힘쓰고, 직장인은 비록 직장 내에서 손해가 있더라도 퇴직하지 말고(밖은 더 험난하기 때문) 길운이 올 때까지 참고 견뎌야 한다.

운이 막바지에 도달한 것이다.

운수 = 쇠운이다.

　　　　이익을 생각하기에 앞서 손실을 먼저 막아라.

* 소원 = 현재로서는 단념하는 수밖에 없다.

* 건강 = 환자는 오래간다.

　　　　노인병은 회생하지 못한다.

* 재물 = 약간은 얻으나 예상한 액수에서 뜻밖의 손실이 있다.

* 여행 = 이롭지 못하다. 단념하라

* 대인 = 시일이 오래 걸려야 온다.

* 심인 = 동북간 방으로 갔으나 오지 않는다.

* 실물 = 찾지 마라.

　　　　시간과 노력만 허비할 뿐이다.

* 혼인 = 초혼(初婚)은 성사되지 않으나 재혼(再婚)은

　　　　성사된다.

* 소송 = 불리하다.

　　　　소송 중이면 취하(取下)하거나 화해하라.

* 매매 = 억지로 팔면 손해가 크다.

* 직장 = 취직하기 어렵다.

　　　　재직자는 현재의 위치가 불안하다.

* 이사 = 해도 없고 이익도 없다.

* 출산 = 순산이며 아들이다.

8. 외괘(上卦)가 지(地)인 괘

1) 지천태 (泰 : 클, 편안할 '태')

　　☷ 외괘 : 땅, 순종, 어머니(地)
　　☰ 내괘 : 하늘, 강건함, 아버지(天)

위에는 땅(地)이 있고 아래에 하늘(天)이 있는 모습으로, 위의 땅은 아래로, 아래의 하늘은 위로 가려고 하여 끝내는 만나 천지(天地)가 교접하니 태평한 세상이 된다.

하늘과 땅이 화합하니 적게 주고 많이 받으므로 운수대통이다.

또한, 안에는 천(天)의 굳세고 강건함이 있는데 바깥으로는 지(地)의 순함과 부드러움이 있어 강건함과 부드러움이 화합하여 중용을 지켜 크게 이를 수 있다.

괘 모양은 양기가 점차 올라와서 음기를 밀어내는 모습으로 소인은 물러가고 대인이 점점 나타나는 현상이다.

임금인 하늘이 땅에 있고 백성인 땅이 하늘에 있으므로 임금이 백성의 뜻을 알고 행하여 서로의 처지를 이해하고 마음이 통한다. 대인관계에서는 좋은 인연을 만나게 된다.

지천태는 정월의 괘로 이때는 모든 생명이 움트는 시기이므로 태평하다.

음효와 양효가 각각 셋으로 陰陽의 기운이 균등하게 있어, 안에는 건실하고 밖으로 부드러우므로 모든 것이 안정된 괘다.

64괘에서 가장 길한 괘로 집안이 화목하고 가정 운이 좋다.

- **운수** = 근심 걱정이 사라지고 순풍에 배 띄운 것 같이 매사에 순조롭다.

  구하는 것은 순하게 이루어지고 악한 것은 소멸하고 없어진다.
- * 소원 = 장애가 있으나 이루어진다.
- * 건강 = 대체로 건강하다.

  하지만 병을 앓고 있는 자는 위태롭다.
- * 재물 = 수입이 좋고 금전융통도 순조롭다.
- * 여행 = 길하다.
- * 대인 = 기다리는 사람은 소식이 있다.

  이쪽에서 연락하면 곧 온다.
- * 심인 = 찾는 사람은 서쪽에서 잘 찾으면 가능하다.
- * 실물 = 잃은 물건은 곧 찾는다.

  파손되기 전에 손을 써라.
- * 혼인 = 좋은 인연이니 이루어진다.
- * 소송 = 별로 이득이 없다.
- * 매매 = 잘 된다.

  정당한 가격을 받을 수 있다.
- * 직장 = 승진할 기미가 있다.

  실업자는 취직이 된다.
- * 이사 = 이사 운이 아니니 그만두어라.
- * 출산 = 순산이며 아들이다.

2) 지택림 (臨 : 임할 '임, 림')

☷ 외괘 : 땅, 순종, 어머니(地)
☱ 내괘 : 연못, 웃음, 삼녀(澤)

지택림 괘는 위에는 땅이 있고 아래에 연못이 있는 것으로 이것은 연못 주변에 흙이 쌓여 있는 모습이다. 연못에 있는 물이 주변 흙을 촉촉하게 적셔 주므로 모든 만물을 기르는 상이다. 안에는 웃음이 있고, 바깥에 순한 덕이 있으니 기뻐하면서 순하게 나가는 모습이다.

陽이 陰아래 있지만, 안에서는 이미 두 개의 양이 음들을 몰아내면서 자라나고 있으므로 크게 형통할 수 있다. 그러나 지금은 양이 점차 자라나고 있는 것이지만 다시 음이 성할 때를 만나게 되므로 조심스럽게 행동해야 한다.

지택림은 연못 옆에 쌓은 흙담으로, 연못의 물을 막아준다. 그러나 연못 위에 있는 흙담은 임시로 쌓은 담이므로 영원하지 않다. 그러므로 현 상황이 변하기 쉬우니 방심하지 말고 경계해야 하며 또한 영원한 것이 아니므로 새로운 계획을 미리 세워야 한다.

내적으로는 기뻐하고 외적으로는 순탄하니 혼인에는 좋은 괘다. 관직에 있는 사람은 승진하고 일반 사람은 화합하여 행복해진다.

운수 = 성운(盛運)이니 적극적으로 활용하면 거의 성취한다.
* 소원 = 대길하니 이루어진다.
* 건강 = 환자면 치료된다.
　　　　치료 후에도 주의가 필요하다.
* 재물 = 옹색한 편이며 금전융통도 순조롭지 않다.
* 여행 = 가까운 곳은 길하나 먼 거리는 불리하다.
* 대인 = 곧 온다.
* 심인 = 거처를 자주 옮기므로 찾기 어렵다.
* 실물 = 제삼자의 손에 넘어갔기 때문에 알고도 찾지 못한다.
* 혼인 = 윗사람의 뜻에 따르면 이루어진다.
* 소송 = 불리하니 단념하라.
* 매매 = 유리하게 곧 처분된다.
* 직장 = 경쟁자가 있는 곳이면 어렵다.
* 이사 = 해도 무방하다.
* 출산 = 산후가 좋지 않다.
　　　　딸이다.

3) 지화명이 (明夷 : 밝을 '명' 사라질 '이')

☷ 외괘 : 땅, 순종, 어머니(地)
☲ 내괘 : 불, 밝음, 이녀(火)

　명이(明夷) 괘는 하늘에는 땅이 있고 땅에는 불이 있는 모습으로, 해가 서산으로 기울어져 땅속에 들어가 밝은 빛이 어두움으로 감춰져 있는 형상이다.

　광명에서 암흑으로, 성운(盛運)에서 쇠운(衰運)으로 바뀌는 시기이다. 운이 좋지 않음으로 자신의 능력을 감추고 바깥으로 드러내지 않아야 하거나, 이제는 자신의 능력을 접고 잠시 쉬어야 한다는 의미가 있다. 실력을 감추지 않고 드러내게 되면 모함이나 질투를 받게 된다.

　여러 가지 일을 시도하지만 이루어지는 것은 없으므로 차라리 쉬는 것이 낫다. 그동안 실력을 길러라.

운수 = 운이 쇠퇴해 가고 있다.
　　　　잠깐 쉬고 있어라.
* 소원 = 시기가 이미 늦었다.
　　　　좀 더 기다려라.
* 건강 = 쇠약해지기 쉬우니 주의하라.
* 재물 = 금전의 융통이 원활하지 못하다.
　　　　남은 돈을 아껴 써라.
* 여행 = 객지에서 뜻밖의 고난을 겪게 되니 취소하라.
* 대인 = 장애가 있어 오지 않는다.
* 심인 = 서남방으로 가서 깊은 곳에 숨어 있다.
* 실물 = 깊은 곳에 숨어 있으므로 찾기 어렵다.
* 혼인 = 인연이 아니니 이루어지지 않는다.
* 소송 = 그만두어라.
　　　　시일을 오래 끌며 이익도 없다.
* 매매 = 지금은 시세가 맞지 않는다.
* 직장 = 불리하다.
　　　　현 위치를 지키는 데 신경을 써라.
* 이사 = 옮기지 마라.
* 출산 = 난산의 징조가 보인다.
　　　　딸이다.

4) 지뢰복 (復 : 회복하다, 돌아올 '복')

☷ 외괘 : 땅, 순종, 어머니(地)
☳ 내괘 : 우레, 미세한 진동, 장남(雷)

괘를 보면 위에는 陰이 가득한데 아래에서 陽이 하나 생기기 시작하는 모양으로 어둠 속에서 밝은 빛(양)의 기운이 회복되고 있는 상태이다. 이제는 기운이 회복되고 있으므로 서서히 만물이 생성하기 시작한다.

지뢰복은 어둠 속에서 한 줄기 햇살이 비추는 것이므로 어둠 속에 있었던 사람들은 새로운 운을 맞이한다는 의미가 있다. 그러므로 실패를 경험해 본 사람은 조심스럽게 새로운 출발을 시도한다. 처음에 시작할 때 일이 잘못되면 다시 시작해야 하므로 처음부터 심사숙고하여 작은 것부터 시작하여 큰 것으로 계획을 세우는 것이 좋다.

현재까지 모든 일이 부진했던 사람에게 좋은 운이 돌아와 매사가 순조로워지기 시작한다. 새로운 기운이 시작되므로 관직은 높아지고 재물은 늘어난다.

안으로는 뇌(雷)괘가 움직이고, 밖으로는 지(地)괘가 유순하게 행동하므로 모든 일이 순조롭게 이루어진다.

운수 = 노력한 보람이 있다.

　　　　차츰 어려움에서 행운으로 접어든다.

* 소원 = 모든 일이 순조롭게 이루어진다.
* 건강 = 환자는 치료가 오래 걸린다.

　　　　그러나 중병은 회복된다.

* 재물 = 뜻과 같이 얻을 수 있다.
* 여행 = 중도에서 다시 돌아오게 된다.
* 대인 = 곧 온다.

　　　　빠르면 당일에 온다.

* 심인 = 찾을 수 있다.

　　　　그리고 스스로 돌아온다.

* 실물 = 주인의 손에 다시 돌아온다.
* 혼인 = 재혼이면 된다.

　　　　초혼이면 두 번째 말하는 곳이라야 성사된다.

* 소송 = 당신에게 유리하게 판결된다.
* 매매 = 여의하다.

　　　　그러나 다시 취소될 염려가 있다.

* 직장 = 실업자는 다시 직장이 생긴다.
* 이사 = 불리하니 옮기지 마라.
* 출산 = 순산이며 아들이다.

5) 지풍승 (升 : 오를 '승')

☷ 외괘 : 땅, 순종, 어머니(地)
☴ 내괘 : 바람, 움직임, 장녀(風)

괘의 모습을 보면 땅 밑에 나무가 있다.
나무의 어린싹(風)이 땅(地)을 뚫고 힘차게 올라오는(升) 모습이다.
2, 3효에 있는 陽의 기운이 4, 5, 6효의 음효의 뚫려 있는 곳으로 통과하여 올라오므로 마치 땅속에 있는 싹이 땅 밖으로 나오는 모습으로 상승하는 운세로 승격한다.
새싹은 땅을 뚫고 나오면서 점점 커지는 것이므로 작은 것을 쌓아서 큰 것을 이루니 점점 나아가는 형상이다.
한 단계씩 차례로 올라가는 것으로 시간이 걸리니 조급해하지 말고 수동적인 입장에서 순종하고 실력을 기르는 것이 좋다.
화지진(火地晋), 풍산점(風山漸), 지풍승(地風升) 모두 전진하고 위로 뻗어 나간다는 의미의 괘상이다.

운수 = 어린싹이 자라듯이 차츰 전진해 나간다.
　　　　승급, 승진하는 일 등에 가장 좋은 기회이다.
* 소원 = 분수에 맞는 일이면 모두 이루어진다.
* 건강 = 환자는 조금씩 차도가 보인다.
* 재물 = 수입이 좋다.
　　　　그러나 횡재는 생각지도 마라.
* 여행 = 길하다.
　　　　해외여행도 할 기회다.
* 대인 = 사 오일 뒤에 온다.
* 심인 = 그 사람이 스스로 온다.
　　　　기다려라.
* 실물 = 급히 찾지 마라.
　　　　나오지 않는다.
* 혼인 = 좋은 인연이니 이루어진다.
* 소송 = 그만두어라.
　　　　작은 일이 확대되어 관재구설이 생긴다.
* 매매 = 약간의 손해는 있으나 순조롭게 매매된다.
* 직장 = 승진, 승급한다.
　　　　실업자는 취직된다.
* 이사 = 이롭지 못하니 그만두어라.
* 출산 = 순산이며 딸이다.

6) 지수사 (師 : 스승 '사')

☷ 외괘 : 땅, 순종, 어머니(地)
☵ 내괘 : 물, 위험, 이남(水)

괘의 모습을 보면 위에는 땅이 있고 아래에 물이 있는 모습으로 많은 陰이 하나의 陽을 중심으로 하여 무리를 지어 있는 모습이다.

군자(2효,陽효)가 안에서 중심을 잡고 소인배를 상대하는 모습으로 장수가 무리를 거느리고 끌고 가는 모습이다.

안에는 험난하고 어려움이 있는데 바깥으로는 부드럽게 처신을 하는 모습으로 스승이 제자를 이끌어가기 위해서는 제자가 속을 썩히고 힘들게 해도 부드럽게 대해야 하는 고충을 나타내고 있다.

안으로는 험난한 것이 있으나 밖으로는 유순하게 행동하여 험한 가운데에서도 일이 순조롭게 해결된다.

아래에 험난한 곳이 있으므로 힘을 모아서 이겨내야 한다.

우환과 걱정이 있다.

군자가 소인배를 끌고 가야 하는 상황이므로 자기중심적이고 고집이 세진다.

위에는 부드럽지만, 흙의 기운이고 안에는 물의 기운이니 서로 극을 하는 관계라 자칫하면 송사가 생길 수도 있다.

운수 = 운세는 매우 강하다.

　　　　그러나 위험도 따르고 있으니 조심해야 한다.

* 소원 = 급히는 어려우나 시일이 조금 지나면 이루어진다.
* 건강 = 대수롭지 않은 일이라도 방심하면 오래 끌기 쉽다.
* 재물 = 적은 돈은 생긴다.

　　　　낭비가 많을 때이니 절약하라.

* 여행 = 여행지에서 여자로 인한 곤욕이 있다.

　　　　주의하라.

* 대인 = 상대가 잊고 있으니 이쪽에서 연락하라.
* 심인 = 서남방으로 갔다.

　　　　연고자의 집에 있을 것이다.

* 실물 = 서남 간 개울가에 있다.

　　　　찾으면 나온다.

* 혼인 = 남자 하나가 많은 여자를 상대하는 모습으로

　　　　방해자가 있어 성사되지 않는다.

* 소송 = 관재수가 있다.

　　　　그만두라.

* 매매 = 급히 서둘지 마라.

　　　　손해를 면하지 못한다.

* 직장 = 경쟁자가 있어 힘이 든다.
* 이사 = 옮기지 마라.
* 출산 = 순산이며 초산이면 아들이다.

7) 지산겸 (謙 : 겸손할 '겸')

☷ 외괘 : 땅, 순종, 어머니(地)
☶ 내괘 : 산, 막힘, 삼남(山)

　산이 땅보다 높은 것은 당연한데 산이 땅 밑에 엎드려 있다면 얼마나 겸손한 모습인가.
　높은 것이 낮은 것 밑에 있으니 겸손하고 겸손하다.
　겸(謙)자를 보면 상대방(겸,兼)의 처지를 배려해서 말씀(言)하는 것이므로 자기를 낮추어 겸손하게 말하고 실천하라는 뜻이 있다.
　괘의 모습을 보면 3효에 陽氣가 하나 있고 나머지는 모두 陰氣로 되어 있다. 소인의 무리가 군자를 시기해서 몰아내고자 하는 모습이다. 군자가 현 위치를 고수하고자 한다면 자세를 겸손하게 취하는 것만이 최선이다. 헛되이 큰일을 도모하면 화가 생긴다.
　자신을 낮추고 드러내지 않으며 상대를 높이면 처음은 어려움이 있지만 나중에는 자기 뜻대로 모든 일이 이루어진다.
　겸손함을 지키면 즐거운 일이 생기는 것이니 덕으로 행하면 순조로이 나아갈 수 있으므로 욕심을 부리지 말아야 한다.

- **운수** = 모든 일에 겸양해야 하며 비록 정신적, 물질적인 면에서 약간의 손실이 있다 할지라도 참고 양보하면 다음에 좋은 기회가 온다.
* 소원 = 남의 협력을 얻으면 이루어진다.
* 건강 = 성병 혹은 허리 아래의 장애에 주의하라.
* 재물 = 지금부터 좋아진다.
  돈에 대한 부탁은 노인에게 하면 길하다.
* 여행 = 길하다.
  그러나 일정이 길면 불리하다.
* 대인 = 약간 늦으나 반드시 온다.
* 심인 = 서남방 산속에 숨어 있다.
* 실물 = 동북 간방에서 찾아라.
  찾을 수 있다.
* 혼인 = 윗사람에게 부탁하면 좋은 인연을 만날 수 있다.
* 소송 = 남에게 위임하여 진행하라.
  길하다.
* 매매 = 유익하며 곧 팔린다.
* 직장 = 당신의 재능을 인정받을 때가 왔다.
* 이사 = 온 가족과 상의하라.
  좋고 나쁠 것이 없다.
* 출산 = 순산이며 달을 넘기면 아들이다.

8) 곤위지 (坤 : 땅 '곤')

☷ 외괘 : 땅, 순종, 어머니(地)
☷ 내괘 : 땅, 순종, 어머니(地)

안팎으로 땅이 거듭 있으므로 두껍게 쌓인 땅의 모습이다.

곤(坤)은 땅이 거듭 쌓여 두텁다는 뜻도 있으며 한편 신(申)은 하늘의 씨앗인 갑(甲)을 받아 싹이 자란 모습으로 밭(土)에 씨(甲)를 뿌렸더니 싹이 자란 것(申)이 곤(坤)이므로 결실의 아름다움을 나타내기도 한다.

음은 만물을 저장하여 키우는 것으로 부드럽고 순한 덕을 나타내고 있다. 땅의 움직임은 하늘에 의한 것으로 모든 일에 능동적으로 행동하는 것보다 수동적으로 행동하는 것이 좋고 윗사람의 의견에 따르는 것이 좋다.

매사 온순한 마음으로 행동하면 길이 열린다.

만사를 조심해라.

먼저 베풀고 뒤에 얻는다.

- **운수** = 현재는 힘드나 정성으로 윗사람을 섬기고 노력하면 가뭄에 비를 만난 초목과 같이 어려움 뒤에 성취를 맛본다.
* 소원 = 윗사람에게 의논하면 좋은 결과가 이루어진다.
* 건강 = 앓고 있는 사람은 치료가 어렵다.
* 재물 = 노력한 만큼의 수입은 보장된다.
* 여행 = 단체 여행은 길하나 그 외는 불리하다.
* 대인 = 곧 온다.
  며칠 후면 소식도 있다.
* 심인 = 가까운 곳에 있다.
* 실물 = 서남방에 있으나 급히 찾지 못한다.
* 혼인 = 서둘지 말고 기다리면 자연 성사된다.
* 소송 = 불리하다.
  소장(訴狀)을 제출하였거든 취하(取下)하라.
* 매매 = 뜻대로 되지 않는다.
* 직장 = 시일이 걸린다.
  그렇다고 해서 교섭 중인 것을 바꾸지 마라.
* 이사 = 이사 운이 있으니 길하다.
* 출산 = 순산이며 딸을 낳는다.

* *4대 난괘 : 택수곤, 수뢰준, 감위수, 수산건

제 3 장 명리 기초 이론

제 3장 명리 기초 이론

 육효는 주역과는 달리 여섯 개의 효에 사주 명리의 오행, 육친 그리고 점치는 年月日 등과 그들의 상생상극의 이론 등을 대입하여 점술의 정확도를 높인 것이다.

 그러므로 육효의 정확한 통변과 판단을 위해서는 육효에서 활용되는 간단한 명리의 기초이론에 대하여는 알고 있어야 하므로 이에 대하여 약술한다.

1. 10천간(天干)과 12지지(地支)

　10천간(天干)은 사주팔자의 천간을 구성하는 요소로써 다음과 같이 10개가 있다.

　갑(甲), 을(乙), 병(丙), 정(丁), 무(戊), 기(己), 경(庚), 신(辛), 임(壬), 계(癸)가 있으며 갑을은 목(木)으로 나무나 화초가 되고, 병정은 화(火)로 태양이나 등불이 되고, 무기는 토(土)로 산이나 전답이 되고, 경신은 금(金)으로 광석이나 보석이 되며, 임계는 수(水)로 강이나 비를 의미한다.

　12지지 역시 사주팔자의 지지를 구성하는 요소로써 다음과 같이 12개가 있다.

　자(子), 축(丑), 인(寅), 묘(卯), 진(辰), 사(巳), 오(午), 미(未), 신(申), 유(酉), 술(戌), 해(亥)로서 인묘(寅卯)는 천간의 갑을과 같이 목(木), 사오(巳午)는 병정과 같이 화(火), 축진미술(丑辰未戌)은 무기와 같이 토(土), 신유(申酉)는 경신과 같이 금(金), 해자(亥子)는 임계와 같이 수(水)를 의미한다.

천간	甲	乙	丙	丁	戊	己	庚	辛	壬	癸
지지	寅	卯	午	巳	辰戌	丑未	申	酉	子	亥
오행	木	木	火	火	土	土	金	金	水	水

2. 간지의 합(合)충(冲)형(刑)파(破)해(害)

성질이 다른 각각의 천간과 천간, 지지와 지지가 만났을 때 이들이 서로 합하거나 서로 부딪치고 깨지고 해치는 작용들이 생긴다.

육효에서는 천간보다는 지지 간의 합이나 충이 중요하다. 육효에서의 합은 일반적으로 좋은 의미인데 그것은 합이 되면 힘이 강해지기 때문이다. 하지만 때로는 묶여 힘을 쓰지 못하여 나쁠 수도 있다. 충은 일반적으로는 나쁜 의미인데 그것은 충돌하면 깨져서 힘이 약해지기 때문이다. 그러나 때로는 충하면 움직여서 (암동, 暗動) 새로운 변화를 일으키는 작용도 한다.

1) 지지 삼합(地支 三合) = 육효에서 삼합을 보는 방법

목(木)의 삼합은 해묘미(亥卯未 合 木), 화(火)의 삼합은 인오술(寅午戌 合 火), 금(金)의 삼합은 사유축(巳酉丑 合 金), 수(水)의 삼합은 신자진(申子辰 合 水)이다.

육효에서 삼합이 되기 위해서는 다음의 조건이 필요하다.

- 삼합을 구성하는 3字가 모두 괘에 있어야 한다.
- 삼합을 구성하는 3字가 모두 動해야 한다.
- 2字가 動하고 1字가 靜한 상태에서 정한 효가 암동이 되면 3字가 모두 動한 것으로 간주하여 삼합의 역할을 한다.
- 2字가 動하고 1字가 靜하거나 空傷 (공망, 파, 묘)이 된 경우에는 정한 字가 전실(塡實, 같은 글자)이 될 때 삼합의 역할을 한다.

- 2字가 動하고 동한 효에서 화출된 변효의 글자가 삼합에 해당 되면 삼합이 된다.
  (예; 2효 寅이 動하여 午를 화출, 3효 戌이 동하여 寅을 화출 하였을 경우, 寅午戌 삼합이 된다)
- 육효에서 효들이 삼합을 이루면 그 오행의 힘이 강해져 괘내의 동효가 충을 하더라도 깨지지 않는다.

삼 합	木	火	金	水
	亥卯未	寅午戌	巳酉丑	申子辰

2) 지지 육합(地支 六合)

자축 합 토(子丑 合 土), 인해 합 목(寅亥 合 木), 묘술 합 화(卯戌 合 火), 진유 합 금(辰酉 合 金), 사신 합 수(巳申 合 水), 오미 합(午未 合)등 여섯 개의 합이 있다.

지지의 육합에 의한 오행의 강약은 생합(寅亥, 辰酉, 午未)은 합에 의하여 힘이 강해진다. 그러나 극합(子丑, 卯戌, 巳申)인 경우 월(月)이나 일(日)에서 그 오행이 생(生)을 받았을 때는 극합이라도 힘이 강한 것으로 보지만 그렇지 않으면 극에 의하여 힘이 약해진다고 간주한다.

육 합	木	火	土	金	水
	寅亥	卯戌	子丑	辰酉	巳申

3) 지지 육충(地支 六沖)

자오(子午), 축미(丑未), 인신(寅申), 묘유(卯酉), 진술(辰戌), 사해(巳亥) 등 여섯 개의 충이 있다.

육효에서는 충이 되면 부서지게 됨으로 힘이 약해진다고 간주한다. 그러나 효가 月에서 생을 받고 日에서 충을 받으면 정효(靜爻)는 움직이게 되고(暗動), 이미 움직인 효(動爻)가 충을 받게 되면 힘이 흩어져서 약해진다. (冲散)

육충	子	丑	寅	卯	辰	巳
	午	未	申	酉	戌	亥

4) 지지 형(地支 刑)

- 삼형(三刑): 인사신 삼형(寅巳申 三刑), 축술미 삼형(丑戌未 三刑)
- 상형(相刑): 자묘 상형(子卯 相刑),
- 자형(自刑): 진진(辰辰), 오오(午午), 유유(酉酉), 해해(亥亥),
  육효에서는 삼형만을 주로 통변하고 다른 형들은 많이 참조하지 않는다.

육효에서 인사신, 축술미 삼형이 성립되기 위해서는 삼형의 3字가 괘 안에 다 있고 동해야 삼형이라 하며, 삼형이 있으면 관재, 구설, 재앙, 질병, 부부불화 등 凶한 것을 암시한다.

그러나 괘중에서 삼형이 발동하였더라도 용신을 극상하지 않으면 큰 해는 없다.

5) 지지 파(地支 破)

명리에서는 자유(子酉), 축진(丑辰), 인해(寅亥), 묘오(卯午), 사신(巳申), 술미(戌未)를 육파(六破)라 한다. 육효에서의 破는 명리에서의 파와는 달리 괘상의 효가 월의 沖을 받은 월파(月破)와 日의 충을 받은 일파(日破)만을 주로 의미한다.

파	子	丑	寅	卯	巳	未
	酉	辰	亥	午	申	戌

6) 지지 해(地支 害)

자미(子未), 축오(丑午), 인사(寅巳), 묘진(卯辰), 신해(申亥), 유술(酉戌)을 명리에서는 육해(六害)라 한다. 육효에서는 육해를 통변시에 별로 고려하지 않는다.

해	子	丑	寅	卯	申	酉
	未	午	巳	辰	亥	戌

3. 오행(五行)의 상생 상극(相生 相剋)

육효에서는 오행의 상생상극에 따른 특정 오행의 힘의 강약이 상당히 중요하다. 우리에게 필요한 오행(用神, 元神)이 상생으로 힘이 강해지면 좋은 일이고, 해를 끼치는 오행(忌神, 仇神)이 생에 의해 힘을 받으면 나쁜 일이다. 그러므로 중요 오행에 대한 상생 상극에 의한 힘의 강약을 관찰하는 것은 육효 통변의 결과에 매우 중요하다. 오행의 상생상극은 다음과 같다.

1) 상생(相生)

木 —생→ 火 —생→ 土 —생→ 金 —생→ 水

목생화(木生火), 화생토(火生土), 토생금(土生金), 금생수(金生水), 수생목(水生木).

나무는 불을 지피고 불은 흙을 단단하게 한다.

광석은 단단한 흙에서 유래되며, 쇠로 만들어진 파이프에 의하여 물이 공급되고, 물은 나무를 키운다.

2) 상극(相剋)

木 —극→ 土 —극→ 水 —극→ 火 —극→ 金

목극토(木剋土), 토극수(土剋水), 수극화(水剋火), 화극금(火剋金), 금극목(金剋木).

나무는 흙을 뚫고 지상으로 올라오고, 흙은 물이 넘치지 않도록 제방을 쌓으며, 물은 불을 끄고, 불은 쇠를 녹이며, 쇠로 만든 도끼가 나무를 벤다.

그러므로 어떤 특정 오행의 힘이 강해지는 경우는 그 오행이 다른 오행에 의하여 생을 받거나 동일 오행(비화, 比和)을 만나는 경우이다.

4. 오행(五行)의 왕(旺) 상(相) 휴(休) 수(囚) 사(死)

계절(季節)의 변화는 우주 만상의 왕쇠(旺衰)와 생사(生死)에 큰 영향을 주는데 오행의 강약 역시 계절(季節)이나 시간에 의해서 영향을 받는다.

봄은 인묘 월(寅卯 月)로 나무(木)의 계절이며, 여름은 사오 월(巳午 月)로 불(火)의 계절이고, 가을은 신유 월(申酉 月)로 쇠(金)의 계절이며, 겨울은 해자 월(亥子 月)로 물(水)의 계절이며, 계절과 계절 사이의 진미술축 월(辰未戌丑月)은 사계(四季)라 하여 흙(土)을 의미한다.

왕(旺)은 계절이 오행과 같은 경우, 상(相)은 계절이 오행을 생 할 경우, 휴(休)는 오행이 계절을 생 할 경우, 수(囚)는 오행이 계절을 극할 경우, 사(死)는 계절에 의하여 오행이 극을 당할 경우를 말한다.

예를 들면 오행인 나무(木)는 인묘 월(寅卯 月)을 만나면 동일한 오행을 만났으니 왕(旺)이 되고, 해자 월(亥子 月)을 만나면 수생목(水生木)이 되어 상(相)이 되고, 사오 월(巳午 月)을 만나면 목생화(木生火)되어 휴(休)가 되고, 진미술축 월(辰未戌丑 月)은 목극토(木剋土)되어 수(囚)가 되고, 신유 월(申酉 月)을 만나면 금극목(金剋木)이 되어 사(死)가 된다.

이렇게 계절이나 시간에 의한 오행의 강약은 왕과 상일 경우는 강해지고, 휴수사인 경우 약해지는데 강약의 순서는 왕(旺) 상(相) 휴(休) 수(囚) 사(死)순이다.

※ 왕상휴수사(旺相休囚死) : 계절에 따른 오행의 強弱

간지오행 왕쇠	木 甲乙 寅卯 (1.2월)	火 丙丁 巳午 (4.5월)	土 戊己 辰戌丑未 (3.9.12.6월)	金 庚辛 申酉 (7.8월)	水 壬癸 亥子 (10.11월)
旺(가장강함, 나와동일)	木 (1.2월)	火 (4.5월)	土 (3.6.9.12월)	金 (7.8월)	水 (10.11월)
相(강함, 나를생함)	水 (10.11월)	木 (1.2월)	火 (4.5월)	土 (3.6.9.12월)	金 (7.8월)
休(약함, 내가생함)	火 (4.5월)	土 (3.6.9.12월)	金 (7.8월)	水 (10.11월)	木 (1.2월)
囚(많이약함, 내가극함)	土 (3.6.9.12월)	金 (7.8월)	水 (10.11월)	木 (1.2월)	火 (4.5월)
死(가장약함, 나를극함)	金 (7.8월)	水 (10.11월)	木 (1.2월)	火 (4.5월)	土 (3.6.9.12월)

5. 십이운성(十二運星)

 십이(12)운성이란 오행을 인간의 삶에 대입한 것으로 어머니 뱃속에서 잉태되어 태어나고 죽어 무덤에 들어가는 12단계로 절(絕), 태(胎), 양(養), 장생(長生), 목욕(沐浴), 관대(冠帶), 건록(建祿), 제왕(帝旺), 쇠(衰), 병(病), 사(死), 묘(墓)로 설명한 것이다.
 명리학에서는 천간 지지를 음(陰)양(陽)으로 구분하여 대입하나 육효에서는 주로 지지를 음양 구분 없이 모두 양으로 간주하여 응용한다.
 예를 들면 亥(水)나 子(水) 모두 水의 陽干인 壬水로 간주하여 12운성에 대입한다. 또한, 명리학에서는 土는 12운성이 없다고 하지만 굳이 12운성을 대입한다면 火와 병용한다.
 한편 육효에서는 土를 水와 같이 본다고 하지만 실제로 대입을 하면 잘 맞지 않는 경우가 많으므로 참고로 하는 것이 좋다. 土는 십이운성으로 보는 것보다 상생과 상극으로 보는 것이 더 정확하다는 것이 저자의 생각이다.
 예를 들어 기준 오행이 목(甲乙, 寅卯)일 경우에는 절(絕)은 12지지의 신(申), 태(胎)는 유(酉), 양(養)은 술(戌), 장생(長生)은 해(亥), 목욕(沐浴)은 자(子), 관대(冠帶)는 축(丑), 건록(建祿)은 인(寅), 제왕(帝王)은 묘(卯), 쇠(衰)는 진(辰), 병(病)은 사(巳), 사(死)는 오(午), 묘(墓)는 미(未)가 된다.
 간단히 말하면 기준 오행이 木일 경우에는 木의 삼합인 해묘미(亥卯未)가 장생, 제왕, 묘가 되고, 火는 인오술(寅午戌)이 각각 장생, 제왕, 묘, 金은 사유축(巳酉丑)이 장생, 제왕, 묘, 水는 신자진(申子辰)이 장생, 제왕, 묘가 되니 이를 근거로 다른 지지를 추론하면 12운성을 좀 더 쉽게 추정할 수 있다.

이러한 12운성 역시 효에 있는 비신이나 육친의 강(强) 약(弱)을 보아 길(吉)흉(凶)을 판단하기 위함이다.

일반적으로 사, 묘, 절은 대흉(大凶)으로, 장생, 건록, 제왕은 대길(大吉)로, 쇠, 병, 목욕은 중흉(中凶)으로, 태, 양, 관대는 중길(中吉)로 본다. 한편 육효에서는 12운성 모두를 응용하기보다는 이들 중 사(死), 묘(墓), 절(絕), 장생(長生)을 중점적으로 보아 이를 활용한다.

그러나 명리나 육효에서는 좋은 육친이나 길신인 용신이나 원신이 장생, 건록, 제왕으로 힘이 강하면 좋지만, 나쁜 육친이나 흉신인 기신이나 구신이 이들에 의해 힘이 강해지면 나쁘다. 그러므로 단순히 12운성 용어 자체만으로 길흉을 판단할 것이 아니라 이들에 의하여 영향을 받는 육친들의 길흉을 먼저 살펴보아 최종적 길흉을 판단해야 한다.

- 절(絕): 포(胞)라고도 하는데 세상과 인연이 끝나고 모든 것과 완전히 단절된 상태를 말한다. 육효에서 절은 곧 만사불성(萬事不成)을 의미한다.
- 태(胎): 모든 것이 존재하지 않는 절에서 약간 발전한 상태인데 마치 어머니 뱃속에서 아이가 잉태된 것을 의미하니 조금씩 형체를 찾아가는 상태이다. 계획은 있으나 아직은 실행하기에는 어렵다.

- 양(養): 어머니 뱃속에서 점점 자라 형체를 완성하고 태어날 준비를 하는 것으로 어린아이가 부모로부터 보호를 받고 자라나는 모습으로 온순하고 낙천적이나 어려움에 쉽게 좌절한다.
- 장생(長生): 세상에 태어나는 시기로서 새로운 일을 시작하거나 희망에 부풀어 있는 것을 의미한다. 최고의 길성(吉星)으로서 육효에서는 모든 일이 순조롭게 이루어짐을 의미한다.
- 목욕(沐浴): 태어나서 처음 목욕을 하는 것으로 나름 고통이 따른다. 고통을 수반하므로 패살, 혹 욕살이라고도 한다. 남녀 간의 외도에 의한 망신, 부부이별… 등 길흉의 반복과 삶의 기복이 있다.
- 관대(冠帶): 성장하여 스스로 의관을 갖추고 밖으로 나가는 시기이다. 젊은 혈기에 진취성과 과감성이 있어 승승장구할 수 있으나 조금은 미숙하고 맹목적인 경우도 있어 실패할 수도 있지만 대체로 길성(吉星)이다.
- 건록(建祿): 관직에 올라 뜻을 세우고 결정하고 실행하며 행동한다. 의욕이 왕성하고 자기주장이 강하고 때로는 오만함도 있어 몸을 낮추고 화합하는 것이 좋다. 길성(吉星)이다.
- 제왕(帝王): 최상의 운으로서 계획한 모든 일이 이루어진다. 최상은 곧 쇠퇴함을 의미하니 이에 대한 대비가 필요한 시기이다. 길성(吉星)이다.

- 쇠(衰): 최상의 운에서 점점 쇠퇴해 가는 운세이다. 활발함과 적극성이 적어지니 새로운 일을 시작하면 도중하차하거나 고전한다.
- 병(病): 기력이 쇠진하여 병드는 시기이다. 불의의 사고나 우환, 손재가 있으며 매사 일이 중단되고 여의치가 않다.
- 사(死): 생명이 끊어지는 상태이다. 모든 운이 막히고 절망적이어서 재기불능이 된다.
- 묘(墓): 고(庫)라고도 한다. 사망하여 무덤에 묻히는 상황이다. 무덤에 묻혀 전혀 움직일 수가 없어 답답하고 모든 일이 이루어지지 않는다.

참고

12신살이나 일반 신살은 육효에서 많이 활용되지 않아 생략한다.

6. 육친(六親)

 육친은 음양오행의 상생상극에 의한 오행 상호 간의 관계를 인간적 사회적 언어로 바꾼 것을 말한다. 오행을 육친으로 바꿔 말할 때 기준이 되는 오행은 명리에서는 일간(日干)이며 육효에서는 수괘의 오행이다.

 명리에서는 일간을 기준으로 하여 상대 간지의 음양오행에 따라 10개의 이름을 부여함으로 十神, 十星, 六神, 六親 등이라 하나 육효에서는 주로 '육친'이라 부른다.

 예를 들어 일간이 나무(木)인 갑(甲)일 경우 상대 간지가 갑, 인(甲, 寅) 을, 묘(乙, 卯)이면 이를 비견, 겁재라 하며, 불(火)인 병, 사(丙, 巳) 정, 오(丁, 午)는 식신, 상관이라 하고, 흙(土)인 무, 진술(戊, 辰戌) 기, 축미(己, 丑未)는 편재, 정재라 하고, 쇠(金)인 경, 신(庚, 申) 신, 유(辛, 酉)는 편관, 정관이라하고, 물(水)인 임, 해(壬, 亥) 계, 자(癸, 子)는 편인, 정인이라 한다.

 그러나 육효에서는 명리와는 달리 음양과 천간의 오행을 무시하고 단순히 지지 오행간의 상생상극에 의하여 육친 이름을 부여한다.

 예를 들어 수괘의 오행이 목(木)이면 효에 붙어 있는 지지(비신)가 같은 목(比和者)인 인묘(寅卯)인 경우는 형(兄)이 되고, 목이 生하는 화, 사오(巳午)인 경우는 손(孫)이 되고, 목이 剋하는 토, 진미축술(辰未丑戌)인 경우는 재(財)가 되고, 목을 剋하는 금, 신유(申酉)인 경우는 관(官)이 되고, 목을 生하는 수, 해자(亥子)는 부(父)가 된다.

육친의 인간적 사회적 의미는 다양하나 간단히 말하면 兄은 형제 친구, 孫은 자식 부하 등, 財는 여자 재물, 官은 남편 직장, 父는 부모 공부 시험 등을 의미한다.

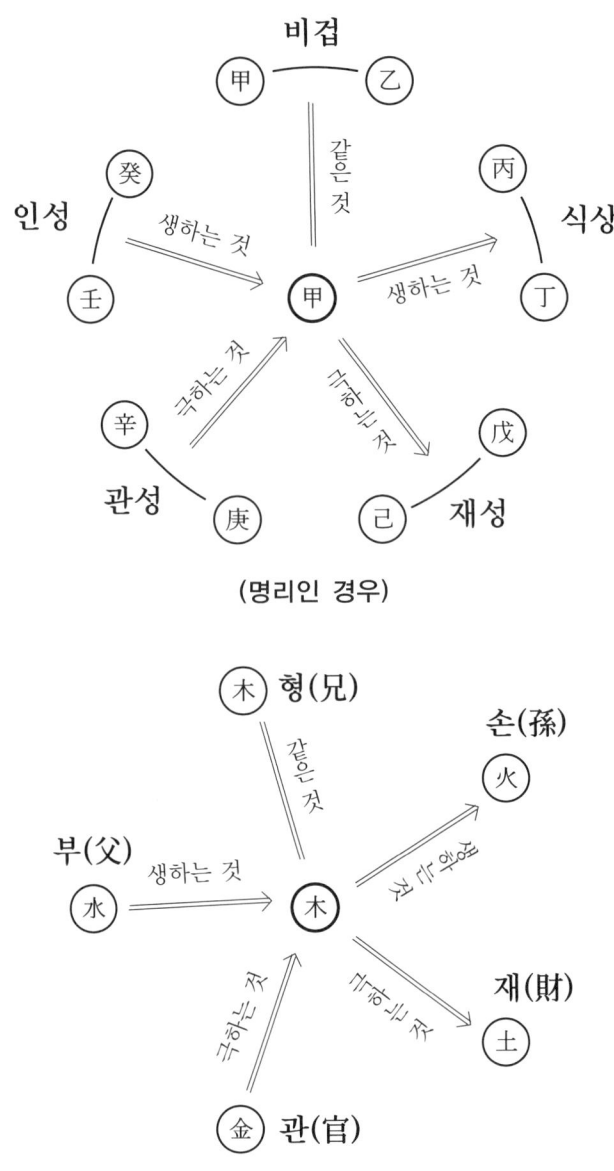

제 4 장 육효 용어

제 4장 육효 용어 (六爻 用語)

1. 효(爻)

주역과 육효의 기본이 되는 음(--, ΙΙ)과 양(-, Ι)의 부호를 말하며 다음과 같은 것들이 있다.

- 정효(靜爻): 움직이지 않고(靜) 가만히 있는 효.
  다른 효를 生剋沖合하지 못함.
- 동효(動爻): 움직여서(動) 변효를 화출하거나 다른 효를 생극충합하여 영향을 주는 효.
  육효의 길흉화복과 일의 성패에 중요.
- 변효(變爻): 동효가 움직여 만들어 낸(化出) 효.
  변효는 동효를 생극할 수 있으나 동효는 변효를 생극할 수 없음.
- 세효(世爻): 육효에서 자신(世)을 나타내는 효.
  자신의 점(自占)을 칠 때는 세효와 점치는 목적(主象)과의 상관관계가 중요.
- 응효(應爻): 육효에서 상대방(應)이나 목적을 나타내는 효.
  세효와 응효는 항상 대칭(對稱)되는 위치에 존재.

(예; 초효와 4효, 2효와 5효, 3효와 6효, 이를 對爻라고도 함)

나와 상대방의 관계를 보는 심리점사에서는 주로 世와 應의 상관관계를 관찰.

- 간효(間爻): 세효와 응효의 중간에 있는 2개의 효.
  결혼점에서는 중매인, 관재, 송사점에서는 증인 등.
- 방효(倣爻): 세효와 응효사이를 벗어난 효.
  방효가 발동해 세효를 생하면 내가 목적하는 일 이외의 다른 일이 발생한다.

2. 팔신(八神)

- 용신(用神): 육효점을 치는 목적이 되는 오행 또는 육친
  (예; 財物을 구하는 점에서는 財가 용신)
- 원신(元神): 용신을 도와주는(生)오행 또는 육친
  (예; 재물을 구하는 점에서는 孫이 원신)
- 기신(忌神): 용신을 극하는 오행 또는 육친
  (예; 재물을 구하는 점에서는 兄이 기신)
- 구신(仇神): 기신을 도와주는 오행 또는 육친
  (예; 재물을 구하는 점에서는 父가 구신)
- 비신(飛神): 여섯 개의 효에 붙는 12지지(地支)
- 복신(伏神): 용신이 괘상의 육효에서 나타나지 않아 숨어 있을 때 수괘에서 용신을 찾아 괘상에 대입한 것.
- 진신(進神): 동효가 변효를 화출하였을 때 그 변효가 동효와 같은 오행으로 순행한 것.
  (예; 동효 寅이 변효 卯로, 巳가 午로, 申이 酉로, 子가 亥로)
- 퇴신(退神): 동효가 변효를 화출하였을 때 그 변효가 동효와 같은 오행으로 역행한 것.
  (예; 동효 卯가 변효 寅으로, 午가 巳로, 酉가 申으로, 亥가 子로)

3. 세(世)효, 응(應)효, 정(靜)효, 동(動)효, 변(變)효

1) 세(世)효

세효(世)는 나의 문제에 대하여 내가 점(自占)을 칠 때, 점의 주체로서 용신이다. 世는 월, 일, 동효, 변효 등에 힘을 받아 강해지는 것을 원한다.

자점일 경우에는 내가 목적하는 사안(主象)과 世와의 상관관계를 잘 살펴야 한다. 世와 주상(때로는 용신이라고도 혼용함)이 합하거나 생하거나 비화되면 일이 이루어지고 극을 당했을 때도 이루어질 수 있다.

괘에서 世의 위치는 모든 수괘는 6효에 있으며 소속괘는 그 변화된 순서에 따라 世의 위치(초효-2효-3효-4효-5효-4효-3효)가 달라진다.

(예; 천산둔은 건위천 수괘에서 2번째로 변화된 소속괘이므로 世가 2효에 있고, 화지진은 6번째 변화된 소속괘여서 4효에 世가 있다).

2) 응(應)효

응효(應)는 세효(世)의 상대방이다. 그러므로 괘에서의 위치 역시 世에 대칭이 되는 효(1효-4효, 2효-5효, 3효-6효)에 있다. 나와 상대방의 관계가 어떨까 등, 상대방과의 심리점사에서는 世, 應의 관계가 중요하다. 世와 應이 생합하면 좋은 관계지만 극충이 되면 적대적 관계이다.

3) 정(靜)효

정효는 괘중에서 動하지 않고 가만히 있는(靜) 효를 의미한다. 움직이지 않았으니 마음만 있는 것이고 행동으로 나타나지 않는다. 그러나 정효도 힘이 있는 상황에서 일(日)에 충을 받거나(暗動) 합이 되면 움직여 (合起) 타효에 대한 생극 등의 행동을 할 수 있다.

4) 동(動)효

괘중에서 움직인(動) 효를 말한다.

이렇게 동한 효는 변효를 화출하고 다른 모든 효를 생극충합 등을 할 수 있어 괘의 길흉화복과 일의 성패에 크게 영향을 준다.

동효는 일의 시작이고, 변효는 일의 결과라 할 수 있다(動爲始 變爲終). 변효는 동효를 생(回頭生)하거나 극(回頭剋)할 수 있으나, 동효는 변효를 생극할 수 없다.

4. 삼전(三傳)

삼전(三傳)은 태세(太歲) 월건(月建), 일진(日辰)으로서 점을 치는 그 해(年), 그 달(月), 그 날(日)을 의미한다.

1) 태세(太歲)

태세는 삼전 중 가장 위에 존재하여 장기적인 사안이나 대사(선거의 당락, 입학시험, 고시 등) 등에만 주로 관여한다.

이런 대사에서 태세가 世나 용신을 生하면 吉하고, 世나 용신을 剋하면 凶하다.

일반적인 신수점이나 모사점에는 관여하지 않음으로 이런 점들에서는 태세의 효는 動하지 않고 靜하게 있는 것이 좋다.

2) 월(月,月建)과 일(日,日辰)

월(月建)과 일(日辰)은 괘상에 존재하는 모든 효(동효, 정효, 변효 등)를 생극충합하여 효의 강약(旺衰)에 영향을 준다. 효의 강약에 대한 영향은 月이나 日은 같지만, 日은 月과는 달리 암동(暗動), 공망(空亡), 육수(六獸), 12운성(十二運星) 등을 주재하여 육효의 길흉성패 등 최종적인 결과에 절대적인 영향을 미친다.

그리고 효의 강약에 대한 月의 영향은 그달에 국한되어 그달이 지나면 소멸하나 日에 의한 영향은 月보다 좀 더 장구하여 일 년 내내 지속한다. (長期占에서)

어떤 효가 月이나 日 중에서 하나는 생을 받고 하나는 극을 받을 경우는 일생일극(一生一剋)으로 이 효는 힘이 있다고 간주한다.

5. 월파(月破), 암동(暗動), 충산(沖散)

1) 월파(月破)

월파(月破)는 괘상의 어느 효가 월(月)에 沖을 받아 깨졌을 경우, 이를 월파라 하며 월파 된 효는 힘이 없어 작용을 못하지만 이때 이 효가 일(日)에 생을 받으면 이 효는 비록 월파되었으나 힘이 있다고 간주한다.(충중봉생 : 沖中逢生)

2) 일파(日破)와 암동(暗動)

월파와 유사하게 정효(靜爻)가 月에서 생을 받지 못한 상황에서 日의 沖을 받아 깨지는 것을 일파(日破)라고 한다.

그러나 효가 月에서 생을 받아 힘이 있는 상황에서 日의 충을 받으면 '깨진다.'라기 보다는 '움직여서 무슨 일을 한다.'라고 통변한다. 이를 암동(暗動)이라 말한다.

암동은 예상치 못하게 효가 움직여 다른 효를 생극하여 육효의 결과가 뜻하지 않게 바뀔 수 있으므로 통변시 암동 유무를 잘 관찰하여야 한다.

3) 충산(沖散)

충산은 동효(動爻)를 일(日)이 충을 하여 동효의 생극작용을 흩어지게 하는 것이다. 휴수(休囚)되어 힘이 없는 동효가 충산이 되면 하고자 하는 일이 이루어지지 않으나, 힘이 있는 동효는 잠시 일이 지체될 수 있으나 종래에는 결과가 나타난다. 그러므로 용신이나 원신이 충산이 되면 나쁘고 기신이나 구신이 충산되면 좋다.

6. 동효가 변효를 화출하였을 때 나타나는 현상

1) 회두생(回頭生)

회두생은 괘중의 움직인 동효가 스스로 만들어낸(化出) 변효로부터 生을 받는 것을 의미한다. 즉 동효가 인목(寅木)이고, 변효가 해수(亥水)인 경우에는 변효 亥가 동효 寅을 水生木하여 생하는 것이다.

동효는 변효에 영향을 줄 수 없으나, 변효는 동효를 생하여 동효의 힘을 강하게 한다. 그러므로 용신이나 원신이 회두생을 받으면 吉하여 일이 성사된다. 그러나 변효가 日이나 月에 휴수되면 비록 회두생의 형태라 하더라도 힘이 없어 실질적으로는 생을 하지 못한다.

2) 회두극(回頭剋)

회두극은 동효가 스스로 화출한 변효로부터 剋을 당하는 것이다. 즉 동효가 인목(寅木)이고 변효가 유금(酉金)인 경우에 변효 酉가 동효 寅을 金剋木하여 극하는 것이다. 용신이나 원신이 회두극을 당하면 凶하고, 기신이나 구신이 회두극을 당하면 吉하다.

동효가 日, 月의 생부(生扶)를 받아 강하면 힘이 있어 변효의 회두극을 능히 감당한다. 그리고 변효 역시 日, 月에 휴수되어 힘이 없으면 실질적으로 회두극을 하지 못한다.

3) 회두절(回頭絕)

회두절은 동효에 의하여 화출된 변효가 동효의 絕이 되는 것이다. 동효가 인목(寅木)이고 변효가 신금(申金)일 경우에 申은 木의 12운성에서 절이다. 동효가 변효에 의해 회두절이 되면 동효가 生을 받기 전에는 다른 효를 생극할 수가 없다.

4) 진신(進神), 퇴신(退神)

(1) 진신(進神)

진신은 동효가 변효를 화출하였을 때, 그 변효가 동효와 같은 오행으로 순행한 것을 말한다. (예; 동효 寅이 변효 卯로, 巳가 午로, 申이 酉로) 용신이나 원신이 진신이 되면 힘이 있어 좋은 것이고, 기신이나 구신이 진신이 되면 나쁘다.

(2) 퇴신(退神)

퇴신은 동효가 변효를 화출하였을 때, 그 변효가 동효와 같은 오행으로 역행한 것을 말한다. (예; 동효 卯가 변효 寅으로, 午가 巳로, 酉가 申으로) 용신이나 원신이 퇴신이 되면 힘이 없어 나쁜 것이고, 기신이나 구신이 퇴신이 되면 좋다.

5) 반음(反吟)과 복음(伏吟)

(1) 반음(反吟)

반음은 동효가 변효를 화출하였을 때, 동효와 변효가 서로 충이되는 상황을 말한다. 예를 들면 동효 寅이 변효 申을 화출하거나, 동효 子가 변효 午를 화출하였을 때를 말한다. (寅申, 巳亥, 子午, 卯酉, 辰戌, 丑未 沖)

반음은 동효가 스스로 충이 되는 자식인 변효를 만들어 냈으므로 모든 일이 반전과 반복되며 길흉이 엇갈리고 고통이 따름을 의미한다.

내괘가 반음이면 안이 불안정하므로 밖으로 나가고, 외괘가 반음이면 밖이 불안정하므로 밖으로 나갔다가 다시 안으로 들어온다. 내 왜괘가 모두 반음이면 왔다 갔다 분주하기만 하다.

(2) 복음(伏吟)

복음은 동효가 움직여서 동효와 같은 변효를 화출하였을 때를 말한다(예; 동효 寅이 변효 寅, 동효 亥가 변효 亥를 화출하는 것 등).

열심히 움직였는데도 불구하고 같은 효를 만든 것이니 모든 것이 변화가 없고 헛수고만 한 것으로 진전이 없이 제자리를 맴도는 것이어서 답답하고 우울하며 신음(呻吟)하는 일이 생기는 것이다.

복음은 乾宮과 震宮에서만 나타나며 내괘의 복음은 안의 일이 지체되고 불리하며, 외괘의 복음은 밖의 일이 불리하여 모든 일이 지연되고 막힌다. 복음에 반음까지 겹치면 대흉(大凶)하다.

7. 괘신(卦身), 신명(身命)

1) 괘신(卦身)

　괘신은 괘가 의미하는 사건의 주체이다. 괘신은 세효의 陰(--) 陽(—)에 의해서 찾아진다.

　세효가 양이면 초효부터 지지의 子丑寅卯辰巳를 차례로 붙이고, 세효에 있는 지지가 괘신이 된다.

　세효가 음이면 초효부터 지지의 午未申酉戌亥를 순서대로 붙이고 세효에 있는 지지가 괘신이 된다.

　예를 들면 화천대유는 비신이 초효부터 子寅辰 酉未巳이고 세효는 3효에 있는데 陽효다. 세효가 양효이므로 초효부터 子丑寅卯辰巳를 6효까지 붙이면 세효 3효에 寅이 있게 된다. 그런데 본괘를 보니 2효에 寅이 있다. 그러므로 寅이 있는 2효가 괘신이 된다.

　세효가 음이면 초효부터 午未申酉戌亥를 붙여 세효에 임한 지지가 괘신이 된다. 예를 들면 수지비는 비신이 초효부터 未巳卯 申戌子이고 세효는 3효 陰효에 임하고 있다. 세효가 음효이니 초효부터 午未申酉戌亥를 6효까지 붙이면 세효 3효에 申이 붙는다. 본괘에는 4효에 申이 있다.

　그러므로 申이 있는 4효가 괘신이 된다.

　그러나 모든 괘에 괘신이 있는 것은 아니라 없는 경우도 많다 괘신이 괘에 있으면 사건의 주체가 있으며 괘신이 괘상에 없으면 사건의 주체가 없는 것이다. 괘신이 힘이 있으면 사건이 크지만 휴수하면 사건이 작다. 괘신이 世를 생하면 사건을 내가 주관하는 것이고, 應을 생하면 상대가 사건을 주관하는 것이다. 괘신이 공망이나 묘절형충극해가 되면 일의 성취가 어렵다.

2) 신명(身命)

身命은 세효의 12지지에 의하여 찾아진다.

예를 들어 世의 지지가 子나 午일 경우에는 初효에 身이 있고, 4효에 命이 있다. 世가 丑未일 경우에는 身은 2효에 命은 5효, 世가 寅申일 경우 身은 3효에 命은 6효, 世가 卯酉일 경우에는 身은 4효에 命은 초효, 辰戌일경우에는 身은 5효에 命은 2효, 巳亥일 경우에 身은 6효에 命은 3효에 각각 위치하게 된다.

身은 나의 몸이고, 命은 身의 대칭되는 위치에 있으며 나를 지켜주는 者이다. 身命은 자신의 수명이나 건강을 占할 때는 반드시 살펴보아야 한다.

身이 강하면 열악한 조건에서도 견디나 형충파(刑沖破)나 眞空 등이 되면 흉하다.

命 역시 형충파나 진공 등을 만나면 나의 건강을 안내하는 자가 없다는 의미이므로 흉하다.

※ 신과 명(身.命)의 배치도

身命＼世爻	子午	丑未	寅申	卯酉	辰戌	巳亥
身	초효	2효	3효	4효	5효	6효
命	4효	5효	6효	초효	2효	3효

8. 복신(伏神)

복신은 숨어 있는 용신을 의미한다. 용신이 괘상(여섯 효나 변효)에 없거나 日月에도 없는 경우에는 용신을 소속괘의 수괘에서 찾아 빌려 쓴다.

용신은 기본적으로 괘상에서 하나가 旺相하게 動해 있어야 좋은데 이렇게 복신을 찾을 상황이라면 기대하는 바가 이루어지기가 쉽지 않다.

1) 복신 찾는 법

먼저 괘의 효들에 비신을 붙이고 수괘의 오행에 대입하여 각 효에 육친을 부여한다. 이들 육친 중 점을 치는 목적이 곧 용신이다. 괘나 日, 月중에 용신이 없을 때 수괘의 비신(육친)에서 용신을 찾아 이를 본괘로 끌고 와서 용신으로 차용하여 사용한다. 이를 복신이라 한다.

예를 들어 '취직이 되겠는가.'를 물었다면 관직(官職)을 구하는 점이므로 官이 용신이 된다. 申月 丙寅日에 육효 점을 쳤는데 화산려(火山旅) 괘가 나왔다면, 화산려의 비신은 초효부터 辰午申酉未巳이다. 화산려의 수괘는 이위화(離爲火)로서 오행은 火이다. 수괘 오행인 火를 각 비신에 대입하면 초효 辰은 孫, 2효 午는 兄, 3효 申은 財, 4효 酉도 財, 5효 未는 孫, 6효 巳는 兄의 육친이 된다. 日月 역시 申月은 財의 달이 되고, 寅日은 父의 날이 되므로 어느 곳에서도 용신인 官이 없다. 이런 경우 화산려의 수괘인 이위화

(卯丑亥 酉未巳)에서 官을 찾으면 3효 亥(水)가 官이 된다. 이 官인 亥(水)를 가지고 와서 화산려의 3효 申밑에 배치하게 된다. 이때 申은 주인이 되고, 亥는 세입자의 입장이 되는 것이다. 이 경우 화산려 3효 申을 비신(飛神)이라고 하고, 그 밑에 숨어 있는 亥를 복신(伏神)이라 말한다.

예) 내가 취직을 하겠는가? (伏神 찾는 법)

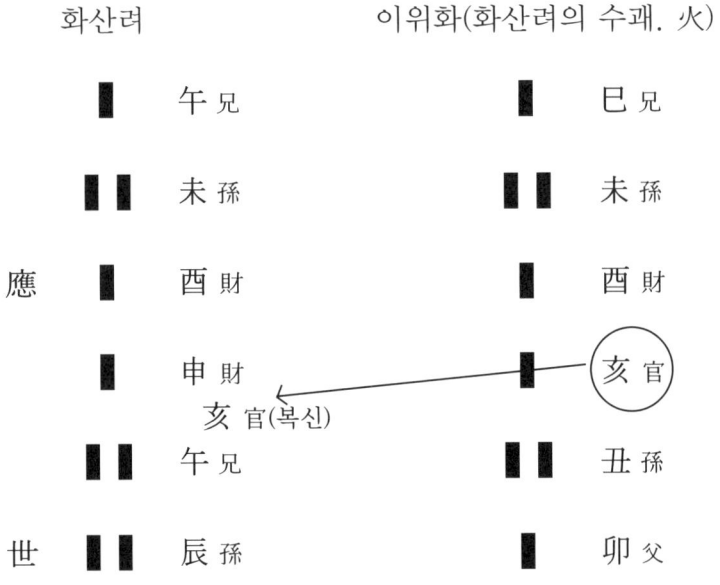

2) 복신의 유용과 불용

日, 月, 動爻, 靜爻와 伏神간의 관계에서 이들은 飛神의 밑에 숨어 있는 복신을 生剋 할 수 있으나, 복신은 이들 어느 것도 생극할 수 없다.

비신과 복신의 관계와 동효와 변효의 관계를 혼동할 수 있으므로 잠시 언급을 하면 비신과 복신은 주인과 세입자의 관계이고, 동효와 변효는 부모와 자식 간의 관계라고 생각하면 된다. 그러므로 비신은 복신을 생극할 수 있지만, 복신은 비신을 생극하지 못한다. 동효와 변효의 관계에서는 변효가 동효를 생극충합할 수 있으나, 동효는 변효를 생극충합 할 수 없다. 이것은 마치 집주인은 세입자에게 영향력을 행사할 수 있지만, 세입자는 주인에게 영향력을 행사할 수 없는 것과 같다. 그러나 자식이 부모에게 끼치는 영향력은 절대적이다.

이런 원리로 비신과 복신의 관계, 동효와 변효의 관계를 이해하면 된다.

용신이 복신이면 기본적으로 일의 성사가 어렵다. 그러나 복신의 환경이나 상황에 따라 일의 성사가 달라질 수 있다.

복신이 日月에서 生을 받는 경우, 비신이 복신을 생해주는 경우, 동효에서 생을 받는 경우는 복신이 힘이 강해져 좋다. 이때 日月이나 동효가 비신을 沖剋하거나 비신이 空亡, 破, 墓, 絕, 休囚되어 힘이 없으면은 복신이 숨어 있는 곳에서 나와 용신으로서 작용할 수 있다.

그러나 복신이 휴수하거나 공망이거나 日月에 충극을 당하였거나 비신이 복신의 묘, 절이 될 때, 그리고 비신의 힘이 강해 복신을 충극하면 복신은 용신의 작용을 할 수 없어 일이 성사되지 않는다.

9. 유혼괘(遊魂卦), 귀혼괘(歸魂卦)

1) 유혼괘(遊魂卦)

 유혼괘는 각 궁의 일곱 번째 괘로서 화지진, 뇌산소과, 천수송, 택풍대과, 산뢰이, 지화명이, 풍택중부, 수천수 괘이다.
 유혼괘는 마음이 안정되지 않아 밖으로 떠돌고 일정한 곳에 머물지 못하고 방황한다. 일반적으로 이 괘가 나오면 생업에 변화가 많고 하는 일에 변동이나 이사 수가 많음을 의미한다. 특히, 대인점(待人占)에서는 기다리는 사람이 돌아오지 않고, 망인점(亡人占)에서도 망자(亡者)의 혼령(魂靈)이 안정되지 않아 떠돌아다니는 것을 의미하니 천도제를 지내주는 것이 좋다.

2) 귀혼괘(歸魂卦)

 귀혼괘는 각 궁의 여덟 번째 괘로서 화천대유, 뇌택귀매, 천화동인, 택뢰수, 산풍고, 지수사, 풍산점, 수지비 괘를 말한다.
 귀혼괘는 움직이고 싶어도 갇혀 움직이지 못하고 어떤 일을 하고 싶어도 하지 못함을 의미한다. 대인점에서는 기다리는 사람이 다시 돌아올 것이며, 망인점에서는 망자의 혼령이 구천인 제 자리로 갔음을 의미한다.

10. 육충괘(六沖卦), 육합괘(六合卦)

1) 육충괘

　육충괘는 여덟 개의 수괘인 건위천, 태위택, 이위화, 진위뇌, 손위풍, 감위수, 간위산, 곤위지와 뇌천대장, 천뢰무망이 더해져 모두 열 가지가 있다.

　육충은 地支의 子午, 丑未, 寅申, 卯酉, 辰戌, 巳亥의 여섯 개 沖으로서 육효에서는 이들 충이 되는 지지가 서로 대칭되는 효에 있어야 충이 된다. 예를 들어 초효에 寅이 있고 초효와 대칭되는 4효에 申이 있는 경우에 충괘가 되나, 초효에 寅이 있고 충이 되는 申이 대칭효인 4효가 아닌 다른 효에 있으면 충괘가 성립되지 않는다.

　충괘는 동효에 의한 변효에 의해서도 성립된다. 예를 들어 초효에 寅이 있고 초효와 대칭되는 4효에 亥가 있으면 合卦가 된다. 이때 4효가 동하여 변효 申을 화출하였다면 처음의 寅亥合이 寅申沖으로 변해 합괘가 沖卦로 변하게 된다.

　충은 깨지고 흩어짐을 의미함으로 일반적으로는 좋은 상황을 나타내지는 않는다. 그러나 근병(近病)이나 관재점, 출산점에서는 충괘가 길한 상황을 나타낸다.

2) 육합괘(六合卦)

　육합괘는 천지비, 택수곤, 화산려, 뇌지예, 수택절, 산화비, 지뢰복, 지천태 등 여덟 개가 있다.

육효에서의 합은 합이 되는 육친의 힘을 강하게 만들거나 묶어서 작용을 못 하게 하기도 한다.

일반적으로 육합괘는 좋은 상황을 의미하는 경우가 많으나 기간이 긴 병점(舊病占)이나 관재점, 출산점에서는 좋지 못하다.

3) 충(冲)과 합(合)

육효에서 괘는 고정된 것이 아니라 月, 日, 動爻의 生剋沖合 등에 의하여 변한다. 그러므로 합괘(合卦)가 충괘(沖卦)가 되기도 하고 충괘가 합괘로 바뀌기도 하여 처음의 상황이 마지막에는 다른 상황으로 변하기도 한다. 이와 같은 변화로 다음과 같은 현상이 나타나고 길흉화복(吉凶禍福)의 결과도 바뀌는 수가 많다.

(1) 충중봉합(沖中逢合)

육충괘가 육합괘로 변하거나 육충괘에서 世나 용신이 日月, 동효, 변효와 합이 되는 것을 말한다. 먼저 沖이 되어 흩어졌다가 나중에 다시 合이 되어 합쳐짐을 의미한다. 충중봉합이 되면 처음에는 일이 복잡하고 어렵다가 종래에는 일이 성사되며 성사는 충 하는 날에 이루어진다. 이런 상황의 변화가 좋아지려면 용신이 반드시 강해야 한다.

(2) 충중봉충(沖中逢沖)

육충괘가 다시 육충괘로 변하거나, 육충괘에서 世나 용신이 日月, 동효, 변효에 충이 되는 경우를 말한다. 일반적으로 좋지 않은 상황이다.

(3) 합처봉충(合處逢冲)

　육합괘가 육충괘로 변하거나 육합괘에서 世나 용신이 日月, 동효, 변효와 충이 되는 것을 말한다. 합처봉충이면 처음 合이 된 것이 나중에 沖으로 깨어짐을 의미하므로 잘 되어가던 일이 어긋나 종국에는 성사되지 못한다.

(4) 합처봉합(合處逢合)

　육합괘가 다시 육합괘로 변하거나 육합괘에서 世나 용신이 日月, 동효, 변효와 합이 되는 것을 말한다.

　일반적으로 좋은 상황은 더욱 좋아지고 나쁜 상황은 더욱 나빠진다.

11. 일묘(日墓), 동묘(動墓), 화묘(化墓)

1) 묘(墓): 고(庫), 장(藏)이라고도 한다.

辰戌丑未가 각각 水, 火, 金, 木의 墓가 된다.

亥水나 子水가 辰土를 만나고, 巳火 午火가 戌土, 申金 酉金이 丑土, 寅木 卯木이 未土를 만나면 각각 입묘(入墓)되었다고 한다. 입묘는 사망하여 무덤에 묻히는 상황이다. 땅에 묻혀 전혀 움직일 수가 없어 답답하고 모든 일이 이루어지지 않는다.

묘에 빠진 효는 다른 효에 생극을 당하지 않고 또한 다른 효를 생극할 수가 없다. 충을 받아 묘에서 나와야만 다른 효를 생극할 수 있거나, 당할 수 있다.

비신	寅卯	巳午	申酉	亥子
묘	未	戌	丑	辰

(육효에서 묘를 보는 방법)

2) 3묘(三墓)

묘에는 일묘(日墓), 동묘(動墓), 화묘(化墓) 등 세 가지의 묘(三墓)가 있다. 예를 들어 인목(寅木)이 미일(未日)을 만난 경우를 일묘라 하며, 寅木이 動한 미효(未爻)를 만난 경우를 동묘, 寅木이 動하여 변효(變爻)인 未爻를 화출하여 입묘되면 이를 화묘, 또는 변묘(變墓)라 한다.

*수귀입묘(隨鬼入墓)

묘가 관귀(官鬼)인 경우 이곳에 용신이나 世가 입묘되거나, 世에 임한 관귀(官持世)가 日이나 동효에 입묘됨을 의미한다. 수귀입묘는 만사불성이며 특히 휴수무기한 용신이나 世가 입묘되는 것은 크게 흉하며 관재, 송사(官災訟事)에서는 투옥이 될 수 있다.

12. 공망(空亡)

공망은 천간의 열 글자와 지지의 열두 글자가 하나씩 서로 짝을 맞추어 가는 과정에서 천간과 짝을 맞추지 못한 마지막 지지 두 글자를 말한다.

예를 들면 천간의 첫 글자인 갑(甲)과 지지의 첫 글자인 자(子)가 차례로 서로 짝을 맞춰 나가다 보면 甲子, 乙丑, 丙寅, 丁卯, 戊辰, 己巳, 庚午, 辛未, 壬申, 癸酉가 되는데 마지막에 지지의 술(戌)과 해(亥)가 천간과 짝을 맞추지 못하고 남게 된다.

이 戌亥를 갑자순(甲子旬)의 공망이라 한다. 공망을 정리해보면 일진이 갑술순(甲戌旬)에 속할 때의 공망은 申酉, 갑신순(甲申旬)은 午未, 갑오순(甲午旬)은 辰巳, 갑진순(甲辰旬)은 寅卯, 갑인순(甲寅旬)은 子丑이 각각 공망이다.

이런 공망을 순공(旬空)이라고도 한다. 旬은 열이라는 뜻으로 천간 지지가 갑자에서 열 번째 癸酉까지 짝을 짓고 짝을 짓지 못한 나머지 戌亥가 공망이기 때문에 순공이라 한다.

육효에서는 공망을 점치는 날인 日을 기준으로 해서 찾는다. 예를 들어 갑오(甲午) 일에 점을 쳤다면, 甲을 午위에 올려서 순행으로 세면 갑오, 을미, 병신, 정유, 무술, 기해, 경자, 신축, 임인이 되고 마지막 천간 癸가 지지의 卯를 만나 계묘(癸卯)가 된다. 이때 묘 다음 진사(辰巳) 두 글자가 공망이 된다.

공망은 항상 두 글자가 같이 따라 다니게 되므로 寅卯, 辰巳, 午未, 申酉, 戌亥, 子丑은 한 세트가 된다. 공망에서 벗어나는 날짜는

갑인 을묘가 되거나 갑진, 을사… 등이 된다. 정리해보면 공망 앞글자에는 甲을, 뒷글자에는 乙을 올려 표시한다.

점치는 달(月)의 글자가 공망이더라도 이것은 공망에 해당하지 않는다.

예를 들어, 갑오 일은 공망이 辰巳가 되는데 이날에 점을 쳤는데 2효와 4효가 辰巳라면 이 효들은 공망 효가 되는 것이며, 이들 효에 부여된 육친 역시 공망이 된다.

공망이란 말 그대로 '없다' '비어있다' '있더라도 무력하다' 라는 의미이므로 공망 효는 다른 효를 生剋沖合을 하거나 당할 수가 없으며 그 육친 역시 마찬가지이다.

그러므로 용신이나 원신이 공망이면 凶하고, 기신이나 구신이 공망이면 吉하다. 그러나 日의 沖을 받거나 動하거나 日月 등의 生을 받아 旺해지면 공망을 벗어난다. (出空)

그러면 고유의 생극충합 작용을 하기도 하며, 받기도 한다.

1) 비공(非空)과 진공(眞空)

공망에는 비공(非空, 不空, 旬空)과 진공(眞空, 落空) 두 가지가 있다.

비공은 현재는 공망이어서 자리를 비운 상황이나 언젠가는 돌아와 자기의 기능을 발휘할 수 있는 공망을 말하며, 진공이란 진짜 공망으로서 완전히 자리를 비워 영원히 돌아오지 않는 공망을 말한다.

공망의 효가 日月, 동효의 힘을 받아 강해진 공망은 생왕불공

(生旺不空)이다.

공망의 효가 동하여 강해지면 동공불공(動空不空)이다.

공망의 효가 日月에 충을 받으면 충공불공(沖空不空)이다.

공망의 효가 日月, 동효와 합이 되어 강해지면 합공불공(合空不空)으로서 모두 비공이며, 이 경우 출공이 되어 공망을 벗어나면 다른 효를 생극충합 할 수 있다.

그러나 진공은 日月에 휴수(休囚)극제(剋制) 당하여 완전히 무력한 공망 효로서 출공이 되더라도 제 기능을 할 수가 없다.

2) 출공의 시기

공망은 충이나 합이 되거나 비화(比和; 동일 오행)될 때에 공망에서 벗어난다.(出空)

일반적으로 動한 효가 공망이면 비화되는 날에 출공하고, 靜한 효가 공망이면 합충(合沖)되는 날에 출공한다.

동하고 공망이 된 것은 비록 불공일지라도 출공 이전에는 다른 효를 생극하지도 생극 받지도 않는다.

동한 효가 변효를 화출하였을 때 변효가 공망이면 동효도 공망(化空自空)이 되어 출공할 때에야 기능을 발휘한다.

3) 공망의 영향

모든 일의 성패는 용신의 강약(强弱)과 환경에 달려있다. 용신이 진공이면 모든 일이 이루어지지 않고, 불공이면 출공하는 시기에 일이 이루어진다.

世와 應이 서로 상생하거나 합하거나 비화가 되면 서로 간에 하는 일들이 순조롭다. 그러나 應이 발동해 世를 극하면 상대방이 나를 불신하는 것이며, 世가 발동해 應을 극하면 내가 상대방을 불신하는 것이다.

이때 應이 공망이면 상대방이 마음이 없거나 무력하거나 거짓 마음일 수가 있으며, 世가 공망이면 내가 마음이 없거나 무력하거나 거짓 마음일 수가 있다.

출산점, 근병점, 대인점에서 용신이나 世(대인점)가 공망이면 일의 성사가 빨리 이루어져 곧 출산하며, 근병은 치유되고, 기다리는 사람은 곧 돌아온다.

재물, 관직, 명예 등을 구하는 점에서 世나 용신이 휴수하고 공망이면 만사가 이루어지지 않는다.

신수점에서 世나 용신이 공망이면 기신의 극을 받지 않아 흉을 피할 수 있으나, 출공이 되면 기신의 극을 받아 도리어 흉한 일이 발생한다.

※ 공망(空亡): 점치는 날(日辰)의 일간을 일지에 대입

	日辰(점치는 날)	空亡
甲子旬	甲子, 乙丑, 丙寅, 丁卯, 戊辰, 己巳, 庚午, 辛未, 壬申, 癸酉	戌亥
甲戌旬	甲戌, 乙亥, 丙子, 丁丑, 戊寅, 己卯, 庚辰, 辛巳, 壬午, 癸未	申酉
甲申旬	甲申, 乙酉, 丙戌, 丁亥, 戊子, 己丑, 庚寅, 辛卯, 壬辰, 癸巳	午未
甲午旬	甲午, 乙未, 丙申, 丁酉, 戊戌, 己亥, 庚子, 辛丑, 壬寅, 癸卯	辰巳
甲辰旬	甲辰, 乙巳, 丙午, 丁未, 戊申, 己酉, 庚戌, 辛亥, 壬子, 癸丑	寅卯
甲寅旬	甲寅, 乙卯, 丙辰, 丁巳, 戊午, 己未, 庚申, 辛酉, 壬戌, 癸亥	子丑

※ 甲午(갑오)의 공망을 찾는 방법

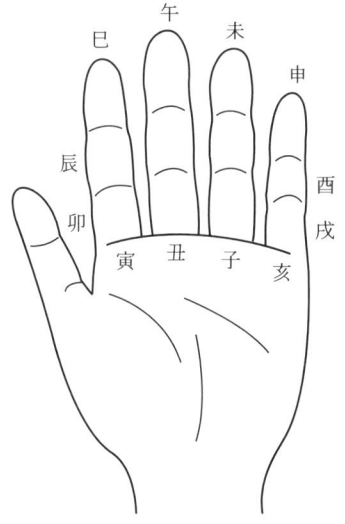

甲을 午위에 올려놓고 시계방향으로 세어간다. 즉 午위에 甲, 未위에 乙, 申위에 丙순으로 하여 세어가서 卯위에 癸가 올려 지면 끝나고 卯다음 辰, 巳가 공망이 된다.

13. 독정(獨靜), 독발(獨發), 진정(盡靜), 진발(盡發)

1) 독정(獨靜)

독정은 괘중의 한 개의 효만 움직이지 않고(靜) 나머지 효가 모두 움직인 상태(動)를 말한다. 일의 성사가 어렵고 복잡하게 처리됨을 시사한다.

2) 독발(獨發)

독발은 괘중의 한 개의 효만 움직이고(動) 나머지 효가 모두 움직이지 않은 상태(靜)를 말한다. 일의 처리가 순조로움을 시사한다. 이때 동한 효의 동향에 따라 점사가 결정된다.

3) 진정(盡靜)

진정은 괘중에 움직인 효가 전혀 없다는 것을 말한다. 이 경우 용신이 日月의 生扶를 받아 힘이 있으면 일이 순조로이 성사되나, 日月에 破나 衰絶이 되면 일이 성사되지 않는다.

4) 진발(盡發)

진발은 괘중의 여섯 개의 효가 모두 움직인 것(亂動)이다. 일의 진행에 급격한 변화가 있어 성사의 어려움을 시사하나, 동효 간에 탐생망극(貪生忘剋)을 하여 최종적으로 용신이나 원신이 강해지면 일은 성사된다.

14. 교중(交重), 탐생망극(貪生忘剋)

1) 교중(交重)

교중은 같은 육친이 괘 내에 많이 있는 것을 말한다.

교중된 효는 힘이 있다. 그러므로 용신이나 원신이 교중 된 효들에게 生을 받으면 더욱 吉한 것이고, 剋을 받으면 凶이 더욱 심해진다.

본인의 신수점에서 世가 교중하면 교중 된 효는 자기를 생조(生助)하는 효로 보지만, 모사점이나 승부점에서는 나의 경쟁자로 간주한다.

한편 世나 應, 용신이 교중이 되면 목적하는 바나 주관이 흐려지고 주장이 약해져 일의 반복과 머뭇거림이 발생한다.

2) 탐생망극(貪生忘剋)

탐생망극은 生을 탐하다 보니 剋하는 것을 잊어버리는 것이다.

예를 들어, 본인의 시험점에서 건위천 괘가 나와 世가 있는 상효 戌土에 父 용신이 있어 길한 모습이다. 그런데 2효 寅木이 동하여 용신 戌을 극(木剋土)하니 흉한데 4효 午火가 동하여 木生火 火生土가 되어 기신(寅)이 용신(戌)을 극하는 것을 잊어버려 戌土 父 용신이 다시 살아나게 되었다.

용신이 탐생망극이 되면 길하고, 기신이 탐생망극이 되면 흉하다.

예) 본인의 시험 점 (건위천, 金)

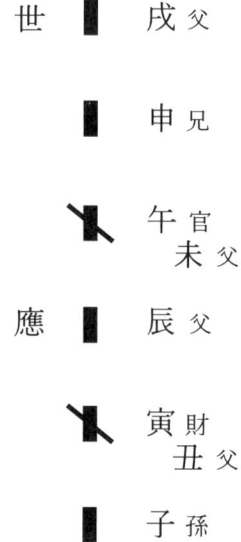

- 본인의 시험 점에서 부지세(父持世)하니 吉하다.
- 2爻 寅(木)이 동하여 上爻 戌(土)을 剋하나
- 四爻 午(火)가 동하여 통관시켜 木生火生土가 되었다.
- 寅(木)이 午(火)를 生하다 보니 戌(土)을 剋하는 것을 잊어버려 탐생망극이 되었다(삼합의 관점이 아님).

15. 육수(六獸)

 육수는 청룡(靑龍), 주작(朱雀), 구진(句陳), 등사(螣蛇), 백호(白虎), 현무(玄武) 등의 여섯 가지 동물을 말한다.

1) 육수(六獸) 붙이는 법

 육수는 점치는 날(日辰)의 천간을 기준으로 초효의 동물을 정한 뒤 차례로 이들을 상효까지 각 효에 붙이는 것이다.

 청룡은 오행으로 木(甲乙)을 나타내며, 주작은 火(丙丁), 구진은 土(戊), 등사도 土(己), 백호는 金(庚辛), 현무는 水(壬癸)를 의미한다. 예를 들어 日이 甲午이거나 乙未(天干이 木)인 경우, 초효에는 청룡이 붙고 2, 3, 4, 5, 6효에 각각 주작, 구진, 등사, 백호, 현무가 붙는다. 日이 丙寅이나 丁卯(天干이 火)인 경우는, 초효에 주작 그 뒤에 구진, 등사, 백호, 현무, 청룡이 2효에서 6효까지, 日이 戊午(天干이 戊土)인 경우는 초효에 구진 그 뒤에 등사, 백호, 현무, 청룡, 주작이, 日이 己巳(天干이 己土)인 경우 초효에 등사 그 뒤 백호, 현무, 청룡, 주작, 구진이, 日이 庚辰이나 辛巳(天干이 金)인 경우에는 초효에 백호 그 뒤에 현무, 청룡, 주작, 구진, 등사가, 日이 壬子나 癸丑(天干이 水)인 경우에는 초효에 현무 그 뒤 청룡, 주작, 구진, 등사, 백호가 2효부터 상효까지 순차적으로 붙는다.

 육수는 나름대로 고유의 좋고 나쁨의 성정(性情)이 있으며 이들 성정이 각 효에 있는 육친에게 어떻게 작용을 하여 길흉화복에 영향을 미치는가를 보는 것이다. 그러나 육수는 처해 있는 환경이나 조건에 일부 영향을 줄 뿐이며 일의 성사 여부에는 관여하지 못함으로 특별한 점사 외에는 크게 비중을 둘 필요가 없다.

2) 육수의 성정(性情)과 발동(發動)

＊청룡: 대체로 길한 작용을 한다.

희신(용신, 원신)에 청룡이 있고 발동하면 재물이나 관록 등에 새롭고 좋은 일이 있을 수 있다.

청룡이 발동하고 천을귀인이나 천록, 역마 등의 길신과 같이 있으면 만사에 길하다. 그러나 흉신(기신, 구신)에 임하고 발동하면 이익이 없고 주색으로 인한 재앙을 만나게 된다.

＊주작: 주작은 구설이다.

명랑하고 유쾌하나 때로는 경박하고 수다스럽고 시끄럽다. 주작이 발동하면 도모하는 일에 구설과 시비가 따르고 흉신(기신, 구신)과 같이 있으면 모든 일에 헛수고만 하게 된다.

＊구진: 정지되고 얽매이는 의미가 많다.

희신에 임하면 움직이지 않는 재물 등을 취할 수 있어 부동산이나 토지 매매 등에는 좋다. 그러나 기신에 임하면 구속이나 감금을 당할 수 있으며 모든 일이 정지되어 답답하고 성사되지 않는다.

* 등사: 일반적으로 흉한 의미가 많다.
	경망스럽고 거짓과 사기 등에 의해 놀랄 일이 많다.
	등사가 발동하면 질병에는 요귀가 침입한 징조이므로 정신이 산란하고 꿈자리가 사납다.
	등사가 발동하면 충을 만나는 날에 몹시 나쁜데 만약에 木의 기운을 띠거나 공망을 만나거나 힘이 없으면 괜찮다.

* 백호: 혈광지신(血狂之神)으로 성정이 광폭하고 핏빛을 부른다.
	백호가 휴수하면 관재구설, 송사, 사고, 질병 등이 생길 수 있으나 강하면 이러한 일들이 줄어든다.
	백호가 발동하면 좋지 못한 일이 생길 징조다.
	관효에 임한 백호가 발동하면 병에는 흉하고, 백호의 오행이 金에 해당하고 발동하면 사람이 죽을 수도 있다.
	백호가 발동하면 주로 관재, 송사, 시비가 일어나고 효가 水火에 해당하면 水火의 액이 있다.
	희신인 財에 백호가 임하면 재물이 일시 많이 들어 올 수 있으나 곧 사라진다.(홀취홀산;忽取忽散)

* 현무: 현무는 도적의 신이다.
	특히 官효에 현무가 임하고 발동하면 도적에 의한 도난, 손실, 손재, 사기, 우환 등이 발생한다.
	그러므로 현무가 동하면 재물을 구하는 것은 어렵다.
	한편 용신이 힘이 있거나 세효를 생해주면 재앙이 침범하지 못한다. 그러나 구신 혹은 기신과 같이 있으면 도적에 의해 흉액을 당한다.

※ 육수(六獸)

日干 위치	甲乙	丙丁	戊	己	庚辛	壬癸
6효	玄武	青龍	朱雀	句陳	螣蛇	白虎
5효	白虎	玄武	青龍	朱雀	句陳	螣蛇
4효	螣蛇	白虎	玄武	青龍	朱雀	句陳
3효	句陳	螣蛇	白虎	玄武	青龍	朱雀
2효	朱雀	句陳	螣蛇	白虎	玄武	青龍
初爻	青龍	朱雀	句陳	螣蛇	白虎	玄武

제 5 장
납갑법(納甲法)과 육친법(六親法)

제 5장 납갑법(納甲法)과 육친법(六親法)

　주역과는 달리 육효에서는 여섯 개의 효에 12지지를 붙이고 이를 수괘의 오행에 대입하여 육친을 부여하고 강약을 살펴 목적하는 것의 길흉화복을 점친다. 그러므로 여섯 개의 효에 정확한 12지지를 붙이는 것은 대단히 중요하다.

　납갑법이란 괘의 여섯 효에 상응하는 10천간(納甲)과 12지지(納支)를 붙이는 것이다. 그러나 육효에서는 천간보다 지지에 좀 더 비중을 두어 12지지만을 붙이는 행위를 총칭하여 납갑이라 하며, 각 효에 붙어 있는 지지를 비신(飛神)이라 한다.

1. 괘에 비신(飛神) 붙이기(납갑법, 納甲法)

1) 수괘(首卦, 八卦)

　수괘의 양괘(陽卦)는 1 건위천(아버지), 4 진이뇌(장남), 6 감위수(이남), 7 간위산(삼남)이며, 음괘(陰卦)는 5 손위풍(장녀), 3 이위화(이녀), 2 태위택(삼녀), 8 곤위지(어머니)이다.
　12지지 자축인묘진사오미신유술해(子丑寅卯辰巳午未申酉戌亥)중, 陽의 지지(陽支)는 子寅辰午申戌이며, 陰의 지지(陰支)는 丑卯巳未酉亥이다.
　양괘에는 양의 지지가 붙고, 음괘에는 음의 지지만 붙는다. 양괘는 12지지 중 양의 지지를 순행으로 하나 건너서 붙이면 된다. 조심해야 할 것은 지지 사이에는 음의 지지가 있어서 반드시 하나씩 건너서 붙여야 한다. 위에서 언급한 내용을 참고로 하면 된다.
　예를 들면 1의 건위천은 제일 첫 자인 子를 초효로 시작하여 자인진 오신술(子寅辰 午申戌)을 차례로 6효(상효)까지 위로 붙인다.
　4의 진위뇌는 1의 건위천과 같은 방법으로 붙이면 된다. 그것은 장남은 조상을 모시는 제사를 받들기 때문에 존중하여 아버지와 같이 대접하였다고 생각하면 된다.
　6의 감위수(이남)는 둘째 아들이므로 2번째 양의 지지인 寅을 초효로 시작하여 (寅)辰午 申戌子 순으로 6효까지 붙이고, 7의 간위산(삼남)은 셋째 아들이므로 3번째 양지인 辰을 초효로 시작하여 (辰)午申 戌子寅을 순서대로 6효까지 붙인다.
　음괘에는 양괘와 마찬가지로 음의 지지만 역행으로 붙인다. 5의 손위풍(장녀)은 음의 지지 첫 자인 丑을 초효에 붙이는데 이것은 장남과 마찬가지로 예전에 첫 딸은 부모를 대신하여 동생들을 키우는 역할을 하였으므로 대접하여 음의 맨 첫 글자를 붙여준다. 또 양기는 순행하고, 음기는 역행하는 법칙을 납갑법에도 적용한다.

이 원리를 적용하여 대입하면 우선 음지를 순서대로 정리하면 丑卯巳未酉亥인데 음괘의 납갑을 붙일 때는 이것을 거꾸로 역행하게 되면 亥酉未巳卯丑이 된다. 이것을 순서대로 6효까지 붙이면 된다.

이 원리를 손위풍에 그대로 적용하면 초효는 丑이 되고, 丑부터 역으로 (丑)亥酉 未巳卯로 6효인 상효까지 붙이면 된다.

3의 이위화(이녀)는 2번째 음의 지지인 卯를 초효부터 시작하여 그 뒤부터 역행으로 (卯)丑亥 酉未巳를 6효까지 붙이고, 2의 태위택(삼녀)은 3번째 음의 지지인 巳를 초효로 시작하여 그 뒤부터 역행하여 (巳)卯丑 亥酉未를 6효까지 붙이고, 8의 곤위지(어머니)는 4번째 음의 지지인 未를 초효로 시작하여 그 뒤부터 역행하여 (未)巳卯 丑亥酉 순으로 6효까지 붙인다.

모든 수괘(대성괘)는 내괘와 외괘가 같은 소성괘이나 대칭되는 효가 서로 충이 되는 육충괘이다. 그러므로 내괘 초효의 비신이 寅이라면 외괘 초효(4효)의 비신은 申이다.(감위수괘) 외괘의 납갑이 잘 기억이 나지 않을 때는 이를 바탕으로 납갑을 유추하면 쉽게 찾을 수 있다.

약술하면 초효의 비신과 여섯 개 효의 비신은, 1의 건위천은 子(양지 순행)寅辰 午申戌, 2의 태위택은 巳(음지 역행)卯丑 亥酉未,

3의 이위화는 卯(음지 역행)丑亥 酉未巳, 4의 진이뇌는 1건위천과 같이 子(양지 순행)寅辰 午申戌, 5의 손위풍은 丑(음지 역행)亥酉 未巳卯, 6의 감위수는 寅(양지 순행)辰午 申戌子, 7의 간위산은 辰(양지 순행)午申 戌子寅, 8의 곤위지는 未(음지 역행)巳卯 丑亥酉이다.

※ 납갑법의 원칙

      (아버지) (장남) (이남) (삼남)

* 陽卦 ① 陽卦는 1(건위천), 4(진위뇌), 6(감위수), 7(간위산)이다.

  ② 陽卦에는 陽 地支만 붙인다.(子 寅 辰 午 申 戌)

  ③ 陽卦에는 초효에서부터 6효(상효)까지 陽 地支를 붙인다.

  ④ 1의 건위천과 4의 진위뇌는 초효에 子를 붙이고 순행하여 (子)寅辰 午申戌순으로 6효까지 붙인다.

  ⑤ 6의 감위수는 초효에 寅을 붙이고 순행으로 (寅)辰午 申戌子순으로 6효까지 붙인다.

  ⑥ 7의 간위산은 초효에 辰을 붙이고 순행으로 (辰)午申 戌子寅순으로 6효까지 붙인다.

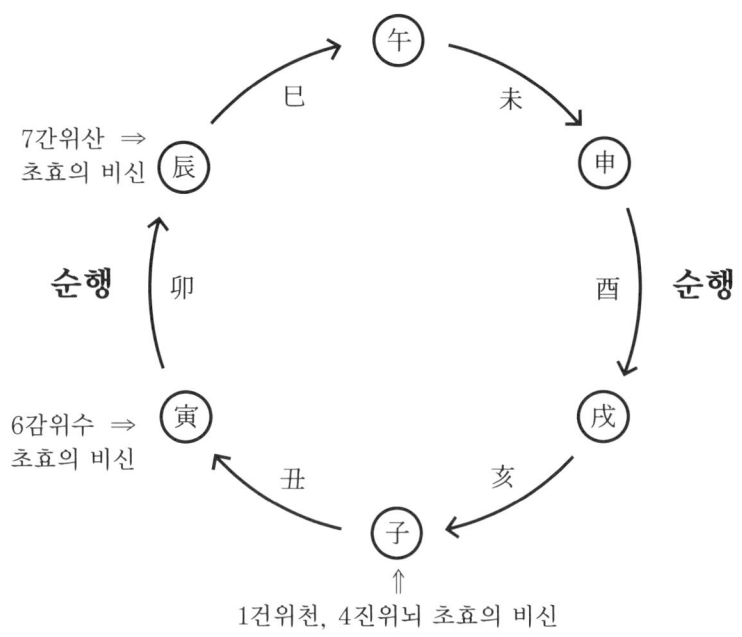

(양괘의 비신 붙이는 방법)

(아버지)	(장남)	(이남)	(삼남)
1 乾爲天	4 震爲雷	6 坎爲水	7 艮爲山

戌	戌	子	寅
申	申	戌	子
午	午	申	戌
辰	辰	午	申
寅	寅	辰	午
子	子	寅	辰

* 陰卦 ① 陰卦는 8(곤위지), 2(태위택), 3(이위화), 5(손위풍)이다.
② 陰卦에는 陰 地支만 붙인다.(未 巳 卯 丑 亥 酉)
③ 陰卦에는 초효부터 상효까지 陰 地支를 역행으로 붙인다.
④ 8의 곤위지에는 초효에 未를 붙이고 역행하여
   (未)巳卯 丑亥酉를 6효까지 붙인다.
⑤ 2의 태위택은 초효에 巳을 붙이고 역행하여
   (巳)卯丑 亥酉未순으로 6효까지 붙인다.
⑥ 3의 이위화는 초효에 卯을 붙이고 역행하여
   (卯)丑亥 酉未巳순으로 6효까지 붙인다.
⑦ 5의 손위풍은 초효에 丑을 붙이고 역행하여
   (丑)亥酉 未巳卯순으로 6효까지 붙인다.

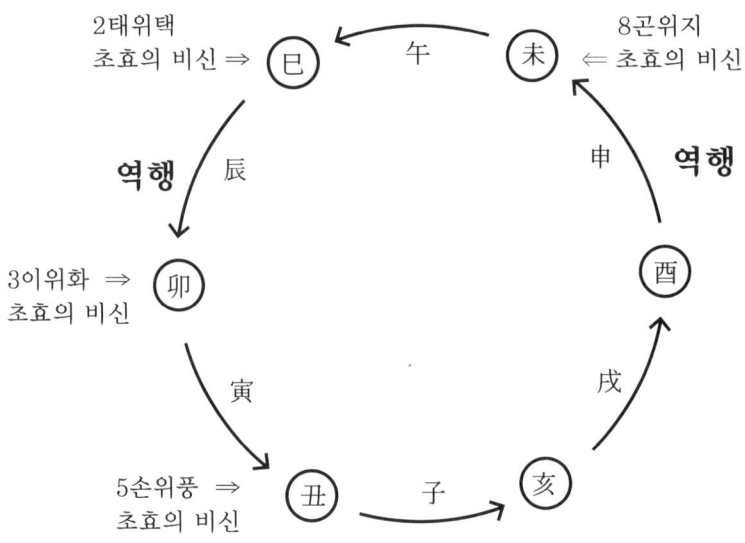

(음괘의 비신 붙이는 방법)

(장녀)	(이녀)	(삼녀)	(어머니)
5 巽爲風	3 離爲火	2 兌爲澤	8 坤爲地

▬ 卯	▬ 巳	▬▬ 未	▬▬ 酉
▬ 巳	▬▬ 未	▬ 酉	▬▬ 亥
▬▬ 未	▬ 酉	▬ 亥	▬▬ 丑
▬ 酉	▬ 亥	▬▬ 丑	▬▬ 卯
▬ 亥	▬▬ 丑	▬ 卯	▬▬ 巳
▬▬ 丑	▬ 卯	▬ 巳	▬▬ 未

2) 소속괘

 대부분의 소속괘는 내괘와 외괘의 소성괘가 다르다. 그러므로 내괘의 소성괘에 비신을 붙일 때는 내괘 수괘의 내괘 비신을 붙이고, 외괘는 외괘 수괘의 외괘 비신을 붙인다. 조금 복잡한 것 같으나 다음의 예를 숙지하면 이해가 쉽다.

 화산려(火山旅)의 외괘는 이위화(離爲火) 수괘의 외괘 소성괘이며, 내괘는 간위산(艮爲山) 수괘의 내괘 소성괘이다. 소속괘의 이름은 외괘 수괘의 이름을 앞에, 그 뒤 내괘 수괘의 이름을 뒤에 붙여 사용한다. 간위산의 내괘 소성괘의 비신(12지지)은 초효부터 3효까지가 辰午申이다. 이 비신을 그대로 화산려의 초효부터 3효까지의 비신으로 사용하면 된다. 화산려의 외괘는 이위화의 외괘와 같다. 수괘인 이위화는 비신이 내괘인 초효부터 3효까지는 卯丑亥이며, 외괘인 4효부터 6효까지는 酉未巳이다. 화산려의 외괘는 이위화의 외괘와 같음으로 이위화의 내괘 비신인 卯丑亥는 필요하지 않으므로 버리고, 외괘의 비신 酉未巳만을 사용한다. 이렇게 하면 화산려의 비신은 초효부터 3효까지 辰午申(내괘로 간위산의 내괘와 동일)이고, 4효부터 6효까지 酉未巳(외괘로 이위화의 외괘와 동일)이다. 즉, 화산려의 비신은 진오신 유미사(辰午申酉未巳)가 된다.

※ 소속괘(화산려)의 납갑법

艮爲山(간위산)　　　火山旅(화산려)　　　離爲火(이위화)

• 화산려의 내괘는 간위산의 내괘와 같음으로 납갑도 간위산의 외괘 비신(戌子寅)은 버리고 내괘 비신(辰午申)만 사용하고, 화산려의 외괘는 이위화의 외괘와 같음으로 이위화의 내괘 비신(卯丑亥)은 버리고 외괘 비신(酉未巳)만을 사용한다.

3) 변효(變爻)

변효란 본괘(本卦)에서 움직인(動) 효가 화출한 새로운 효를 말하며 이런 변효에 의하여 새롭게 생성된 괘를 변괘(變卦)라 말한다.

괘에서 효가 동하면 동한 효의 음양이 바뀌어 본래의 '음'은 '양'이 되고 '양'은 '음'이 된다. 동효는 시작을 의미하고, 변효는 결말을 의미한다. 괘 역시 본괘가 시작 또는 현재 상황이며, 변괘는 결말 또는 미래 상황을 의미하기도 한다.

예를 들면 본괘 화산려는 초효부터 음양을 보면, 음음양 양음양 이고 비신은 辰午申 酉未巳이다. 5효가 동하였다면 5효의 음은 양이 된다. 이런 변화에 의한 변괘는 음음양 양양양이 되어 천산둔(天山遯)이 된다. 천산둔의 비신은 초효부터 辰午申 午申戌이다. 이중 천산둔 5효의 申만을 취용하여 화산려 5효의 변효 비신으로 사용하면 된다. 말하자면 화산려 5효의 비신은 未가 되고, 未의 변효의 비신은 申이 된다. 그러므로 화산려의 비신은 辰午申 酉未巳가 되고, 5효의 未에 변효의 비신 申을 같이 적어 넣으면 된다.

모든 괘에서 변효의 비신은 변괘의 비신 중에서 필요한 효만 취하여 본괘의 같은 자리에 대입하여 사용한다.

그러나 변효의 육친은 변괘가 아닌 본괘의 수괘 오행에 대입하여 결정한다.

2. 괘에 세응 붙이기, 소속괘의 오행 찾기

1) 괘의 오행과 세응 찾기

　육효에서는 주역과 달리 각 효에 육친(兄, 孫, 財, 官, 父)을 부여하여 이들의 길흉화복을 예측하는데 이때 육친을 정할 때의 기준이 되는 오행이 수괘의 오행(사주명리에서의 日干과 동일)이기 때문에 이를 알고 있는 것은 매우 중요하다.

　소속괘의 오행을 알기 위해서는 표를 보면 찾을 수가 있으나 수괘가 소속괘로 변화되는 과정을 이해하면 표를 보지 않고도 수괘의 오행과 世, 應의 자리를 쉽게 찾을 수 있다.

　하나의 대성괘를 보았을 때 서로 대칭되는 효(초효4효, 2효5효, 3효6효)의 음양(陰陽)을 관찰하여 초효와 4효의 음양만이 다르면, 世는 초효에(1은 1), 초효4효, 2효5효 음양이 모두 다르면 世는 2효에(1,2는 2), 초효4효, 2효5효, 3효6효의 음양이 모두 다르면 世는 3효에(1, 2, 3은 3)에 있게 된다. 이 경우 (1,12,123) 소속괘의 오행은 외괘 수괘의 오행과 같다. 2효5효, 3효6효 음양이 서로 다르면 世는 4효에(2,3은 4), 3효6효 간의 음양만이 다르면 世는 5효에(3은 5), 초효4효와 3효6효의 음양이 서로 다르면 世는 4효에 (1, 3은 6) 있으며 이때의 소속괘의 오행은 내괘를 모두 뒤집은 괘의 수괘의 오행과 같다. 마지막으로 2효와 5효 간의 음양만이 다르면 世는 3효(2는 7)가 된다. 이때 세효가 3효에 있는 것은 앞에서도 잠깐 설명했지만 초효부터 세어 5효까지 올라간 뒤 맨 위에 있는 상효는 조상의 자리이므로 올라가지 못하고 다시 내려오면 7번째는 3효에 있게 된다. 이때의 소속괘의 오행은 내괘의 수괘 오행과 같다.

應은 모두 世와 대칭되는 효에 위치한다.

예를 들어 건궁(乾宮)의 오행은 양금(陽金)이며 수괘인 건위천에서 그 변화의 순서에 따라 소속괘는 천풍구, 천산둔, 천지비, 풍지관, 산지박, 화지진, 화천대유이다.

수괘는 내괘와 외괘가 같아 서로 대칭되는 효들의 음양이 모두 같다. 건위천 역시 내외괘 6효가 모두 양효로서 같다. 첫 번째 변화된 천풍구는 초효가 양에서 음으로 변하여, 초효와 4효간의 음양만이 달라 世가 초효에(1은 1) 위치한다. 2번째 변화된 천산둔은 2효가 양에서 음으로 변하는데 초효는 이미 양에서 음으로 변화된 상태다. 초효와 4효, 2효와 5효간의 음양이 모두 달라 世는 2효에(1, 2는 2), 3번째 변화된 천지비는 3효가 양에서 음으로 변하는데 초효와 2효는 이미 양에서 음으로 변화된 상태가 된다. 초효4효, 2효5효, 3효6효 간의 음양이 모두 달라 世는 3효에 (1, 2, 3은 3)에 있게 된다. 그러므로 천풍구, 천산둔, 천지비의 외괘는 모두 건위천으로 오행은 金으로 이 셋 소속괘의 오행도 역시 金이 된다. 4번째 변화된 풍지관은 양인 4효가 음으로 바뀌었다. 이때 이미 초효, 2효, 3효는 양에서 음으로 변화된 상태이다. 그러므로 대칭되는 효의 음양이 다른 것은 2효와 5효, 3효와 6효 간으로서(2, 3은 4) 4번째 변화되었으므로 世는 4효에 위치한다. 5번째 변화된 산지박은 양인 5효가 음으로 바뀌는데 초효, 2효, 3효, 4효는 이미 양에서 음으로 변화된 상태다. 그러므로 대칭되는 효의 음양이 다른 것은 3효와 6효 (3은 5)로서 5번째 변화되었기 때문에 世는 5효에 위치한다. 6번째 변화하는 화지진은 위로 올라가 6효의 양이 음으로 변화하는 것이 아니다. 6효는 상효이므로 변하지 않는다. 그러므로 5효에서 다시 밑으로 내려와 이미 음으로 변화된 4효가 양으로 다시 바뀐다. 이렇게 되면 초효4효, 3효6효 간의 음양이 달라 世는 4효가 된다. 6번째의 변화이므로 世가 6효에 있어야 하나 소속괘의 世는 6효에 있을 수가 없어 5효에서 한자리 내려앉은 4효에 있게 된다(1, 3은 6). 이때 4, 5, 6의 변화된 괘의 내괘는 모두 곤괘(土)가 된다. 이런 내괘를 완전히 뒤집은 건괘의 오행인 금이 변화된 4, 5, 6의 풍지관, 산지박, 화지진 괘의 오행이 된다. 7번째 변화하는 화천대유는 변화된 내괘의 음양이 모두 바뀌어 본래 수괘의 음양으로 바뀐다. 화천대유의 수괘는 건위천이며, 건위천의 내괘는 모두 양이기 때문에 이미 음으로 바뀐 내괘가 모두 양으로 바뀐다. 이렇게 되면 2효와 5효의 음양만이 다르게 된다. (2는 7) 世는 바로 전 변화된 화지진의 4효에서 하나 내려간 3효에 위치하게 되며, 오행은 내괘의 수괘의 오행과 같다.

간단히 기술하면 (1은 1)은 초효와 4효간의 음양 다르고 世가 초효에 위치함을 의미하고, (1,2는 2)는 초효와 4효, 2효와 5효 간의 음양이 다르며 世는 2효에, (1, 2, 3은 3)은 초효와 4효, 2효와5효, 3효와 6효 간의 음양이 다르고 世는 3효에 위치함을 의미한다. (1은 1) (1, 2는 2) (1, 2, 3은 3)의 경우에는 외괘의 수괘 오행이 소속괘의 오행이 된다.

(2, 3은 4)는 2효와 5효, 3효와 6효 간의 음양이 다르며 世는

4효에, (3은 5)는 3효와 6효 간의 음양만이 다르고 世는 5효에, (1, 3은 6)은 1효와 4효, 3효와 6효 간의 음양이 다르고 6번째의 변화로서 世는 4효에 있게 된다. 초효에서부터 세어 올라가다 5효에서 다시 내려오면 4효가 6번째가 된다. (2, 3은 4) (3은 5) (1, 3은 6) 이것은 내괘의 음양을 완전히 뒤집었을 때의 수괘의 오행이 이들 소속괘의 오행이 된다.

(2는 7)은 2효와 5효 간의 음양만이 다르고 7번째의 변화를 의미한다. 世는 초효부터 세어 올라가다 5효에서 다시 내려오면 3효가 7번째가 되어 3효에 위치한다. 오행은 내괘의 수괘 오행이 소속괘의 오행이다.

설명이 복잡하지만 이를 잘 숙지하고 있으면 속궁 오행과 64괘의 표를 보지 않더라도 오행과 세응의 위치를 찾을 수 있어 편리한 점이 많다.

※ 所屬卦의 首卦 五行과 世위치 빨리찾기

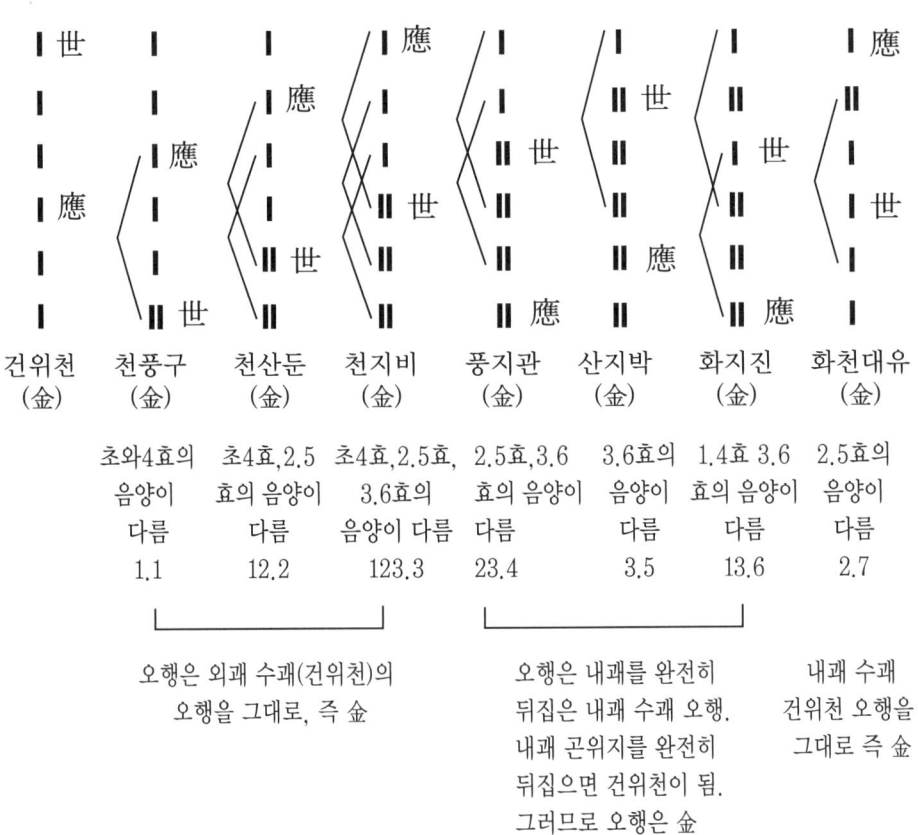

① 1(1) ┐
② 12(2) ├ 외괘 수괘의 오행
③ 123(3) ┘
④ 23(4) ┐
⑤ 3(5) ├ 내괘를 완전히 뒤집은 내괘 수괘의 오행
⑥ 13(6) ┘
⑦ 2(7) ── 내괘 수괘의 오행

응용하는 방법

예) 1 2 3 (3)

123은 1효와 4효, 2효와 5효, 3효와 6효가 음양이 다르다는 것을 의미한다. 이때 1-4, 2-5, 3-6으로 외우지 않고 내괘인 123만 외우면 된다. 이렇게 외우면 자동적으로 상대가 되는 외괘와는 음양이 다른 것이 된다. 그러므로 1은 1과 4효가 음양이 안 맞고 3은 3과 6효의 음양이 맞지 않는다는 뜻이다.

(3)은 수괘에서 3번째 변화된 괘라는 뜻이며 世의 위치가 3효에 있다는 의미이다.

예) 1 3 (6)

13은 1효와 4효, 3효와 6효의 음양이 다르다는 의미다. (6)은 수괘에서 6번째 변화된 괘라는 뜻이며 세는 6효에 있음을 의미한다. 그러나 실질적으로는 소속괘의 세는 6효에 갈 수 없음으로 5효에서 하나 내려간 4효에 있다.

외우는 방법

- 1(1), 12(2), 123(3)은 순서대로 되어 있다.
- 23(4)는 1이 빠져 있다.
- 3(5)는 1,2가 빠져 있다.
- 13(6)은 2가 빠져 있다.
- 2(7)은 1,3이 빠져 있다.

이 원리를 생각하면서 외우면 생각보다 쉽게 외울 수 있다.

2) 육친 붙이기

　육효에서는 명리와는 달리 모든 오행(五行)에서 음양을 구별하지 않고 모두 양으로 간주하여 육친을 말한다. 寅卯는 같은 陽木, 巳午는 같은 陽火… 등이다. 그러므로 육효에서는 명리의 비견, 겁재를 형(兄), 식신, 상관을 손(孫), 편재, 정재를 재(財), 편관, 정관을 관(官), 편인, 정인을 부(父)라고 단순히 말한다.

　육효에서 괘상의 비신에 육친을 부여할 때의 기준은 그 괘가 속해있는 수괘의 오행(명리에서의 日干)을 기준으로 삼는다고 말한 바 있다.

　兄은 나(수괘의 오행)와 오행이 같은 자(比和者)로서 수괘의 오행이 木일 경우 비신이 寅卯(木)이면 이 비신을 兄이라 한다.

　孫은 내가 생하는 자(我生者)로서 비신이 巳午(火)이면 孫이라 하며, 財는 내가 극하는자(我剋者)로서 비신이 辰戌丑未(土)이면 이들을 財라 하며, 官은 나를 극하는자(剋我者)로서 비신이 申酉(金)일 경우이며, 父는 나를 생하는 자(生我者)로서 비신이 亥子(水)일 경우를 말한다.

　예를 들어 풍뢰익 괘의 경우에 수괘는 손위풍으로서 오행은 木이다.

　풍뢰익의 비신은 초효부터 子寅辰 未巳卯로서 이들을 수괘 오행인 木과의 관계를 살펴보면, 초효 子는 父, 2효 寅은 兄, 3효 辰은 財, 4효 未도 財, 5효 巳는 孫, 6효 卯 역시 兄이 된다.

　변효의 비신은 변효에 의하여 만들어진 변괘의 소성괘 비신에서 취용하나 변효의 육친은 본괘의 오행에 대입하여 붙인다.

앞의 예에서 본괘인 풍뢰익의 5효가 동하였다면 변괘는 산뢰이로 외괘는 간위산의 외괘가 된다. 풍뢰익 5효 변효의 비신은 산뢰이의 5효 비신을 취용하여 子가 되나 육친은 본괘 풍뢰익의 수괘 오행인 木에 대입함으로 父가 된다.

예) 풍뢰익(巽木3)의 비신과 변효에 육친 붙이는 법

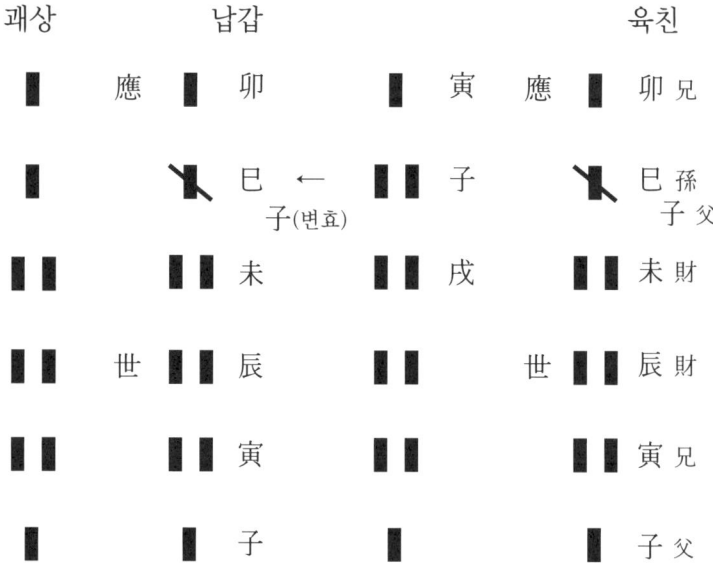

풍뢰익 풍뢰익 비신과 변효 간위산 외괘의 비신 풍뢰익 비신과 변효의 육친

- 풍뢰익은 수괘 손위풍괘(陰木)가 3번째로 변해서 태어난 소속 괘이다. 그러므로 풍뢰익의 오행은 木이다. 풍뢰익의 내괘는 진위뇌의 내괘(子寅辰)이며, 외괘는 손위풍의 외괘(未巳卯)이다. 그러므로 풍뢰익의 비신은 초효부터 6효까지 子寅辰 未巳卯가 된다.

- 풍뢰익의 5효가 동하여 陽효가 陰효로 변했다. 그리하여 변한 외괘는 간위산의 외괘(戌子寅)와 같게 되었다.

  풍뢰익의 5효만이 변하여 간위산이 되므로 간위산의 외괘 4, 5, 6효 중 5효 子(水)만이 필요하다. 간위산에서 가져온 5효 子(水)를 풍뢰익 5효 巳(火) 옆에 기재한다. 이렇게 차용된 子(水)를 변효(5효 巳가 子로 변함)라고 한다.

- 풍뢰익 비신에 대한 육친은 수괘 손위풍의 木 오행을 기준으로 한다. 그러면 초효 子는 父, 2효 寅은 兄, 3효 辰은 財, 4효 未도 財, 5효 巳는 孫, 6효 卯는 兄이된다. 변효 子(水)는 비록 간위산(土)에서 빌려 왔지만, 우리 집 식구가 되었기 때문에 木 오행을 대입하여 父가 된다.

- 변효의 비신은 변한 괘의 수괘에서 빌리지만 육친은 본 괘의 오행을 기준으로 한다.

제 6 장 육친(六親), 세(世), 용신(用神)의 발동과 의미

제 6장 육친(六親), 세(世), 용신(用神)의 발동과 의미

1. 육친의 의미(意味)와 발동(發動)

괘상에서 움직이지 않은 효를 정효(靜爻), 움직여서 動한 효를 동효(動爻)라 말한 바 있다. 효는 동하면 변효를 화출하고, 동해야 반드시 다른 효를 생극충합(生剋沖合) 할 수 있다.

이때 동효에 임한 육친도 함께 움직여 육친 고유의 작용과 더불어 오행의 상생상극 등에 의하여 파생되는 작용을 나타내며 이를 육친의 발동이라 한다.

동효와 변효의 관계를 살펴보면 다음과 같다.

- 동효는 일의 시작이고, 변효는 일의 결과이다.
  동위시변위종(動爲始變爲終)
- 변효가 동효를 생하면 동효의 힘이 강해진다. 회두생(回頭生)
- 변효가 동효를 극하면 동효의 힘이 약해진다. 회두극(回頭剋)

1) 육친의 의미

육친의 인간적 사회적 의미는 다양하나 간단히 말하면 다음과 같다.

⊙ 형(兄)
- 兄은 형제, 자매, 친구, 동료, 경쟁자, 동업자 등이다.
- 그리고 천시점에서는 바람이나 구름을 의미한다.
- 兄은 파재지신(破財之神)으로서 '돈 없다.'라는 의미이며, 世에 兄이 붙어 있으면 '돈 나간다.'라고 생각할 수 있다.
- 兄이 동하면 손재(損財)가 있거나 극처(剋妻)한다.

⊙ 손(孫)
- 孫은 자손, 아랫사람, 제자, 후배, 임신, 약, 가축 등을 의미한다.
- 천시점에서는 태양이 비치는 맑음을 의미한다.
- 孫은 복덕지신(福德之神)으로서 기쁨, 희열, 병의 치유 등을 나타낸다. 직업이나 명예를 구하는 점 외의 대부분 점에서 손지세(孫持世)하면 기쁜 일이 있다.

⊙ 재(財)
- 財는 부인, 여자, 형수, 제수, 친구의 부인, 종업원, 돈, 보석, 식량, 음식 등을 의미한다. 천시점에서는 날씨의 청명함이다.
- 財는 복록지신(福祿之神)으로서 재물을 의미하며 財持世 하면 '돈 있다. 돈 들어온다. 돈복 있다. 돈 생긴다.'라고 생각한다.

⊙ 관(官)
- 官은 남편, 남자, 관청, 직장, 명예, 관재, 구설, 재앙, 질병, 귀신, 시체(죽은 사람) 등을 의미한다.
- 천시점에서는 구름, 우레, 안개 등을 뜻한다.

- 官은 관작지신(官爵之神)으로서 관지세(官持世)하면 직장이나 명예를 구하는 일에는 좋다. 그러나 그 외의 일반적인 일에는 좋지 못하다.

◉ 부(父)
- 父는 부모, 부모의 형제자매, 부모의 친구, 윗사람, 스승, 학문, 시험, 문서, 계약, 자격증, 집, 자동차, 선박 등을 의미한다.
- 천시점에서는 비(雨)를 뜻한다.
- 父는 복덕지신인 孫을 극함으로 신고지신(辛苦之神)이라 한다.
- 부지세(父持世)하고 강하면 시험이나 계약 등에는 좋으나 일반적으로 '우울하다. 걱정이 있다.'라는 의미가 있으며 재물점에서도 좋지 않다.

2) 육친의 발동

◉ 형효 동(兄爻 動)
- 兄은 父의 힘을 빼고(설기;洩氣) 孫을 生하고 財를 剋한다.
- 특히 兄은 財를 극하는 성질이 뚜렷하여 兄이 발동하면 '돈이 나감'을 경계해야 하므로 사업경영을 하는 경우나 재물을 구하는 것에는 불리하다.
- 兄이 발동하면 종업원을 구하거나 남자가 부인을 구하거나 애인을 구하는 일에는 불리하고, 바깥에 나가 있는 사람은 돌아오지 않는다.
- 시험에는 떨어지고 시비와 구설이 생긴다.

◉ 손효 동(孫爻 動)
- 孫은 兄을 설기(洩氣)하고 財를 生하며 官을 剋한다.
- 孫은 財를 생하므로 재물을 구하는 점에는 아주 좋다.
- 孫은 官을 극하므로 孫持世하면 본인의 관직이나 직장을 구하는 것은 기대하기 어렵다.
- 孫은 官을 무력하게 하므로 손지세한 경우 본인의 재앙이나 질병 치료에는 아주 좋다. 官은 재앙이고 질병인데 孫은 官을 극해 주기 때문이다. 본인이 바깥에 나가거나 여행을 할 때는 즐겁고 편안하게 여행할 수 있으며, 매매하는 것에도 좋다.
- 남자의 혼인에는 매우 좋은 인연을 만나게 되나, 여자의 결혼점에서는 남편 관을 극하기 때문에 결혼의 성사가 불리하다.
- 출산에서는 순산하며, 소송에는 서로 화해하게 되지만, 귀인을 접견하거나 명리를 구하는 일에는 좋지 못하다.

◉ 재효 동(財爻 動)
- 財는 孫을 洩氣하고 官을 生하며 父를 剋한다.
- 財는 재물을 뜻하므로 財가 발동하면 사업을 하는 사람이나 재물을 구하는 일에는 좋으며 특히 孫의 생을 받으면 재물을 장구하게 취득할 수 있다. 그러나 財는 父를 극하는 성질이 있으므로 시험이나 합격에는 불리하다.
- 친척 간이나 고부간에는 불화가 있고, 질병에는 병이 악화하고, 바깥에 나가 있는 사람은 현재 있는 자리에서 다른 곳으로 옮기고 있으며, 잃어버린 물건은 집 안에 있는 상태이다.

◉ 관효 동(官爻 動)
- 官은 財를 洩氣하고 父를 生하며 兄을 剋한다.
- 官이 발동하면 兄을 극하여 형제자매간에 불화와 반목이 생긴다.
- 재물점에서는 兄이 손재(損財)작용을 하므로 재물 손실을 막을 수도 있으나, 재물의 힘을 빼므로 손실도 있을 수 있다.
- 여자의 혼인 점에서 또 다른 官이 발동하면 혼인에는 문제가 생겨서 성사가 어렵다.
- 본인 질병에는 치유의 神인 孫을 생하는 兄을 극하므로 몹시 나쁘고 병이 더 악화하며, 중환자는 생명이 위험하다.
- 본인의 출행에는 불리하고, 소송에서 官이 동하여 나를 극하면 관액이 따르고, 매매에는 손해가 있으며, 도박으로 인한 재물에는 손재가 있고, 잃어버린 물건은 찾기가 어렵다.

◉ 부효 동(父爻 動)
- 父는 官의 힘을 洩氣하고 兄을 生하며 孫을 剋한다.
- 父가 동하면 자손을 극한다. 그러므로 자손에게 액(厄)이 있다.
- 父가 동하면 병에는 약효가 없고, 매매에는 힘만 쓰고 이익이 없다.
- 父가 동하면 기다리는 사람에게서 소식이 오고, 송사점에는 소장이 발부된다.
- 父가 동하고 강하면 부동산이나 인허가 취득에는 길하며, 시험이나 합격에도 좋다.

2. 세(世)와 응(應)효

1) 세효(世爻)

- 世는 자기 자신을 위한 모든 점에서의 용신이다.
  자신을 위한 점(自占)에서는 世를 위주로 日과 月 및 동효 그리고 기타 효와의 생극충합 등 모든 관계를 잘 살펴야 한다.
- 世는 힘이 있어야 좋은 것이니 日이나 月이 도와주거나 동효와 상생이 되거나 같은 것(비화:比和)이면 좋고, 형충파해가 되거나 극을 당하거나 공망을 만나면 나쁘다.

⊙ 형지세(兄持世)

- 형지세란 世에 육친 형(兄)이 같이 있는 것(임;任)을 말한다.
- 兄이 世에 임하면 '돈이 나간다.' 라는 의미이므로 재물을 얻는 것에는 불리하고, 世에 주작(朱雀)이 있으면 구설을 조심해야 한다. 어떤 사안에 대하여는 동료와 경쟁 관계가 생길 수 있다.
- 평생 점에 兄이 지세하고 父의 생을 받으면 장수하지만, 兄이 動하면 부인이나 재물을 극하여 부부불화나 손재수가 있을 수 있다.

⊙ 손지세(孫持世)

- 孫이 世에 임한 상황에서 世가 日이나 月 혹은 타효의 생을 받고 극을 받지 않으면 모든 일에 대길하고 편안하나, 극을 받고 생을 받지 못한다면 우환과 노고가 많다.

- 孫은 財를 생하므로 재물이나 부인을 구하는 점에서는 유리하다.
- 孫은 官을 극하므로 본인의 구관점(求官占)에서 손지세 하면 명예나 직장을 구하는 것에는 불리하나, 관재점(官災占)에서는 화해나 타협을 하여 소송이 끝난다.

⊙ 재지세(財持世)
- 財가 世에 임하면 사업이나 경영이나 재물을 얻는 것에는 좋다.
- 시험과 계약에는 좋지 않고 관직을 구하거나 소송을 할 때는 돈을 쓰면 유리하다.
- 兄을 만나서 극을 받게 되면 재물에 손실이 생긴다.
- 財가 지세한 가운데 동하여 兄이나 官을 화출하면 변효인 兄에 의하여 손재수가 있거나, 官에 의하여 관재 구설 재앙이 발생할 수 있어 아주 불길하다.

⊙ 관지세(官持世)
- 官은 명예나 직장에 관한 일을 제외하고는 모든 일에 재앙의 神이다. 그러므로 官이 世에 임하면 오직 명예와 직장을 구하는 것에는 좋으나 다른 모든 일에 어려움이 많다.
- 관지세하면 본인에게 질병이 있거나 관재가 발생할 수 있으며 兄을 극하니 형제간에 근심과 갈등이 있고 출산점에서도 흉하다.
- 官은 財를 설기하니 재물 역시 수시로 나가 손재가 있다.
- 특히 官이 지세 하는데 官이 묘에 들면 근심과 걱정이 떠나지 않는다. 그러나 입묘된 官이 충을 만나면 나쁜 것이 제거되므로

오히려 좋을 수 있다.
- 일 년 운을 볼 때 관효가 지세하면 그 해는 몸이 아프거나 관재수가 생기기도 한다.

⊙ 부지세(父持世)
- 父는 기쁨의 神인 孫을 극하므로 일반적으로 世에 父가 있으면 심신이 고달프고 일신상의 노고가 있으며 자손에게 근심이 있다는 것을 의미한다.
- 父가 지세하고 官이 동하여 世를 생하면 본인의 시험이나 구관점에서 합격이나 취직 등 좋은 일이 있고, 일년 운을 볼 때 財가 동하여 父를 극하면 부인이나 여자로 인하여 집안이 편안하지 않고, 평생 운을 볼 때는 재물 취득에는 불리하며 수명도 길지 못하다.

2) 응효(應爻)
- 應은 본인인 世의 대칭되는 개념으로 상대방을 의미하며 괘에서의 위치 역시 世와 대칭되는 효에 자리한다. '상대방과 나와의 관계가 어떠할까.' 등을 보는 심리점사에서는 世와 應의 관계를 잘 살펴보아야 한다.
- 관재점에서는 世가 원고이며, 應은 피고가 된다. 경쟁 관계에서는 應은 경쟁자, 동업 관계에서는 동업자, 판매에서는 고객이 될 수 있다.
- 世와 應이 서로 생하거나 합을 하거나 비화되면 좋은 관계나

서로 충이나 극을 하면 적대적인 관계라 할 수 있다. 世가 동하면 내가 마음을 바꾸는 것과 같이 應이 동하면 상대편이 변심하고, 應이 공망이면 상대편이 함께하고자 하는 마음이 없으며, 世應이 같이 공망이면 서로 하고자 하는 마음이 없다.

3. 용신(用神)과 원신(元神 혹은 原神)

1) 용신(用神)

점을 치는 주된 목적이나 사람이 용신이다. 본인이 알고자 하는 사안에 대한 자(自)점에서는 본인 世가 용신이고, 다른 사람에 관한 타(他) 점이면 점치는 대상인 육친이 용신이다.

예를 들어 나의 재물점을 보는 자점인 경우, 본인 世가 용신이며 재물은 목적하는 사안(주상;主象)이며 이때 용신과 목적하는 사안의 왕상 휴수와 생, 극, 비화 등의 관계를 잘 살펴야 한다. 그리고 내가 남의 점을 대리로 치는 타점인 경우, 타인의 목적하는 바가 무엇이든지 간에 점치는 타인의 육친이 용신이 된다.

그런데 자점의 경우 世를 용신으로 하면 그 목적하는 바의 중요성이 떨어진다. 예를 들어 재물을 구하는 자점인 경우 본인도 중요하지만, 본인이 알고자 하는 재물의 동태가 더 중요하지 않을까? 그래서 지점에서도 목적하는 바를 용신(예; 재물, 관직 등)으로 하고 이것과 본인 世와의 관계를 살피기도 한다. 그래서 때에 따라 이해를 돕기 위해 일부에서는 자점인 경우에 世를 용신으로 표현한 때도 있고(이 경우 목적하는 바를 주상이라고 표현), 단순히 목적하는 바인 주상을 용신이라 표현하여 혼용하는 때도 있으니 참고하기를 바란다.

(1) 용신의 종류(種類)와 발동(發動)

◉ 兄이 용신(兄用神)이 되는 경우
- 형제, 자매, 동서, 친구, 동료, 동업자, 경쟁자, 바람 등 재물점에서는 기신.

◉ 孫이 용신(孫用神)이 되는 경우
- 아들, 딸, 며느리, 사위, 손자, 제자, 아랫사람, 약, 의사, 출산, 가축 등.
- 재물점의 원신, 관직과 공명에는 기신, 송사(訟事)에서는 소(訴) 취하.

◉ 財가 용신(財用神)이 되는 경우
- 처, 첩, 처의 형제자매(처남, 처형), 형수, 제수, 친구의 처, 여자, 종업원, 돈, 금은보석, 귀중품, 물가, 가격, 비용, 음식, 오곡, 맑음 등.
- 재물점에서는 용신, 구관점에서는 원신, 시험점에서는 기신

◉ 官이 용신(官用神)이 되는 경우
- 남편, 시숙(시누이, 시동생), 남자, 직장, 승진, 공명, 관청(관에 관한 일, 관에서 돈 빌릴 때), 당선, 관재, 구설, 시비, 재앙, 질병, 불안 초조, 도둑, 귀신, 시체, 천둥, 우레 등.
- 구관점(求官占)에서는 용신, 시험점에서는 원신.

⊙ 부가 용신(父用神)이 되는 경우
- 부모, 백부, 숙부, 고모, 이모, 부모의 친구, 윗사람, 스승, 가장, 계약, 시험 합격, 공부, 성적, 문서, 증서, 인장, 자격증, 임명장, 주택, 선박, 자동차, 고소장, 서신, 소식, 상심, 피로, 비 등.
- 시험점에는 용신, 사람의 소식(대인점)에도 용신, 출산점에는 기신, 병의 치료(질병점)에도 기신.

⊙ 용신동(用神動)
- 용신이 동하면 비록 힘이 없어도 나쁘지 않다.
- 용신이 동하고 힘이 강하면 모든 원하는 일의 성사에는 좋다.

⊙ 원신동(原神動)
- 원신이 동하면 의기양양한 형상이다.
- 원신이 힘이 있고 동하면 만사에 대길하다.
- 용신이 힘이 없다 하더라도 원신이 동하고 힘이 있으면 일이 성사된다.

⊙ 기신(忌神)과 구신(仇神) 동(動)
- 기신과 구신이 동하면 일이 성사되지 않는다.
  기신과 구신은 힘이 없고 움직이지 않아야 한다.

(2) 용신 다현(多現)시의 용신 취용(用神 取用)

용신의 취용은 점을 치는 사안(事案)이나 목적 또는 대상에 의하여 결정된다. 기본적으로 용신은 괘상에서 하나가 있으며 日月이나 동효 등에 생부를 받아 왕상하고 동하면 길하고 원하는 바가 이루어진다.

그러나 때로는 용신이 괘상에서 중첩되어 나타나는 경우가 있는데 이것은 목적하는 바가 뚜렷하지 않고 흐트러짐이 있음을 의미한다.

이렇게 용신이 여러 개 나타나면 동한 것, 상함(공망, 일파, 월파 등)이 있는 용신 등을 살피고 판단하여 이들 중 하나를 우선하여 취용 한다.

- 靜한 것보다 動한 용신을 최우선으로 취용 한다.
- 공망, 월파, 입묘, 충, 합 등 상함이 있는 용신을 우선 취한다.
- 世나 應에 임한 용신을 우선 취한다.
- 변효보다 본 괘상에 있는 효가 우선이다.
- 본괘나 변효에도 용신이 없고 日이나 月에 용신이 있으면 이를 취용한다.
- 본괘나 변효 혹은 日이나 月에도 없으면 본괘의 수괘에서 빌려서 용신으로 삼는데 이것을 복신(伏神) 이라고 한다.

제 7 장 통변법(通辯法)

제 7장 통변법(通辯法)

1. 점치는 순서

점치는 순서는 특별히 정해진 것은 없으나 나름대로 일정한 법칙을 정하여 매번 이를 따르면 괘 작성에서 빠지거나, 괘 통변에서 잘못 판단할 기회를 줄일 수 있다.

목적하는 사안(事案)의 길흉화복과 성패에 대한 정확한 판단과 결과를 위해서는 다음과 같은 순서로 육효 점을 치고 통변하는 것이 좋은 방법의 하나다.

1) 몸과 마음을 가다듬고 간절한 마음으로 하늘에 청해야 한다.
2) 본인만의 일관된 득괘 방법으로 괘를 얻는다.
3) 64괘 풀이에서 득한 괘의 괘명과 괘풀이를 살펴본다.
4) 득한 괘(本卦)의 각 효에 비신(飛神)을 붙이는데 이것을 납갑(納甲)이라고 한다. 首卦의 오행 木火土金水에 대입하여 육친인 형(兄), 손(孫), 재(財), 관(官), 부(父)를 붙인다.
5) 世와 應을 붙인다.
   (필요에 따라 신명(身命), 괘신, 육수(六獸) 등을 붙인다.)
6) 동효에 의하여 화출 된 변효에 비신과 육친을 붙이고, 變卦(변효에 의하여 새로 만들어진 괘)의 괘 풀이도 살펴본다.

7) 일(日)에서 공망을 찾아 효의 비신에 공망을 표시한다.

8) 일(日)과 괘상의 爻간에 沖이 있어 암동이 있는지 살핀다.

9) 정확한 용신(用神)을 찾는다. 그 뒤 원신(元神), 기신(忌神) 등을 살핀다. 용신이 본 괘에 없으면 수괘에서 용신을 찾아 복신으로 빌려서 쓴다.

10) 용신을 日月과 동효, 변효 등에 대입하고 원신이나 기신 등의 영향도 관찰하여 왕상(旺相), 휴수(休囚) 등을 살펴 길흉화복과 일의 성패를 판단한다.

예) 본인이 재물을 구하는 점이다. 丁丑月 辛亥日에 占하였다.

- 산대법으로 다음 숫자가 나왔다.
  3(-). 4(+). 4(+). 8(-, 動). 7(+) 7(+)

巽爲風(巽木)

```
世   ▌ ▌   卯 兄

     ▌ ▌   巳 孫
                        丑月
     ▌▌▌   未 財        辛亥日
            午 孫        寅卯 空亡
應   ▌ ▌   酉 官

     ▌ ▌   亥 父

     ▌ ▌   丑 財
```

① 초효부터 숫자의 음양에 의하여 다음의 음양부호 (∥ ∣ ∣ ∥ ∣ ∣)를 아래에서부터 위로 그려간다.
② 괘명은 손위풍이다.
③ 각爻에 飛神을 붙이면 초爻부터 丑 亥 酉 未 巳 卯이다.
④ 손위풍은 수괘로서 오행은 木이다. 각효의 비신에 木을 대입하면 각효의 육친은 초효부터 財父官財孫兄이 된다.
⑤ 손위풍은 수괘로서, 世는 6爻에 應은 대칭되는 3爻에 위치한다.

⑥ 4爻 未(土)가 動하여 變爻는 午(火)가 되었다. 외괘가 손위풍에서 건위천 괘로 바뀌고, 건위천의 외괘 비신은 午 申 戌인데, 4爻만 필요하여 午(火)만 택하였으며 午(火)의 육친은 本卦 손위풍의 木 오행에 대입하여 孫이 되었다. 본괘 손위풍과 변괘 천풍구의 괘풀이를 살펴 상황과 여건을 본다.

⑦ 점친 날은 丑月 辛亥日로써 日의 辛亥에서의 空亡은 寅卯로서 용신 등 중요 효들의 공망 여부를 살핀다.
世가 임한 六爻가 空亡이다.

⑧ 5爻 巳(火)가 亥日과 冲이 되어 암동이 되었다.

⑨ 재물을 구하는 점이니 用神은 財爻로서 動한 未(土) 4爻 財가 用神이다. 용신을 月과 日에 대입하고 동효, 변효와의 생극충합(生剋 冲合) 등을 살펴서 왕상휴수(旺相休囚)와 생사묘절(生死墓絶)등을 판단한다.

⑩ 未(土)가 용신이니 火가 원신이며 기신은 木이다.
이들의 상관관계도 살핀 뒤에 모든 것을 종합하여 길흉화복과 일의 성패를 판단한다.

2. 육효점의 종류

육효점은 점을 치는 주체와 점을 치는 목적에 따라 점의 종류가 다양하다.

1) 자점(自占)

자점은 본인이 어떠한 목적이 되는 사안(주상, 主象)에 대하여 점을 치는 것이다. 예를 들어 본인이 '재물을 취득할 수 있는가'의 점은 자점으로서 본인 世가 용신이며, 목적하는 재물이 주상이 된다. 이 경우 용신인 世와 주상이 모두 강하여 힘이 있고 주상과 世가 서로 생(生)하거나 합(合)이 되거나 비화(比和, 같은 오행)되면 재물을 취득할 수 있다고 한다. 주상이 世를 극하면 재물을 빨리 취득할 수 있으나 世가 주상의 극을 이겨낼 수 있을 정도로 힘이 있어야 한다.

2) 타점(他占)

일명 대리점(代理占)이다. 타점(他占)은 본인이 본인 이외의 육친에 대한 점을 치는 경우를 말한다. 타점에서는 점을 치는 대상이 되는 타인이 용신으로서 목적하는 바와 상관없이 용신이 힘이 있으면 吉하다고 판단한다.

예를 들어 '아버지가 재물을 취득할 수가 있는가?'를 알기 위해 내가 점을 친다면 용신은 나도 아니고 재물도 아니며 점을 치는 대상인 아버지가 되고 아버지가 강하면 재물을 취득할 수 있다고 판단한다. 그러므로 이런 경우는 재물의 왕상과 아버지의 성패가 같은 것으로 보게 된다.

3) 기타

목적하는 사안에 따라 구재점(재물, 취득 등), 매매점, 구관점(취직, 승진, 선거 등), 시험점(입시, 고시에서 합격 여부 등), 결혼점(결혼, 궁합 등), 질병점(질병의 경중과 치유 등), 관재점(관재, 송사 등), 실물점(잃어버린 물건을 찾을 수 있는지 등), 대인점(기다리는 사람이 언제 올 것인지 등), 신수점(본인 신상의 길흉 등), 출산점(임신과 출산 등), 천시점(날씨 등), 가택점(좋은 집터 등) 등 일상에서 접할 수 있는 다양한 사안들에 대하여 점을 칠 수 있다.

이렇게 다양한 점들을 쳐서 길흉화복과 일의 성패를 판단하는데 있어 중요치 않은 것이 없으나 그중에서 世와 용신, 육친의 의미와 그들이 움직여(動) 生剋沖合 함으로써 발생하는 상황 등은 가장 중요한 요인들 중의 하나이다.

3. 통변의 일반론

- 정효는 타효를 생극하지 못한다.
- 동효는 타효를 생극한다.
- 동효가 힘이 없으면 타효를 생극하지 못한다.
- 암동효가 왕하면 타효를 생극한다.

- 진신효는 타효를 생극한다.
- 퇴신효는 타효를 생극하지 못한다.
- 회두생이 된 동효는 타효를 강하게 생극한다.
- 회두극이 된 동효는 타효를 생극하지 못한다.
- 회두절이 된 동효는 타효를 생극하지 못한다.

- 변효는 동효만을 생극할 수 있다.
- 변효에 합이 된 동효는 타효를 생극하지 못한다.
  충을 만나 합이 해소되면 타효를 생극한다.(참고 1)
- 변효가 힘이 없으면 동효를 생극하지 못한다.
- 입묘가 된 효는 생극을 하거나 받지 못하나 충이 되어 묘가 열리면 생극을 하거나 받게 된다.(참고 2)

- 비신은 복신을 생극할 수 있으나 복신은 비신을 생극하지 못한다.
- 복신은 日이 비신을 충 하거나, 복신이 강해지는 날이 되어야 쓸 수 있다.

- 삼합국 중 어느 한 자에 문제가 있으면 문제가 해결되는 날이 되어야 일이 성사된다.(참고 3)

※ 삼합국이 되는 경우
① 세 개의 효가 모두 동하면 삼합국이 된다.
② 두 개는 동하고 하나는 동하지 않아도 삼합국이 된다.
③ 초효와 3효가 동하여 내괘에서 삼합국이 되는 경우
④ 4효와 상효가 동하여 외괘에서 삼합국이 되는 경우
⑤ 2개는 동하고 한 개는 암동하면 삼합국이 된다. 등

- 世가 용신을 극하면 일이 이루어지지 않는다.
- 용신이 世를 극하면 일이 빨리 이루어진다.
- 용신이 너무 많이 나타나면 무용지물이 된다.
- 용신이 기신의 극을 많이 받고 원신도 없으면 몹시 나쁜데 극한 것은 변한다는 법칙에 따라 용신이 힘을 받는 날에 성사된다.
- 용신이 정하고 원신이 동하면 원신에 의해 일의 성패가 결정된다.
- 용신이 傷하여도 원신이 힘이 있으면 용신을 도와주어 일이 성사되지만 용신이 상하지 않아도 원신이 파손되면 일이 이루어지지 않는다.
- 합이 된 괘에 충을 만나면 다 된 밥에 재를 뿌리는 격이니 일이 성사되지 않는다. 충한 괘에 합을 만나면 어렵지만 끝내는 일이 성사된다.

- 육충괘는 어려움이 많고, 육합괘는 일이 순조롭게 된다.
- 한가지의 오행이 많이 나타나면 직접 타효를 생극하지 않으나 힘이 강하여 영향력을 미치게 된다.
- 괘상으로 상황을 살피고, 용신의 생극으로 길흉과 성패를 본다.
- 육수와 신살은 일의 상태를 알아볼 뿐이고 성패와는 관계가 없다.

- 태세를 대조하여 일 년의 길흉을 본다.
- 태세로 가정의 대소사를 보지 않는다.
- 月을 대조하여 그 달의 길흉을 본다.
- 日을 대조하여 그 날의 길흉을 본다.
- 괘신이 괘중에 없으면 일의 주관이 없다.
- 본궁의 수괘가 내괘에 나타나지 않으면 일이 분명하지 않다.
- 유혼괘는 심란하여 이동이 많고, 귀혼괘는 매사에 두서가 없다.
- 반음괘와 퇴신, 충 중에 합을 만난 괘는 일이 반복된다.

- 동효가 日과 같으면 동효가 용건이며 목적이다.
- 복신은 비신과 연관 관계가 깊다.
- 정효가 합이 되면 힘이 있다.(合起)
- 동효가 합이 되면 얽매이게 된다.
- 효와 효끼리 합이 되면 변하여 도와준다.
- 효가 동하여 日, 月과 합이 되면 동하지 않는 것과 같다.
- 육합괘가 육합괘로 변하면 매사가 길하지만, 관재와 송사는

불리하고 출산점에는 출산하기 어렵다.
- 육충괘가 육합괘로 변하면 용신을 따질 것 없이 길하다.
- 육충괘가 육충괘로 변하면 매사가 이루어지지 않는다.
  비록 용신이 힘이 있어 일이 성사된다 하더라도 오래가지 못한다.
- 육충괘는 근병(近病)이면 낫고, 오래된 병(舊病)은 사망한다.
- 육충괘는 묘지 점에는 나쁘다.

- 형합이나 극합은 생이 있으면 합으로 보고, 생이 없으면 형이나 극으로 본다. (참고 4)
- 용신이 회두극이 되면 병점, 수명점, 년운 점에는 사망한다.
- 삼합성국은 대부분 길하나 관재나 옥살이를 하는 자는 풀려나기 어렵다.
- 내외괘가 모두 합국을 이루면 내합국은 내 편이고, 외합국은 상대로 본다.

- 부효가 합궁이 되면 조상이나 묘지 점에는 좋다.
- 유혼괘는 타지에 있으려고 하나 오래 머무르지 못하고 마음이 이리저리 왔다 갔다 하고, 가택 점에는 이사 수가 많다.
- 귀혼괘는 매사에 두서가 없는 것이니 집에 안정하고 있는 것이 좋다.
- 반음, 복음 괘나 용신이 퇴신이 된 괘는 일이 반복된다.
- 용신이 日이나 月에 있고 상함이 없으면 성사된다.

• 십이운성(十二運星)은 생왕묘절(生旺墓絕)만을 주로 사용한다.

삼합 \ 십이운성	生	旺	墓	絕
火의 삼합(巳午)	寅	午	戌	亥
木의 삼합(寅卯)	亥	卯	未	申
金의 삼합(申酉)	巳	酉	丑	寅
水의 삼합(亥子)	申	子	辰	巳

(육효에서 십이운성 보는 방법)

참고 1) 동효와 변효가 합이 된 경우

乾爲天 ➡ 천풍구

```
世  ▬ ▬  戌

    ▬▬▬  申

    ▬▬▬  午              辰月
                         丙申日
應  ▬▬▬  辰         辰巳 空亡

    ▬▬▬  寅

    ⚊✕⚊  子
         丑
```

- 1효 子(水)가 動하여 丑(土)을 화출하였다.
- 동한 1효 子(水)는 4효 午(火)를 剋하거나 2효 寅(木)을 生할 수 있다. 이것에 관한 판단은 용신에 의해 결정된다. 그러나 동한 1효 子(水)는 변효 丑(土)과 子丑 합으로 묶여 생극을 할 수 없다. 未일(변효가 동효를 묶었으니 변효를 沖) 이 되면 동한 子(水)가 합에서 풀려나 생극을 할 수 있다.

참고 2) 동효가 入墓되는 경우

山地剝 ➡ 화수미제

- 2효 巳(火)가 동하여 戌일에 입묘되었다.
  이를 일묘(日墓)라 한다. 입묘되므로 巳(火)가 土를 생하거나 金을 극하지 못한다.

亥일이 되어 巳亥충(日이 아니라 동효를 충)이 되면 묘가 沖開되어 본래의 생극 작용을 할 수 있다.

- 2효 巳(火)가 동한 4효 戌에 입묘되었다. 이를 동묘(動墓)라 한다.

  이 경우에는 동한 4효 戌(土)을 辰戌 충하는 辰일에 충개되어 작용한다.

- 만일 巳(火)가 동하여 변효 戌(土)을 화출하여 입묘되었다면 이를 變墓라 한다.

  역시 변효 戌(土)을 충하는 辰일에 충개되어 작용한다.

참고 3) 삼합국이 되는 경우

이위화

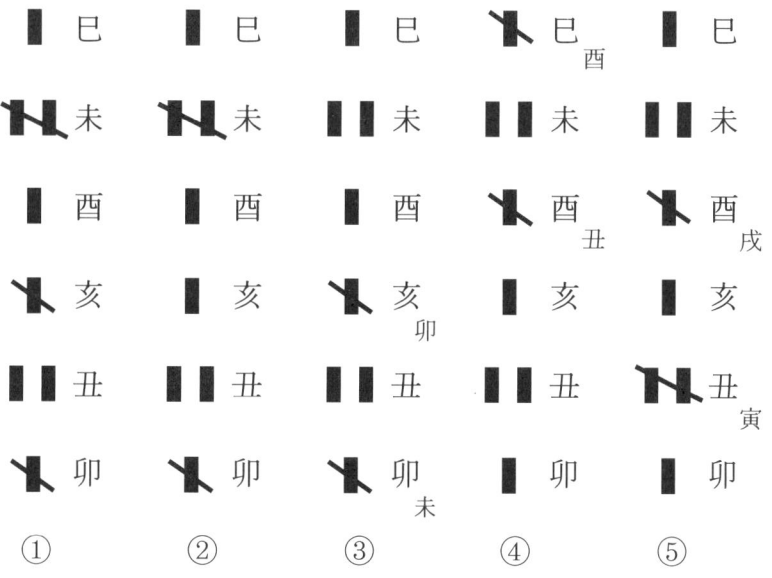

① 3효 亥(水), 초효 卯(木), 5효 未(土)가 모두 동하여 亥卯未 삼합 성국됨.

② 초효 卯(木)와 5효 未(土)가 동했으나 3효 亥(水)가 동하지 않음. 亥일에 亥卯未 삼합 성국이 됨.

③ 초효 卯(木)가 동하여 변효 未(土)를 화출하였으며 3효 亥(水)가 동하고 변효 卯(木)가 화출됨. 亥卯未 삼합성국이 됨.

④ 6효 巳(火)가 동하여 酉(金)를 화출하고 4효 酉(金)가 변효 丑(土)을 화출하여 巳酉丑 삼합성국이 됨.

⑤ 2효 丑(土)과 4효 酉(金)가 동했는데 상효에 있는 巳(火)는 동하지 않았다. 이런 경우 亥날이 되면 6효 巳(火)가 암동하여 4효 酉(金)와 2효 丑(土)과 함께 巳酉丑 삼합성국이 됨.

참고 4) 剋合의 旺衰

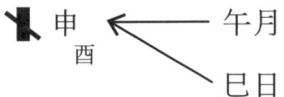

- 申(金)이 戌月에 생을 받고 동하여 酉(金)를 화출하여 진신이 되었다. 巳日에 剋을 받고 있으나 申(金)이 酉(金)로 진신이 되어 힘이 있으므로 이 경우는 巳申합을 합으로 본다.

- 申(金)이 午月과 巳日에 극을 받는 상황에서 申(金)이 酉(金)를 화출하여 진신이 되었다. 비록 진신이지만 火의 극으로 힘이 없으므로 이 경우 巳申을 합으로 보지 않고 火극金으로 본다.

4. 통변의 개별론

전장에서 언급한 바가 있으나 재언하면 다음과 같다. 특별히 정해진 방법이나 순서는 없으나 먼저 본괘(本卦)와 변괘(變卦)의 괘풀이를 참고하여 사안의 환경이나 상황을 파악한 뒤, 일의 길흉화복이나 성패는 다음과 같은 순서로 판단하면 오류를 줄일 수 있다.

- 정확한 용신과 원신 등을 찾는다.
- 世, 용신, 원신, 기신, 구신 등을 日과 月에 대입하여 생극충합 등을 살핀 뒤 왕상휴수를 결정하여 힘의 강약을 판단한다.
- 世, 용신, 원신이 힘이 있으면 일이 성사된다.
- 世, 용신, 원신, 기신, 구신 등을 동효와 대입하여 생극충합 등을 살핀 뒤 왕상휴수를 결정하여 힘의 강약을 판단한다.
- 世, 용신, 원신이 동효의 생을 받으면 일이 성사된다.
- 동효와 변효와의 관계를 살핀 뒤, 日과 月에 대입하고 다른 동효와 생극충합이나 진신과 퇴신을 보고 사묘절 등을 살핀 뒤 왕상휴수를 결정하여 힘의 강약을 판단한다.
- 용신이나 원신이 동하고 힘이 있으면 일이 성사된다.
- 世와 용신(주상)간의 생, 합, 비화, 극 등을 살펴 일의 성사 여부를 판단한다. 世와 용신(주상)간이 서로 생, 합, 비화되면 일이 성사된다. 힘이 있는 世가 용신(주상)의 극을 받으면 일이 빨리 성사된다.
- 世와 應 간의 상생과 상극을 살핀다. 世와 應이 서로 화합하면 길하고, 서로 극하면 應과의 일은 이루어지지 않는다.

1) 월(月令,月建), 일진(日,日辰), 동효(動爻)의 작용과 영향

(1) 월(月 혹은 月令, 月建)
- 용신을 비롯한 관계되는 효를 점치는 달인 月과 대조하여 생극충파를 관찰한다.
- 月은 괘상의 모든 효(비신, 복신, 정효, 동효, 변효 등)를 생하고 극하고 충하고 합한다.
- 月의 영향은 그달에 국한된다.
- 月의 충을 받은 효는 월파가 되어 힘을 쓸 수가 없어 무용하지만 日 등의 생을 받으면 일생일극이 되어 유용(有用)해진다.
- 용신이 괘중에 없어도 月에 있으면 복신을 찾지 않고 月을 용신으로 사용한다. (日도 마찬가지)
- 月이 임한 괘중의 효(예; 寅月에 괘중의 寅爻)는 힘이 있어 공망이 되어도 공망이 아니고 傷해도 상한 것이 아니라고 간주한다.
- 月이 世나 용신이나 원신에 임하면 길하고 기신이나 구신에 임하면 흉하다.

(2) 일(日 혹은 日辰)
- 용신을 비롯한 관계되는 효를 점치는 날인 日과 대조하여 생극충파 등을 관찰한다.
- 日 역시 괘상의 모든 효(비신, 복신, 정효, 동효, 변효. 등)를 생하고 극하고 충하고 합하며 그 힘은 月과 같다.

- 日의 영향력은 그날에 국한되기도 하나 장기점에서는 月이 바뀌어도 계속 지속한다.
- 日은 육효의 주재자이니 日이 용신을 극하면 목적하는 바가 이루어지기 힘들고, 日이 용신을 생부(生扶)하면 목적하는 바의 성사가 순조롭다.
- 日이 괘중의 효에 임(자안, 字眼)하면 이 효는 강하여 다른 효의 충극을 받아도 傷하지 않는다.(衝不沖)
- 日이 힘 있는 정효를 충하면 정효는 움직인다.(暗動)
- 암동 효가 용신 등에 미치는 영향을 관찰한다.
- 日에서 육수와 공망 등을 찾아 이들을 효에 대입한다.

(3) 동효(動爻)

- 정효(靜爻)는 움직이지 않고(靜) 가만히 있는 효로서 다른 효를 생극충합하지 못하여 실질적으로 영향을 미치지 못한다. 그러나 동효는 움직여서(動) 변효를 화출하거나 다른 효를 生剋沖合하여 실질적으로 영향을 주는 효로써 동효의 움직임과 힘의 강약은 육효의 길흉화복과 성패에 매우 중요하다.
- 世나 용신이나 원신이 힘이 있고 동하면(동효) 원하는 바가 이루어지나 기신과 구신이 동하고 힘이 있으면 만사불성(萬事不成)이다.
- 동효가 타효에 생극충합 등을 하여 영향을 미칠 때는 동효의 힘의 강약이 중요하다. 동효가 왕상하여 힘이 있으면 영향력이 강하고 휴수하여 힘이 없으면 영향력이 미미하다.

- 동효를 日과 月에 대입하여 생극충합파 등을 살펴 동효의 힘의 강약을 살핀다. 동효가 日과 月의 생을 받으면 힘이 강해진다.
- 동효가 동하면 변효를 화출한다. 변효는 동효에게 생극충합 등의 영향을 줄 수 있으나 동효는 변효에게 영향을 줄 수 없다.
- 동효가 변효에 의하여 생을 받으면 힘이 강해지는데 이것을 회두생(回頭生)이라 하고, 극을 받으면 힘이 약해지는데 이것을 회두극(回頭剋)이라고 한다.
- 용신이나 원신이 동하여 변효를 화출한 뒤 변효에 생을 받으면 회두생이다. 예를 들면 동효가 寅일때 변효가 亥, 子가 되면 회두생으로 길(吉)하고, 동효가 寅일때 변효가 申, 酉가 되면 회두극으로 흉(凶)하다.
- 위와 같은 방법으로 용신이나 원신이 동하여 화출한 변효가 진신(동효 寅, 변효 卯)이 되면 길하고, 퇴신(동효 卯, 변효 寅)이나 반음(동효 寅, 변효 申), 복음(동효 寅, 변효 寅)이 되면 흉하다.
- 용신 등 동효가 변효나 다른 동효나 日 등에 사묘절(死墓絶)이 되면 힘이 없어 무력해진다. 용신이나 원신이 동하여 변효에 사(동효 寅, 변효 午) 묘(동효 寅, 변효 未) 절(동효 寅, 변효 申)되면 무력하여 일이 성사되지 않으나 사묘절이 되더라도 生이나 沖이 되고 힘을 받으면 그날 일이 성사된다.

2) 용신, 원신, 기신, 구신

- 정확한 통변을 위해서는 정확한 용신을 찾는 것이 중요하다.

자점에서는 용신인 世뿐만 아니라 목적(주상)하는 바를, 타점에서는 점치는 대상이 되는 타인의 육친이 어떤 용신인지를 찾는다.
- 점의 목적이 용신(자점에서는 세와 주상)이므로 용신은 日, 月에 생부를 받아야 길하고, 휴수되거나 형충파해(刑沖破害), 사묘절 공망(死墓絕 空亡)되는 것을 꺼린다.
- 용신을 日, 月과 동효에 대조하여 생하는 것과 극하는 것을 비교 관찰한 뒤 용신의 왕상휴수(旺相休囚)를 판단하고 또한 합충파형 공망 등도 살핀다.
- 용신 외에 원신, 기신, 구신도 찾아 이들의 힘의 강약(旺相休囚)과 이들이 용신과 어떤 생극 관계인지를 관찰하여 길흉화복을 판단한다.

3) 용신의 왕쇠(旺衰)와 작용(作用)
- 世, 용신, 원신, 기신, 구신 등을 日과 月에 대입하여 생극충합과 왕상휴수를 관찰하여 힘의 강약을 판단한다.
- 世, 용신, 원신, 기신, 구신 등을 동효에 대입하여 생극충합과 왕상휴수를 관찰하여 힘의 강약을 판단한다.
- 동효를 변효, 日, 月 등에 대입하여 생극충합과 왕상휴수, 사묘절 등을 관찰하여 힘의 강약을 판단한다.
- 世와 용신(주상)이 서로 생하는지 극하는지 합이 되는지 비화되는지를 관찰한다.
- 世와 應이 서로 상생 상극하는지 등을 관찰한다.

4) 원신의 왕쇠(旺衰)와 작용(作用)

- 일의 성사 여부의 대부분은 용신의 동향에 의한다. 그러나 용신이 정하고 힘이 없어 일의 성사 여부가 불명하더라도 원신이 힘이 있고 동하면 일이 성사된다.
- 어떤 경우에는 일의 성패의 관건에 원신이 용신보다 크게 작용하므로 원신은 생부(生扶)를 필요로 하고 강하면 아주 좋으나 극이 되고 상함이 있으면 나쁘다.

5) 기신과 구신의 왕쇠(旺衰)와 작용(作用)

- 기신은 용신을 극하여 일이 이루어지지 않도록 한다. 그러므로 기신은 움직이지 않고 가만히 있으며(靜) 극이나 충, 혹은 공망이 되어 힘이 없는 것이 좋다. 힘을 받고 동하면 용신을 극하는 것이니 일의 성사가 어렵다.
- 구신은 기신을 생하고 원신을 극한다. 그러므로 힘이 없고 상함이 있으면 일의 성사에 좋다.

6) 진신과 퇴신의 왕쇠(旺衰)와 작용(作用)

- 진신은 동효와 변효가 같은 오행이 되면서 순행하는 것을 말한다. (동효 申, 변효 酉). 순행이란 앞으로 나아감을 말하는데 이렇게 되면 동효가 다른 효를 생극하는 힘이 강해진다.
- 용신이나 원신이 진신이 되면 일이 성사되기 쉽고, 기신이나 구신이 진신이 되면 일의 성사가 어렵다.
- 퇴신은 동효와 변효가 같은 오행이 되면서 역행하는 것을

말한다. (동효 酉, 변효 申). 역행이란 뒤로 물러남을 의미하므로 동효가 퇴신이 되면 힘이 빠져 다른 효를 생극하는 힘이 약해지거나 생극 할 수가 없다.
- 기신이나 구신이 퇴신이 되면 좋고, 용신이나 원신이 퇴신이 되면 나쁘다.

7) 복신의 왕쇠(旺衰)와 작용(作用)
- 복신은 비신 밑에 숨어 있는 용신이다.
- 비신은 복신을 생극 할 수 있으나, 복신은 비신을 생극 할 수 없다.
- 비신이 복신을 생하면 복신이 힘을 얻으니 일의 성사가 이루어지기 쉽다.
- 비신이 복신을 극하면 복신이 상하여 일이 성사되지 않는다.
- 복신이 비신을 생하면 도리어 복신의 힘이 빠져 일의 성사가 불리하다.
- 비신과 복신이 화합되지 않을 경우, 비신이 힘이 없고 복신이 힘이 있어야 좋고, 복신이 힘이 없으면 일의 성사가 어렵다.

8) 육효 안정(安靜)과 난동(亂動)시의 작용(作用)

(1) 진정(盡靜)
- 괘중의 모든 효가 움직이지 않은 것을 '진정'이라 한다. 괘중에 동한 효가 없으면 일의 성패가 조용하나 느리게 진행된다.

- 일의 성패는 용신에게 달려 있으며 용신을 日, 月에 대입하여 생부를 받으면 일의 성사가 쉽고, 극충이 되면 일의 성사가 어렵다.

(2) 독발(獨發)
- 괘중에 하나의 효만 동한 것을 '독발'이라 한다.
- 동한 효의 동향에 따라 일의 성패가 달라진다.

(3) 진발(盡發)
- 여섯 개의 효가 모두 움직인 것을 '진발'이라 한다.
- 일의 진행이 어수선하고 빠르며 변화가 심하여 일의 성패를 가늠하기가 힘들다. 그러나 동효들이 서로 어울려 생극을 하여 世와 용신을 생하면 일이 이루어진다.

(4) 독정(獨靜)
- 괘중에 하나의 효만 정하고 나머지는 모두 동한 것으로 진발과 유사한데 이것을 '독정'이라 한다.
- 육효가 진발이나 독정처럼 난동이 되면 일이 이루어지기 어렵다. 일정한 시간이 지난 뒤 재점(再占)을 하는 것도 방법이다.

5. 상황과 통변

- 世가 동하면 내 마음이 움직이는 것이니 어떤 일을 시작하려고 하거나, 직장을 옮기거나, 집을 옮기거나 가출 등을 한다.
- 應이 동하면 상대의 마음이 움직이는 것이니 상대가 이동을 하거나 마음이 변하거나 한다.
- 용신이 동하면 변효에 의해 결과가 나타나고 해당하는 육친에 변동이 있다.
- 원신이 동하여 용신을 도와주면 후원자의 도움을 받아 일이 성사된다고 할 수 있다.
- 기신이 동하여 용신을 극하면 다른 사람의 방해를 받아 일이 성사되지 못한다.

- 용신이 동하여 日과 합이 되면 하려고 하던 일이 외부의 사정이나 타의에 의해 잠시 멈추게 된다.
- 용신이 동하여 변효와 합이 되면 하려고 하는 일이 변효와 관련이 있고 내부의 사정이나 자의에 의해서 잠시 멈추게 된다.
- 용신이 동했는데 日에서 충을 받으면 하려고 하는 일이 다른 사람에 의해 하지 못하게 된다.
- 용신이 변효에 입묘가 되면 매사가 불안하고 곤경에 빠지게 된다.
- 어떤 육친이 입묘되면 해당하는 육친은 감금되거나 사망한다.

※ 동효가 寅卯일 때 변효가 未

　동효가 巳午일 때 변효가 戌

　동효가 申酉일 때 변효가 丑

　동효가 亥子일 때 변효가 辰이 되면 墓가 된다.

- 용신이 日에 입묘되면 불안하고 무력하며 일이 이루어지지 않는다.

　※ 亥子 용신이 辰일

　　寅卯 용신이 未일

　　申酉 용신이 丑일

　　巳午 용신이 戌일

- 용신이 日에서 진신이 되면 미래의 일이고, 퇴신이 되면 과거의 일로 본다. 용신이 日과 같으면 현재 진행되고 있는 일로 본다.
- 용신이 회두생이 되면 스스로 노력하여 일이 성사되고, 용신이 회두극이 되면 자포자기하여 일이 성사되지 않는다.
- 용신이 공망되면 무력하고 힘이 없는 것이니 일이 성사되지 않는다.
- 世가 日을 충하면 공연히 마음이 움직이고 슬그머니 움직인다.
- 世가 應을 생하면 내가 상대를 도와주고 또 상대가 나에게 요구하는 것이다.
- 世가 應을 형극하면 내가 상대를 기만하고 해치는 것이다.
- 應이 공망이 되면 상대가 무력하고 마음이 없는 것이니 기대했던 일이 이루어지지 않는다.

- 世가 여러 곳에 나타나면 내 마음이 양쪽에 있으니 갈팡질팡하게 된다.
- 世, 應이 각각 중복되어 나타나면 서로가 두 마음을 가지고 있다.
- 世, 應이 같이 공망이 되면 서로 마음이 없거나 믿지 못하니 실속이 없고 일이 성사되지 않는다.
- 世, 應이 공망으로 합이 되면 서로 마음이 없거나 능력도 없으면서 합을 한 것이니 지키지도 않을 말이나 약속을 하게 된 것이다.

- 世, 應이 서로 생하거나, 합이 되거나, 같은 것이면 서로 화합하고 협조한다.
- 世, 應이 서로 상극이 되거나 상충이 되면 서로 불화하고 해친다.
- 應이 世를 생하면 상대가 나를 돕고, 應이 世를 극하면 상대가 나를 해친다.
- 世가 동하면 내가 원하는 것이고, 應이 동하면 상대가 원하는 것이다.

- 용신이 중복되어 나타나면 주관을 세우지 못하고 갈팡질팡하게 된다.
- 卦身이 내괘에 있으면 나에게 주관이 있고, 외괘에 있으면 상대에게 있다.
- 日이 應에 있으면 다른 곳에서 하고자 하고, 應이 동하여 日과 합이 되면 상대가 다른 사람과 관계를 맺는다.
- 世가 상효에 있으면 머리가 복잡한 일이 있다.

- 우두머리 괘(乾, 兌, 離, 震, 巽, 坎, 艮, 坤)에서 세효는 가장이며 자수성가한다.
- 應이 입묘가 되면 상대와 하는 일은 기대하기 어렵다.
- 여자는 世가 양효면 남자 구실을 한다.
- 용신이 공망이 되고 힘이 없으면 무능력한 사람이며 실업자다.
- 용신이 힘이 없고 사묘절이 되면 백 가지 일이 이루어지지 않고 실업자다.
- 내괘와 외괘가 다투면 모든 일이 시끄럽고 복잡하고 일이 뒤집혀진다.

- 應이 日을 충하거나 극하면 상대방이 원하는 것이고, 日이 應을 충하거나 극하면 상대가 화를 입는 것이니 상대와 같이 하는 일은 이루어지기 어렵다.
- 世와 應이 격이 되면 (예를 들면 世는 申인데, 應은 戌인 경우) 형제가 다르거나 다른 성을 가진 사람과 같이 산다.
- 世와 父가 음효이면 편모, 편부의 자식이다.
- 世가 日, 月, 동효와 합이 되면 귀인의 도움을 받는다.
- 應과 財가 육충(六沖)이 되면 부부가 이별한다.
- 용신이나 世가 年, 月에 해당하면 적중률이 높다.
- 수괘는 육충괘라 시작은 있어도 끝이 없고, 노인 병점에는 사망한다.
- 육합괘가 육충괘로 변하면 먼저는 합이 되고, 후에는 흩어지는 형국이니 매사가 이루어지지 않는다.

- 퇴신, 반음, 복음 괘는 쓸 수 없는 괘다.
- 유혼괘는 매사에 두서가 없어서 병점에는 산송장이며 죽은 사람은 천도를 해주어야 하고, 기다리는 사람은 돌아올 마음이 없다.
- 귀혼괘는 다른 곳에서 있으려고 하나 오래 머물지 못하고 심란하여 이리저리 왔다 갔다 하며, 출행점에는 출발을 하지 못하게 된다.
- 복음괘는 모든 점에 여의치 못한 징조인데 외 복음은 바깥이 불리하고, 내 복음은 내부의 일이 불리하며 다른 사람이 나의 뜻에 따르지를 않아 모든 일이 이루어지지 않는다. 특히 용신이 복음이 되면 신음하게 되는 일이나 길게 탄식하는일이 생긴다.

6. 성사 시기, 응기(應期)

- 용신이 년(年)과 같으면 그 해에 이루어진다.
- 용신이 월(月)과 같으면 그 달에 이루어진다.
- 용신이 일(日)과 같으면 그 날에 이루어진다.
- 용신이 합이 되면 충日에 이루어진다.
- 용신이 충이 되면 합日에 이루어진다.
- 용신이 공망이면 공망이 나가는 날이나, 공망을 충하는 날에 이루어진다.
- 용신이 절이 되면 장생이 되는 날에 이루어진다.
- 용신이 입묘되면 충 하는 날에 이루어진다.

- 용신이 월파가 되면 용신이 강해지는 달에 용신과 합이 되는 날 이루어진다.
- 용신이 은복되면 복신이 되는데 복신이 강해지는 날, 또는 비신이 공망이나 충극되는 날에 이루어진다.
- 용신이 동하지 않으면 용신 일이나 용신을 충 하는 날 이루어진다.
- 용신이 동하지 않고 공망인데 충을 맞고 있으면 출공 후 합일에 이루어진다.
- 용신이 世에 있으면 힘을 받는 날에 이루어진다.
- 용신이 힘이 있고 동하면 합일에 이루어진다.
- 공망된 용신이 동하면 충일에 이루어진다.
- 공망된 용신이 동하여 日의 충을 받으면 당일에 성사된다.
- 용신이 회두극이 되면 변효를 충하는 날에 이루어진다.

- 쇠약한 용신이 동하면 힘을 받는 날에 이루어진다.
- 용신이 동하여 변효에 입묘되면 변효를 충하는 날에 이루어진다.
- 용신이 동하여 입묘하고 합이 되면 충 날에 이루어진다.
- 용신이 동하여 진신이 되면 동효와 같은 날이나 동효와 합이 되는 날에 이루어진다.
- 용신이 동하여 퇴신이 되면 변효(퇴신)일이나 변효를 충하는 날에 일이 이루어진다.
- 변효가 용신이면 용신 일에 이루어진다.

- 두 개가 동하고 하나는 동하지 않고 삼합국을 이루면 정(靜)효 일에 이루어진다.
- 세 개가 전부 동하여 삼합국을 이루면 삼합국의 중간자 (旺字, 子午卯酉)를 충 하는 날 이루어진다.
- 용신이 年, 月에 없어도 원신이 동하면 용신이 되는 달에 일이 이루어진다.
- 용신이 괘중에 없어도 月에 있으면 용신 일에 이루어진다.
- 기신이 동해도 원신이 있고 용신이 없으면 용신 일에 이루어진다.
- 용신이 月에 있어도 日이 극하면 용신이 힘을 받는 날에 이루어진다.
- 용신이 병이 들면 병을 제거하는 날에 이루어진다.
- 용신이 힘이 없어도 傷함이 없으면 용신이 강해지는 날에 이루어진다.
- 용신이 복신이 되거나, 공망이 되거나, 상해도 원신이 왕하여 동하면 용신이 되는 날에 성사한다.

- 용신이 동효의 극을 받아도 日, 月이 생하여 주면 다음 생하는 날에 일이 성사된다.
- 용신을 동효와 日이 극해도 月이 생하거나 강한 원신이 생하면 다음 생을 받는 날에 일이 성사한다.
- 기신국(삼합이 기신일 때)이 용신을 극하면 기신국이 깨지는 날에 일이 이루어진다.
- 기신이 동하여 용신을 극하면 기신을 충하는 날에 일이 성사된다.
- 용신이 너무 강하면 일이 성사되지 못한다. 이때는 용신을 극이나 설기하는 날이나 묘고가 되는 날 성사된다.

- 용신이 지세하고 독정(獨靜)이나 독발(獨發)이 되면 용신에 해당하는 日에 일의 성패가 결정된다. 그렇지 않으면 독정은 정효를 충하는 날, 독발은 동효를 합하는 날 결과가 나온다.
- 용신이 동하고 화출한 변효와 합이 되면 변효를 충하는 날 일이 성사된다.
- 용신이 동하고 화출한 변효에게 회두극을 당하면 변효를 충하거나 합하는 날에 일이 성사된다.
- 용신이 쇠절(衰絶)이 되면 생부(生扶)될 때 일이 성사된다. 그러나 쇠절이 된 용신이 공망이면 진공이므로 출공 일에 흉사가 일어난다.
- 기신이 쇠절되고 무기하면 생부를 얻어 힘이 생길 때 흉사가 일어난다.
- 世가 진공이면 내가 존재하지 않는 것과 같으니 일은 성사되지 않고 고생만 하게 된다.

제 8 장 문답(問答)

제 8장 18문답(問答)

   18문답은 육효에서 알아두어야 할 가장 중요한 사항들에 대한 예문을 제시하고 풀이를 한 것이다. 이 책에서는 고전적인 풀이에 더하여 저자의 의견을 첨가하였다. 그리고 각 문답의 1예에는 신명, 괘신, 육수 등을 붙여 스스로 작성한 것과 비교할 기회를 만들었다.

예) 澤風大過(震木 6)
   괘명: 택풍대과, 수괘: 진위뇌, 오행: 목, 세의 위치: 4효(진위뇌에서 6번째 변화된 괘로서 세는 5효에서 하나 내려와 4효에 있음)

1. 일생일극(一生一剋)

문) 연월일(年月日) 삼전(三傳)이 모두 용신을 극하는 경우와 괘 중에서 한 효는 동하여 용신을 생하고 한 효는 극하는 경우 이것을 어떻게 해석하는가?

- 적은 수로 많은 수의 적을 상대할 수 없다.
  한 효가 생하고 한 효가 극할 때는 그 괘의 상황이 극으로 변하면 불길하다.
- 年月日이 용신을 극하거나 기신을 생하면 좋지 않다.
- 月이 용신을 극하고 日이 용신을 생하거나 月이 용신을 생하고 日이 용신을 극할 경우에, 동한 효가 생해주면 생이 되고 동한 효가 극을 하면 극이 된다.

답) 年月日 삼전이 모두 용신을 극하면 용신이 힘이 없어 흉하고 일이 성사되지 않는다. 용신에 대하여 동한 효가 하나는 생하고 하나는 극할 경우, 이를 일생일극이라 하며 이럴 경우 용신은 힘이 있다고 간주한다. 이것은 月과 日의 생극에서도 마찬가지이다. 용신이 月이나 日에서 생을 받고 한편 月이나 日에서 극을 받으면 일생일극이 되어 힘이 있는 것으로 간주하며 이때 동효가 용신을 생하면 힘이 강해지고 극하면 용신은 힘이 약해진다고 간주된다.

예) 동생의 병이 어떻게 되겠는가? 형이 물었다. (疾病占)

水火旣濟(坎水 3) ➡ 택화혁

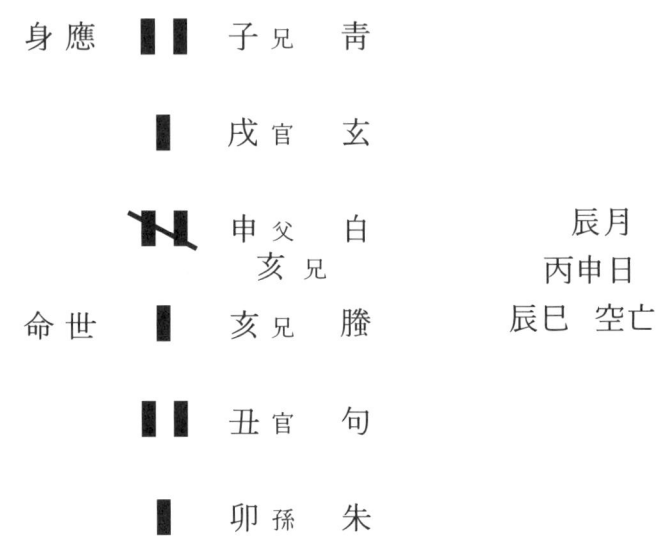

1. 내괘 三효 亥(水) 형효가 용신이다.
2. 月 辰(土)이 용신을 극하나 日 申(金)은 용신을 생한다.
   (일생일극)
3. 원신 四효 申(金)이 월에 힘을 받고 日과 같은 상황에서 동하여 용신을 생하니 2생 1극이 되어 길하다.
4. 그러므로 동생의 병은 완쾌된다.

> 참고

- 괘상에 용신이 많다. 6효, 3효, 4효의 변효가 형이다.
 이 중 본 괘에서 世에 임한 兄을 용신으로 취한다.
- 오늘 日이 용신 亥(水)의 장생(申)이 되니 힘이 있다.
- 용신이 동하지 않으면 원신으로 일의 결과를 본다고 했으니 강한 원신이 동효가 되어 용신을 생하고 변효 亥(水)를 화출했으니 亥일에 병이 완쾌되었다.
- 亥(水) 兄이 용신인 경우, 土는 官으로 질병이 되고 초효 卯(木)는 孫으로 약이 된다.
- 만일 酉(金)가 약이 되는 卯(木) 孫을 충하면 暗動하여 卯(木)는 관이 되는 土를 극해주니 酉시에 병이 호전될 것으로 생각할 수 있다.
- 身命은 주로 건강이나 수명을 판단할 때 살핀다.
- 신과 명은 왕상하면 길하고 진공이나 파가 되면 흉하다.
- 본점에서는 신과 명이 世應에 임하여 日의 생을 받으니 길하여 병이 완쾌된다고 생각할 수 있다.

예) 형이 동생의 소송에 대하여 문의. (官災占)

澤水困(兌金 1) ➡ 뇌풍항

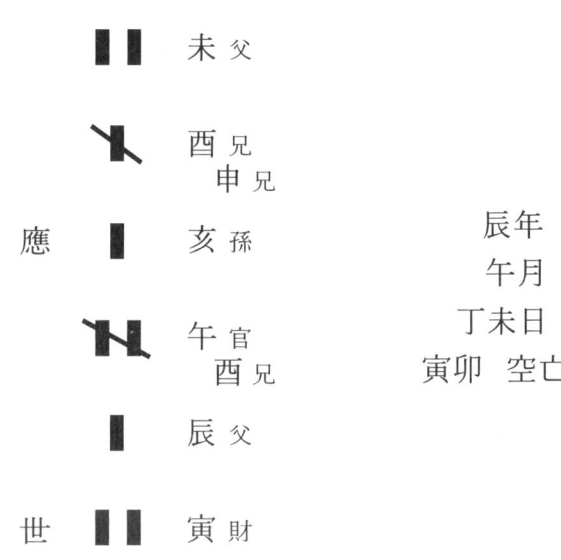

1. 동생에 관한 것이므로 5효의 酉(金) 兄이 용신이다.
2. 月의 午(火)가 용신 酉(金)를 극하나 日의 未(土)가 용신 酉(金)를 생해주므로 지장이 없는 것 같지만 스스로 동하여 퇴신을 화출하였으니 흉하다.
3. 그리고 3효에 있는 기신 午(火) 官이 月 午(火)와 같고 日과 午未 생합이 되어 세력이 막강하고 동하여 용신 酉(金)를 극하니 대흉하다.

(결과) 辰년은 용신과 합이 되어 무사하나 午(火)년에 용신인 酉(金)가 극을 당하고 申월에 용신이 퇴신되면 형을 받는다.

참고

- 申월에 형을 받은 것은 용신 酉(金)가 변효 申(金)으로 퇴신되었기 때문이다.
- 힘이 없는 용신은 퇴신할 때 일이 생긴다.

예) 오빠가 여동생의 출산이 무사할까에 대한 문의.(出産占)

火地晋(乾金 6)

```
        ▌▌  巳 官
        ▌▌  未 父
    世   ▌   酉 兄           午月
                             戊辰日
        ▌▌  卯 財           戌亥 空亡
        ▌▌  巳 官
    應   ▌▌  未 父  子 孫(伏神)
```

1. 世에 있는 酉(金) 兄이 용신이다.
2. 月 午(火)가 용신 酉(金)를 극한다.
3. 日의 辰(土)과 용신 酉(金)가 생합을 하니 月은 극하고 日은 생하니 일생일극으로 무난하다.
4. 합이 된 것은 충 할 때 성사되니 酉(金)를 충 하는 卯일에 출산을 하게 된다.
   시간을 추정한다면 辰일과 용신 酉(金)가 합이 되므로 卯時가 유력하다.

> **참고**

- 천금부에 전하기를 '합은 충'을 기다리고 '충은 합'을 기다린다고 하였다.
- 점을 칠 때는 하나의 점에 하나의 질문이 필요하다.
  하나의 점으로 여러 가지를 알려면 정확한 답을 기대하기가 어렵다.
  이번 점에서는 동생의 안위가 궁금하여 점을 친 것이다.
  그러므로 대답은 '동생은 무사하다'이다.
  그러나 만약에 자손의 안위를 물었다면, 자손은 괘 상에 없고 초효 未(土) 밑의 子(水)가 손으로 복신이다.(수괘, 건위천에서 子(水)는 孫으로서 이것이 복신이 된다.)
- 孫 子(水)는 月에 破(子午沖)가 되고 日에 입묘되어 흉하므로 아이는 사산의 가능성이 있다.
  그러므로 질문 내용이 동생에 관해서 물었는지, 자손에 관하여 물었는지 정확해야 한다. 그래야 정확한 답이 나온다.

예) 나의 병이 어떨까? (疾病占)

澤風大過(震木 6) ➡ 화풍정

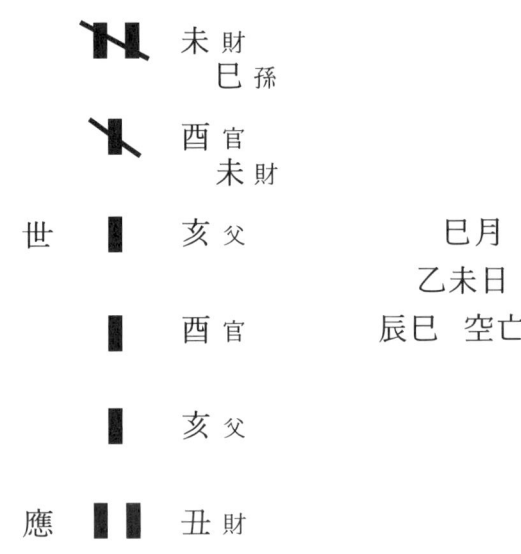

1. 본인의 점이므로 4효에 있는 世가 용신이다.
2. 世 亥(水)가 月의 巳(火)와 충으로 월파가 되고 日의 未(土)에 극을 당하여 전혀 힘이 없어 중병이다.
3. 上爻에 있는 未(土)가 동하여 변효 巳(火)에 회두생 되어 世 亥(水)를 극하고 初爻 丑(土)이 암동되어 역시 용신 世 亥(水)를 극하니 대흉하다.

   그러나 다행히 5효에 있는 원신 酉(金)가 동하여 변효 未(土)에 회두생이 되어서 上爻에 있는 未(土)와 初爻 丑(土) 기신을 통관시켜 용신을 생(土생-金생-水)하니 길하다. 기신이 용신을 극하는데 원신이 있어 기신의 극을 통관시켜주어 탐생망극이 되었다.

4. 그러나 아무리 괘 안에서 世를 도와주어도 월파를 만나고 일극을 만나면 뿌리가 없는 나무와 같다.

   그러므로 살아나기 어렵다.

(결과) 卯일에 원신이 되는 酉(金)를 충하여 생하여 주는 활로를 차단하여 죽었다.

참고

- 원신과 기신이 모두 동했을 경우 기신은 원신을 도와주므로 용신을 극하지 않는다. 이것을 탐생망극(貪生忘剋) '생을 탐하다 보니 극하는 것을 잊어버렸다.'이라고 한다. 그러므로 흉이 변하여 길함이 되어 흉화위길(凶化爲吉)이라고도 한다.
- 힘의 강약에 있어서 月과 日은 괘상의 효에 비해 강하다. 그러므로 괘상에서 아무리 용신을 도와주어도 月과 日에 극을 당한 용신은 힘이 없어 일이 성사되지 않는다.
- 空亡은 月과 日에는 해당되지 않는다. 그러므로 巳월은 辰巳 空亡의 영향을 받지 않는다.

2. 회두극(回頭剋)

문) 무엇을 회두극(回頭剋)이라고 하는가?
　　그리고 회두극을 당하면 길흉은 어떠한가?

답) • 土효가 동하여 木효로 변하고,
　　　木효가 동하여 金효로 변하고,
　　　金효가 동하여 火효로 변하고,
　　　火효가 동하여 水효로 변하고,
　　　水효가 동하여 土효로 변하는 것을 '효의 회두극'이라고
　　　한다.
　　• 건괘나 태괘가 변하여 이괘가 되고,
　　　이괘가 변하여 감괘가 되고,
　　　감괘가 변하여 간괘나 곤괘가 되고,
　　　진괘와 손괘가 변하여 건괘나 태괘가 되는 것을
　　　'괘의 회두극'이라고 한다.
　　• 용신이나 원신이 회두극을 당하면 흉하고, 기신이나 구신이
　　　회두극을 당하면 길하다.

예) 우리 가족이 안녕할까? (家宅占)

水天需(坤土 6) ➜ 건위천

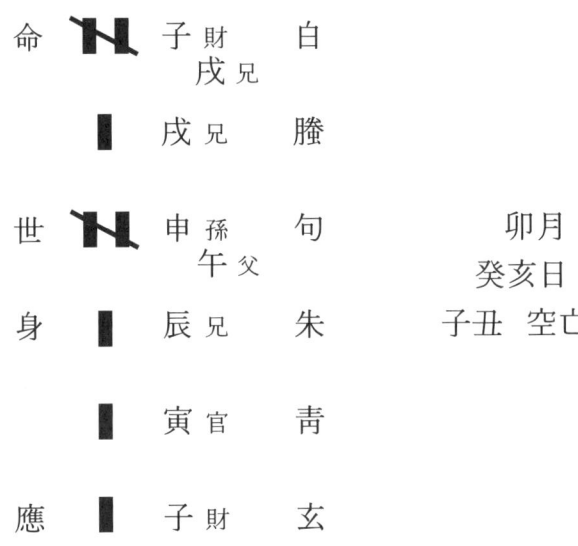

1. 2爻 가택효에 官이 臨하고 月에 비화, 日에 생을 받아 왕한 상황에서 5효를 극하니 집안에 흉한 일이 있고 식구들의 상함이 있다.
2. 世에 孫이 임하고 月을 극하고 日에 설기당하여 힘이 없는 상황에서 회두극을 당하니 자신과 자식이 함께 불길하다.
3. 상효에 있는 子(水) 財가 戌(土)에 회두극을 당하니 처와 노비도 재앙이 있다.

(결과) 午月에 4효의 변효 午(火)가 세력을 얻어 申(金) 世와 자손을 극하고, 상효 子(水)가 월파를 당한 상태에서 午(火)의 생을 받은 戌(土)의 회두극을 받고 白虎가 임하였으니 화재에 의한 혈광사(血狂事)로 인하여 모두가 사망하였다.

> **참고**
> - 신수점에서 2효 가택효에 관이 임하면 흉하고, 또한 2효가 5효를 극하면 집터가 식구들을 극하는 형상이어서 집안이 흉하다.
> - 육수에서 백호는 대부분 혈광지사를 나타내어 백호가 임한 육친은 흉하다.

예) 내가 가게를 하면 어떨지(開店)? (求財占)

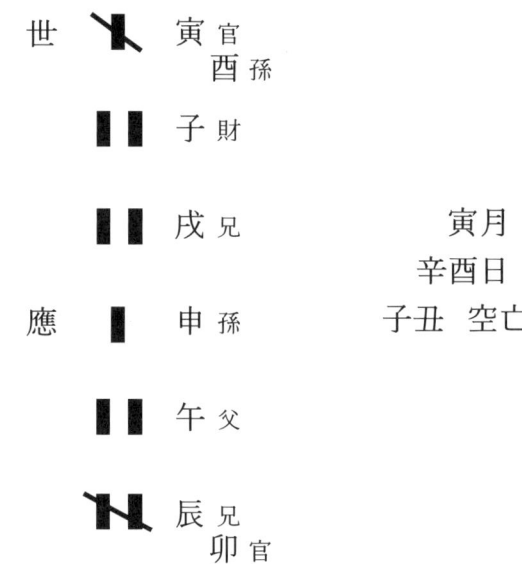

艮爲山(艮土) ➡ 지화명이

1. 자신의 점이므로 世가 용신이다.
2. 世 寅(木)이 寅월을 만났으니 개점은 할 것이다.
   (용신과 月이 같으면 그 달에 이루어진다.)
3. 世 寅(木)이 月에는 힘을 얻었으나 日의 酉(金)에게 극을 당하고 있다.
4. 世가 변효 酉(金)에 회두극을 당하여 불길하다.

(결과) 6月이나 8月에 나쁠 것으로 예측했다.

未月이면 世 寅(木)이 입묘가 되고, 8月이면 변효 酉(金)가 강해져서 세를 극하여 회두극이 되니 재물도 잃고 패망하였다.

참고

- 가게를 열겠다는 목적에 따라 용신(자점에서는 주상)은 달라진다. 그러나 가게를 열고자 하는 목적 대부분은 돈을 벌겠다는 것이므로 財가 주로 용신이 되며 여기서도 財를 용신으로 보았다.

- 이런 경우 世와 財의 상관관계를 보아 財가 世를 生하거나 合하거나 比和되면 가게를 열어 돈을 벌 수 있다.

  財가 世를 剋해도 돈을 벌 수는 있으나 이때는 世가 財의 극을 감당할 만한 힘이 있어야 한다.

- 본 괘에서는 世에 官이 임하고 月에는 비화되었고 日에는 극을 받아 무난한 것(일생일극) 같으나 스스로 동하여 화출한 酉(金)에 회두극을 당하니 힘이 없고 돈 나가는 것(초효 형효 動)을 걱정하며 망설이는 것 같다.

  그러나 月에 생을 받으니 이번 달에는 힘이 있어 잘 될 것 같은 생각에 개점은 할 수 있지만, 장기적으로 보면 손재로 실패할 것으로 추정할 수 있다. 5효 재효가 日에는 생을 받으나 月에는 泄氣되어 힘을 뺏기고 동한 초효에 극을 받고 入墓되어 힘이 없고 靜하여 世를 생하지 못하므로 돈과는 인연이 없다.

예) 오래된 나의 병이 어떻게 될까? (疾病占)

天山遯 (乾金 2) ➡ 천풍구

```
        ▬▬  戌 父
   應   ▬ ▬  申 兄
        ▬▬  午 官         申 月
                         戊午 日
        ▬▬  申 兄         子丑 空亡
   世    ✕   午 官
              亥 孫
        ▬ ▬  辰 父
```

1. 자신의 병이므로 世가 용신이다.
2. 2효에 있는 午(火)가 용신인데 日과 같으므로 힘이 강하다.
3. 月은 申(金)으로 世를 도와주지 않으므로 月과 日의 세력이 비슷하다.
4. 변효 亥(水)가 世를 회두극하므로 불리하다.
5. 亥(水)는 月에 생을 받아 강하다.
6. 용신이 회두극을 당하므로 아주 불길하다.

(결과) 亥월 戌일에 사망하였는데 그 이유는 亥(水) 변효가 亥월에 힘을 받고 戌일은 世 午(火)의 묘가 되기 때문이다.

> **참고**

- 본인의 병점에서 官持世는 본인이 현재 병에 걸려있거나 지병이 있음을 의미하고, 孫持世는 본인이 치유 능력이 있음을 의미하므로 孫持世가 되면 병이 치유될 가능성이 크다.
- 근병(3개월 이내의 병)은 충이나 공망이 되면 낫지만, 구병(오래된 병)은 충이 되면 불길하다. 그러므로 먼저 괘가 충괘인지, 합괘인지를 살펴보는 것도 하나의 방법이다.

예) 내가 물건을 비싸게 잘 팔 수 있을까? (求財占)

風火家人(巽木 2) ➔ 풍천소축

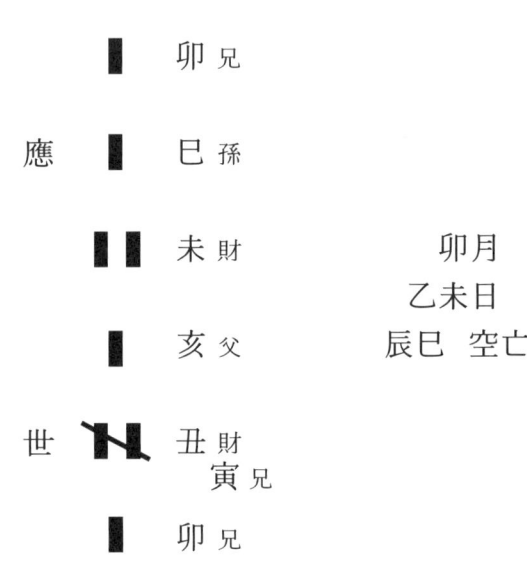

1. 물건을 매매하는 재물점으로 財가 용신이다.
   두 개의 財중 동한 世효에 있는 財가 용신이다.
2. 財持世하니 재물 운이 있는 것처럼 보인다.
   그러나 世인 丑(土)이 月의 卯(木)에 극을 받고 日의 未(土)에 충을 받아 충산(沖散)이 되어서 하는 일과 돈이 흩어지는 형상이다.
3. 世 丑(土)이 변효 寅(木)으로부터 극을 당하여 회두극이 되니 재물의 손해뿐만 아니라 그로 인해 본인의 건강도 해치게 되었다.

(결과)

未월에 지세한 丑(土)이 월파를 당하여 사망하였다.

참고

- 財의 원신은 孫이다. 孫이 5효 應에 임하였으니 應이 동하여 世를 생하면 돈을 벌 수도 있다. 그러나 應이 공망이고 동하지 않았으니 應이 이 거래에 관한 관심이 없어 결국 거래는 성사되지 않았고 그 결과 돈을 잃게 되었다고 추측할 수 있다.

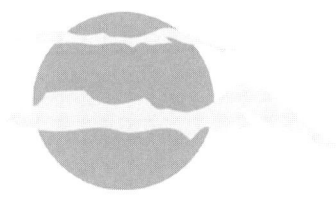

예) 부친의 관재가 어떻게 되겠는가? (官災占)

澤地萃(兌金 2) ➡ 천화동인

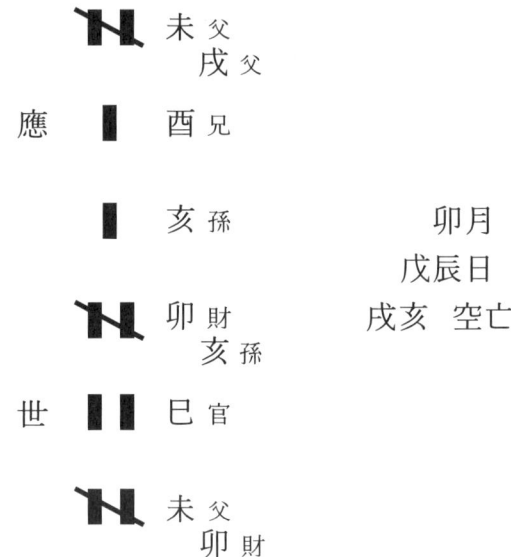

1. 부친에 관한 것이어서 六爻 未(土) 父가 용신이다.
2. 용신 未(土)는 月의 卯(木)에 의해 극을 당하고 日의 辰(土)은 용신을 도와주는 듯 하지만 月이 木왕절에 힘이 강하고 土는 약하다.(木극土)
   그리고 비록 공망이나 용신이 동하여 진신(未→戌)이 된 것은 스스로 이 난국을 극복하려는 노력처럼 보이나 공망이라 아쉽다.
3. 초효, 3효가 亥卯未 三合 木局이 되어 용신 未(土)를 극하고 있다.

4. 용신 未(土)가 변효 戌(土)로 진신이 된 것 같지만 戌(土)은 월의 卯(木)에 극합이 되고 日에 辰戌충이 되므로 힘이 없다. 그러므로 잘 될 수가 없다.

(결과) 丑月에 월파가 되고 丑戌未삼형살이 되어 사형 되었다.

참고

- **초효와 6효에 父가 둘이 있다. 이 중 어느 것을 용신으로 하는가? 용신 多現일 때는 動하거나 傷함이 있는 것을 우선적으로 용신으로 삼는다. 초효, 6효 모두 동하였으나, 6효는 변효가 공망이 되어 동효도 공망이 되었다.**

  그리하여 6효를 용신을 삼았다.

  더하여 초효 未(土)는 亥卯未 三合 財局이 되어 父로 보지 않고 財로 보므로 용신이 되지 않는다.

- **삼합 중 1자가 공망 일 경우, 출공 시에 진정한 삼합이 된다. 본괘에서는 공망된 亥(水)가 출공되는 亥월이나 亥일에 진정한 삼합목국이 되어 6효 부효 용신을 극한다. 변효에 의하여 공망이 된 6효 未(土) 용신 역시 丑(土)에 충을 받아 출공되고 또한 丑戌未삼형살이 되니, 흉화는 丑월이나 丑일에 발생할 수 있다.**

예) 종업원이 언제 돌아오는지? (待人占)

澤天夬 (坤土 5) → 천택리

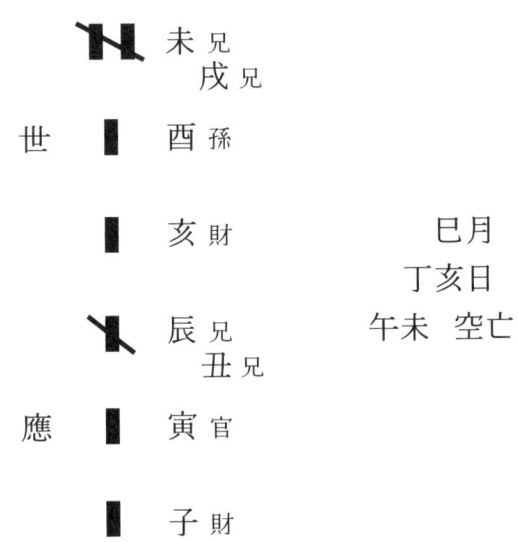

1. 4효의 亥(水) 財가 용신이다.
2. 3효에 있는 辰(土)은 丑(土)으로 퇴신되어 힘이 없으나 상효에 있는 未(土)는 戌(土)로 진신이 되어 용신 亥(水)를 극하고 있어서 불길하다. 그러므로 종업원이 돌아올 기미가 보이지 않는다.

(**결과**) 5월에 큰 피해를 당하고 돌아오지 못하였는데, 그 이유는 午월은 火가 강한 달인데 기신인 未戌(土)이 火에 힘을 얻어서 용신을 극하기 때문이다.

참고

- 육효에서 종업원은 돈을 벌어다 주니 재물로 본다.
- 초효도 재효이나 4효 재효가 용신인 이유는, 月에 巳亥 충으로 월파가 되었기 때문이다.
- 대인점(사람을 기다리는 점)에서는 용신이 旺하고 動해야 돌아온다. 본괘에서는 용신인 4효 재효가 움직이지 않고 월파가 되었을 뿐만 아니라 기신인 6효 未(土)(비록 공망이나 진신이며 日의 생을 받고 있음)와 3효 辰(土)(비록 퇴신이나 月의 생을 받고 있고 용신 亥(水)의 墓임)의 극을 받아 힘이 없고 입묘되어 돌아오지 못하고 있다.

예) 집세가 오를까, 아니면 그대로 일까에 대한 문의. (身數占)

坎爲水(坎水) ➡ 곤위지

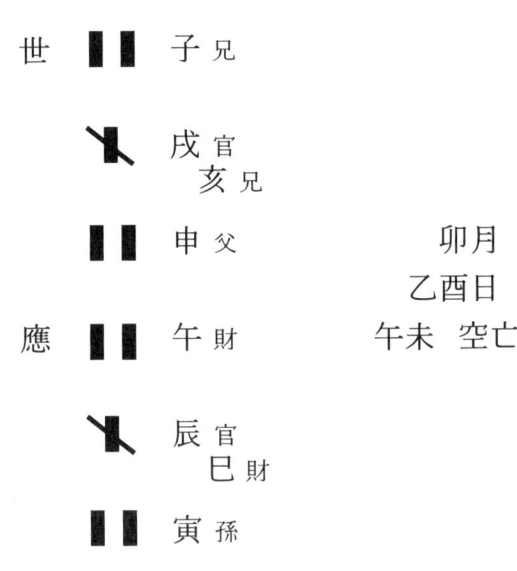

1. 감위수 괘가 곤위지로 변하였다. 水가 土로 변했으므로 괘 자체가 회두극 괘가 되어 흉하다.
2. 상효 子(水) 兄이 世에 있으며 일지인 酉(金)에 생을 받고 있으나 卯월에는 힘이 없다.
3. 2효와 5효에 辰과 戌(土)이 동하여 용신 子(水)를 극하고 있다. 그러나 卯(木)월은 木의 힘이 강할 때이므로 기신인 辰戌(土)이 무력하여서 용신 子(水)를 극하지 못한다.

4. 午月이 되면 용신 子(水)와 子午로 상충이 되어 위험하고, 午月에는 기신인 辰戌(土)이 힘이 강해져서 용신을 극하면 위험하다. 그러므로 午月에 집세를 내리는 것은 고사하고 사망하였다.

> **참고**

- 괘상을 보면 감위수, 곤위지 수괘로서 모두 육충괘이고, 變괘 곤위지가 本괘 감위수를 극하니 沖中逢沖이 되어 凶하다.
- 兄持世하니 일단 돈이 나간다는 관점에서 집세는 오를 것이며, 집주인 應에 財가 임하고 공망이니 집주인은 집세를 올릴 생각이며, 공망이어서 世인 나의 제안(子午沖)을 받아들일 생각이 없다.

점은 때로는 문복자에게 물어보는 것보다 더 중요한 것을 알려줄 때가 있다. 집세에 대하여 물었는데 2효와 5효에 官이 임하고 동하여 世인 나를 극하고 있다는 것은 집세의 오름보다 더 중요한 어떠한 凶事가 나에게 일어남을 암시한다. 특히 官이 임한 2효는 가택효로 회두생을 받은 상황에서 世를 입묘(辰은 子(水)의 무덤)시키니 이것은 생명과도 관계가 있으며 이런 흉사는 午月이 되면 현실로 나타날 수 있다.(午月에 火기가 土를 생하여) 그러나 사람의 생사가 가벼운 일이 아니므로 이런 일을 판단할 때는 사주팔자 등을 참고하여 신중히 판단하여야 한다.

3. 원신(元神, 原神)

문) 용신을 생하여 주는 것이 원신인데, 원신은 원칙적으로는 좋다고 하나 좋은 가운데도 흉함이 있는가?

답) 원신이 동하여 용신을 생해주고 더불어 용신이 동하고 강하면 그 吉함이 더욱 커진다. 그러나 용신과 원신 중 하나가 순공이 되거나 쇠약하거나 복신이 되어 괘상에 없을 때는 이들이 출공되거나 왕상해질 때(日과 月에 생을 받거나 비화될 때) 일이 성사된다.

- 용신이 힘이 있어도 원신이 힘이 없으면 용신의 길함이 오래가지 못한다. 특히 원신이 회두극이나 死墓絶이나 月파나 日충이 되거나 또는 구신이 원신을 극하는데 月日에 상극이 되거나 변하여 퇴신이 되어 힘이 없으면 용신을 생 할 수 없어 흉하다. 이런 경우에는 일의 성사에 낭패를 당할 수가 있다.
- 원신은 용신을 도와주는 것이므로 처음부터 원신이 동하지 않았거나 힘이 없었다면 원신의 도움을 기대하지 않았을 것이다. 그러나 원신이 동하여 힘이 있다면 용신의 처지에서는 원신이 자신을 도와줄 수 있을 것이라 기대하게 될 것이다. 그러나 원신이 회두극이나 사묘절이 되거나 월파나 일충이 되어 힘을 잃게 되면 용신을 도와주지 못하게 된다. 이렇게 되면 원신이

용신을 도울 수 없게 되므로 원신의 도움을 기대했던 용신은 낭패를 당할 수 있게 된다.

• 용신이 파손되어도 원신이 힘이 있고 동하여 용신을 생해주면 길하고 일이 성사되므로 때로는 일의 성패에 용신보다 원신이 더 중요한 때도 있다.

예) 남편의 질병이 어떻한가? (疾病占)

天火同人 (離火 7) ➡ 이위화

1. 부인이 남편을 점하니 官이 용신으로서, 3효 世에 임한 亥(水) 官이 용신이다.
2. 申(金) 원신이 회두생하여 亥(水) 官을 생하여 준다.
3. 日의 辰(土)에서 충을 받은 기신 戌(土)이 암동하여 申(金) 원신을 도와주니 용신을 극하지 못하고 상생되어 길하다.
4. 月이 괘에 임하여 원신에 해당하니 더욱 길하다.
5. 그러나 辰일에서 극하고 日에 수귀입묘되어 흉할 것 같으나 2생 1극이 되어 무사하다.

6. 지금은 亥(水)가 공망이 되어 생과 극을 받지 않고 있지만 己巳日이 되어 亥(水)를 충하면 공망에서 풀려나니 申(金) 원신의 힘과 月의 힘을 받아 병이 낫는다.

참고

- 3효 세효에 있는 官 용신은 月에 힘을 받으나 日의 묘에 들어가 있고 공망이며 백호가 임해 매우 흉하다.
  그러나 원신인 5효 申(金)이 月과 같고 日에 생을 받으며 더구나 회두생을 받아 힘이 매우 강하다.
  이렇게 용신의 힘이 약하더라도 원신의 힘이 강하면 일이 성사된다. 그러나 용신이 원신의 생을 받으려면 공망에서 나와야 받을 수 있다. 공망에서 나오는 것을 출공이라고 하는데 출공은 공망을 충하거나 (巳亥충) 전실(같은 글자, 즉 亥)이 되면 이루어진다.
- 六獸에서 백호(白虎)는 흉함을, 청룡(靑龍)은 길함을 주로 뜻한다. 용신에 백호가 임한 것은 질병의 중함을 의미하고, 원신에 청룡이 임한 것은 좋은 치료가 있음을 의미한다.

예) 자신의 병이 어떻게 될 것인가? (疾病占)

天火同人 (離火 7) ➡ 화산려

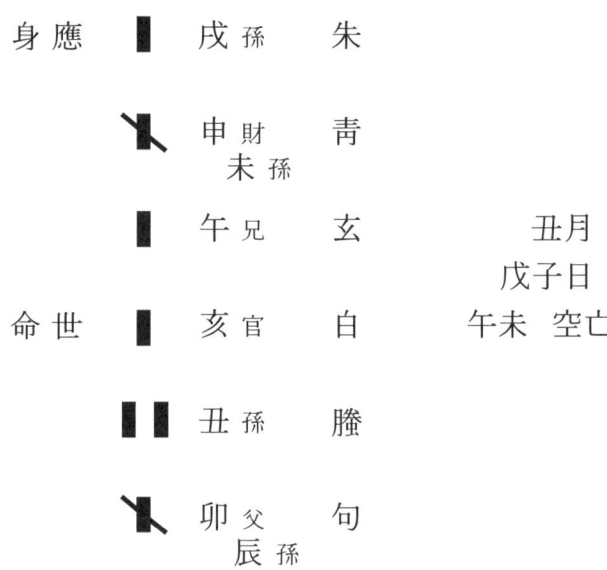

1. 자신의 병점이니 世 용신과 질병인 官과의 상관관계를 살핀다.
2. 官이 世에 있으니 원래 지병이 있는 사람이다.
3. 申(金) 원신이 회두생하여 용신 亥(水)를 도와주고 日이 子(水)로 용신과 같아서 보기에는 좋아 보인다.
4. 원신 申(金)이 丑월에 入墓가 된다. 변효이면서 회두생의 역할을 하고 있는 未(土)가 공망이면서 월파를 당하여 힘이 전혀 없으므로 회두생을 못하니 무용지물이 되었다.
5. 日에서 암동한 구신 午(火)가 動한 초효 卯(木)의 힘을 받아 원신인 申(金)을 극하니 아주 나쁘다.

(결과) 寅月 巳日이 되면 원신 申(金)이 월파가 되고 世효 용신이 日의 巳(火)와 충이 되어 위험하다. 世(용신)가 동하지 않고 원신이 동했을 때는 일의 성패를 원신으로 판단한다.

참고

- 병점에서 官持世한 경우, 世가 생을 받으면 世가 힘이 강해지니 길한 것인지, 世에 임한 官이 질병이므로 질병이 강해지는 것인지, 해석에 따라 결과가 달라질 수가 있다. 이에 대하여는 명확한 답변을 찾을 수 없으나 저자의 의견은 다음과 같다.
- 현재 몸이 아픈 경우: 世에 관이 임(官持世)하면 현재 몸이 아픈 것이다. 이때 世는 면역력으로 보고 世가 힘이 있으면 병마(관)를 이겨내고, 힘이 없으면 병마를 이겨내지 못하는 것으로 판단한다.
- 현재 건강한 경우: 世에 官이 임하면 병이 생겼다는 것을 의미한다. 이때 官의 힘이 강하면 병이 중한 것이며, 官의 힘이 약하면 병이 경한 것으로 판단한다.

예) 아버지의 병이 어떻한가? (疾病占)

地風升 (震木 4) ➡ 지수사

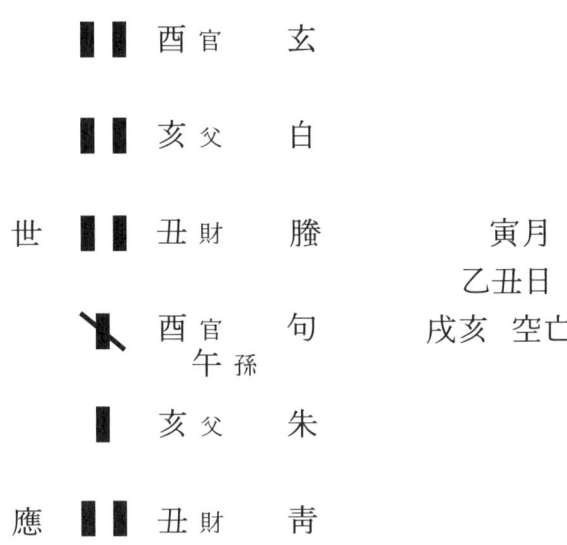

1. 아버지의 병점이니 父가 용신이다.
2. 용신 亥(水)가 寅月에 설기(힘을 뺏기고)되고 日의 丑(土)에 극을 당하여 힘이 없다.
3. 亥(水)가 공망이라 불길한데 酉(金) 원신이 발동하여 도와줄 것 같지만 月에 절(絕)이 되고 丑(土)에 묘(墓)가 되어 힘이 없고 月에 생을 받은 午(火)에 회두극을 당하니 용신 亥(水)를 전혀 도와줄 수 없어 대흉하다.
4. 현재는 공망이라 일이 진행되지 않지만 출공일이 지나 卯일이 되면 원신 酉(金)가 파손되어 위험하다.

참고

- 용신은 정하고 원신이 동하면 일의 성패여부를 원신에서 찾는다.
- 괘에 두 개의 용신이 같은 조건에 있으니 어떤 것을 취하더라도 통변에는 상관이 없다. 아버지가 집에 계시면 내괘의 2효를, 밖에 계시면 외괘의 5효를 용신으로 취할 수도 있다.
- 용신은 공망인 상황에서 月에 설기되고 日에 극을 받아 眞空이다. 진공은 웬만해서 회생할 수 없다.
- 원신 역시 月을 극하고 日에 입묘되고 변효에 회두극을 당하니 유용한 것이 아무것도 없다.
- 卯월이나 日이 되면 卯(木)와 원신 酉(金)가 충되어 酉(金)가 파손될 수도 있고, 卯(木)가 원신의 변효 午(火)를 생하여 원신에 대한 회두극이 강해지니 원신이 무용해져 흉사가 일어날 수가 있다.
- 정효가 日과 충이 되면 암동이라고 한다.
- 동효가 공망인데 日의 충을 만나면 공망이 아니다.
  이것은 공망이 충을 만나면 공망에서 풀리기 때문이다.
- 정한 효가 합을 만나거나 동한 효가 합을 만나면 충이 되는 날 길흉이 생긴다.
- 자화절이 되거나 日에 절이 되면 생하는 날에 일이 성사된다.

4. 삼합성국(三合成局)

문) 삼합팔괘성국은 어떻게 판단하는가?

• 육효에서 삼합이 되기 위해서는 다음의 조건이 필요하다.
  ① 삼합을 구성하는 3字가 모두 괘에 있어야 한다.
  ② 삼합을 구성하는 3字가 모두 動해야 한다.
  ③ 2字가 動하고 1字가 靜한 상태에서 정한 효가 암동이 되면 3字가 모두 動한 것으로 간주되어 삼합의 역할을 한다.
  ④ 2字가 動하고 1字가 靜하거나 空傷(공망, 파, 묘, 절… 등)이 된 경우에는 정한 字가 전실(塡實)로 같은 글자가 되거나 출공이나 생… 등이 될 때 삼합의 역할을 한다.
  ④ 2字가 動하고 동한 효에서 화출된 변효의 글자가 삼합에 해당되면 삼합이 된다.(예; 2효 寅이 動하여 午를 화출하고 3효 戌이 동하여 寅을 화출하였을 경우에는 寅午戌 삼합이 된다.)

• 육효에서 효들이 삼합을 이루면 그 오행의 힘이 강해져 괘내의 동효가 극이나 충을 하더라도 깨지지 않는다. 성국은 결당을 한 것이므로 동효가 극할 수 없다.

• 용신, 원신 두 가지가 삼합국을 이루면 좋고, 기신, 구신 두 가지가 삼합국을 이루면 나쁘다.

• 삼효가 같이 발동하여 용신국을 이루면 반드시 한 효는 용신이요. 원신 국을 이루면 그중 한 효는 원신이요. 기신이나

구신국을 이루면 그중 한 효는 기신이나 구신이 된다.
그 중에 한 효를 기준으로 성패를 판단하는 것이다.
- 삼합성국중에 두 효는 동(動)하고, 한 효가 정(靜)하면 반드시 정효로 성사 날을 판단한다. 정효가 힘을 받거나 日 또는 月과 합이 되거나 생부를 받는 날 일이 성사된다.
- 삼합국 중에 파나 충을 만난 효가 있을 때는 문제가 된 효가 합이 될 때, 합이 되었을 때는 충이 되었을 때 진정한 삼합의 역할을 한다.
- 삼합중에 한 효가 정하여 순공이 되고 혹은 동하여 내외 양국이 되면 피차간에 기다려 출공되는 날에 길흉을 판단하게 된다.
- 정한 효가 합이 되거나 동한 효가 합이 되었을 경우, 충이 되는 날에 삼합의 작용을 하며 자화절(自化絶)이 되거나 日에 絶이 되면 生하는 날에 일이 성사된다.

예) 우물을 가지고 동네끼리 싸움이 벌어졌는데, 누가 이기는지?

離爲火 (離火) ➔ 곤위지

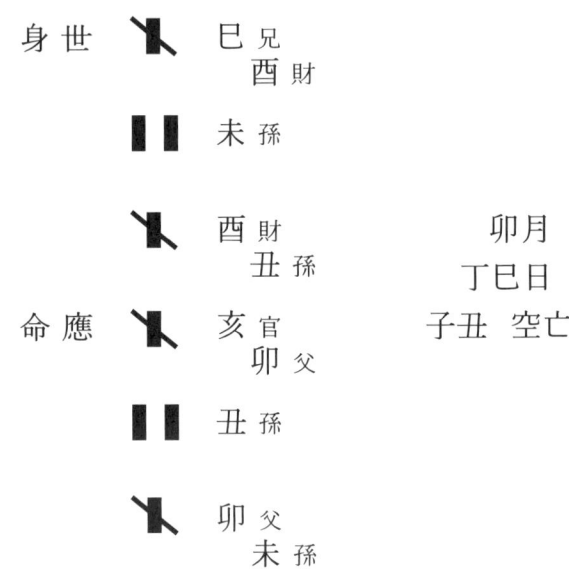

1. 내괘가 우리 편이고, 외괘는 상대편이다.
2. 내괘는 亥卯未 삼합木국, 외괘는 巳酉丑 金국이다.
3. 金이 木을 극하므로 우리 편(내괘)이 불리하게 보이나 月이 卯月 木왕절이어서 木국인 우리 편은 힘이 있고, 상대편(외괘)은 金국이어서 힘이 없다.
4. 외괘는 힘이 없고 내괘는 힘이 있으므로 내괘가 승리할 것이나 오행으로는 金이 木을 극하므로 외괘가 승리하게 되니 서로 비기는 게임이 된다.

5. 육충괘가 육충괘가 되니 나쁜 것은 해결되어 결국은 서로 화해하게 된다.

> **참고**

- 삼합국이 아닌 경우에는 世와 應의 관계를 보아 世가 우리 편이고, 應이 상대편이 된다. 그러나 내 외가 모두 국을 이루면 내괘가 우리 편이고, 외괘가 상대편이 된다.
- 내괘는 亥卯未 木국이고, 외괘는 巳酉丑 金국이어서 외괘가 金극木으로 유리하다. 그러나 실질적인 힘을 따져보면 내괘 木국은 日에 설기되나 月에 비화되어 힘이 강하다. 반면 외괘 金국은 日에 극을 당하고 月을 극하므로 힘이 약하여 내괘 木국을 극할 수 없어 결국, 비기는 게임이 되는 것이다.

예) 내가 승진이 되겠는가? (求官占)

乾爲天 (乾金) ➡ 수천수

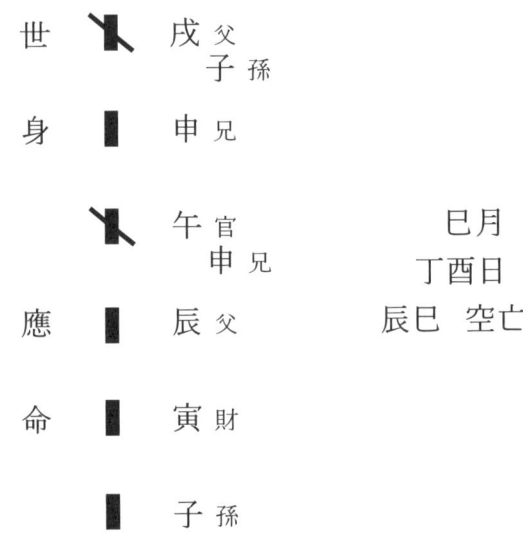

1. 본인이 본 승진점에는 官이 주된 목적(主象)으로 世와 官의 상관관계를 잘 살펴야 한다.
2. 4효 午(火) 官이 동하여 戌(土) 世를 생하고 또한 月 巳(火) 官이 世를 생하니 길하다.
3. 동한 午(火)와 戌(土)이 정효 寅(木)과 더불어 寅午戌 삼합 용신국(官)을 이루어 세력이 막강하게 世를 도와주니 이 달에 승진한다.
4. 삼합 성국 중 寅 字가 홀로 정(靜)하니 정효로서 성패시기를 본다. 壬寅날에 승진하리라.

> **참고**
> - 父持世는 자신은 승진할 자격과 조건이 갖추어져 있다는 것을 의미한다. 그러므로 자리(관)만 있으면 된다.
> - 官이 왕하고 왕한 官이 父를 생하면 관인상생이 되어 명실상부하게 官을 차지하게 되는 것이다.
> - 허일대용(虛一待用): 삼합 중 一字에 결함이 있어 삼합이 제 기능을 하지 못할 때는 그 결함이 해소될 때까지 기다려 해결이 되면 제 기능을 하는 것을 의미한다.
> - 본 괘에서 삼합 중 寅(木) 一字가 정하여 삼합의 기능을 하지 못하게 되었는데 寅日이 되어 제대로 삼합의 기능을 하게 되었다.

예) 내가 선거에 당선이 되겠는가? (求官占)

乾爲天 (乾金) ➡ 풍천소축

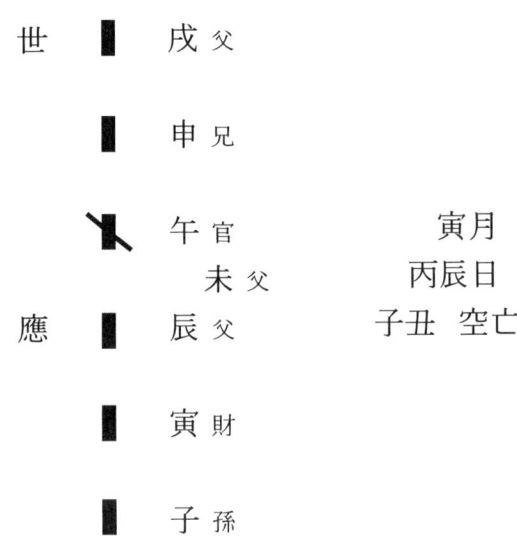

1. 世에 임한 戌(土)이 日의 辰(土)과 충이 되어 암동했다.
2. 암동한 戌(土)과 명동한 午(火)와 정한 寅(木)이 寅午戌 三合 官局이 되어 世를 생하니 길하다.
3. 정한 寅(木)이 寅月과 같으니 이달에 이루어지고 午(火) 官이 변효 未(土)를 만들어서 합이 되었다. 丑일에 변효 未(土)와 충이 되어 풀리면 일이 이루어진다.

寅月 丑日에 필히 일이 이루어지리라.

> **참고**
> - 선거의 당선 여부에 대한 용신은 官이며, 장관과 같은 임명직의 용신은 父이다.
> - 정효가 日에 충을 받았을 때, 정효가 힘이 없으면 일파가 되고 힘이 있으면 암동이 된다. 그러나 辰戌丑未의 충은 그 旺衰와는 상관없이 충이 되면 암동으로 간주하기도 한다.

예) 내가 복직이 되겠는가? (求官占)

澤地萃 (兌金 2) ➡ 택화혁

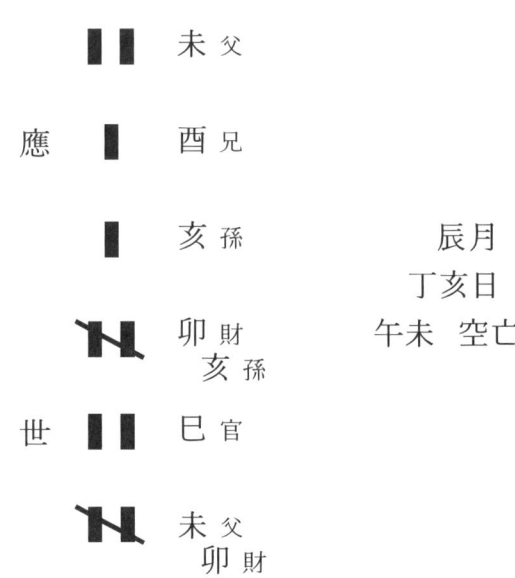

1. 직책이니 官과 世를 살펴야 한다.
   巳(火) 官이 持世하니 관운이 있다.
2. 巳(火) 官이 月에 설기되나 3효 卯(木)에 생을 받고 日에 충이 되니 암동하여 움직인다.
3. 내괘에 원신 卯(木)가 亥卯未 木局이 되어 世를 도와주니 길하다.
4. 현재는 未(토)가 공망이니 출공되는 未월에 승진하리라.

(결과) 世의 官이 암동하여 일이 성사된다. 용신이 힘이 있으면서 동하면 일이 성사된다. 원신이 三合 財局이 되어 官 用神을 생하니 일이 성사되어 복직되었다.

예) 아버지의 병(급병)이 어떻실까? (疾病占)

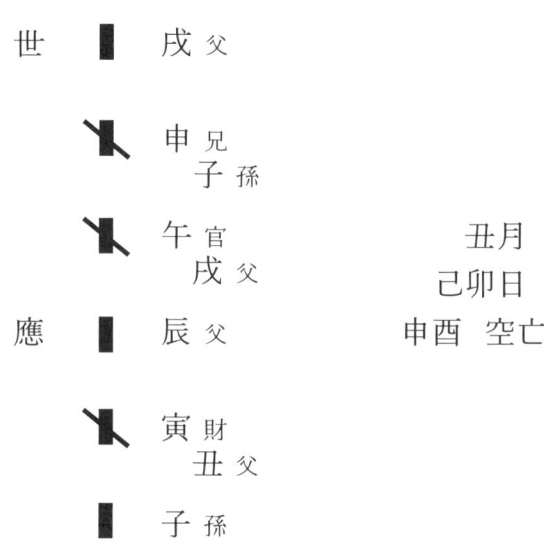

1. 부친에 대한 점이므로 世爻 戌(土) 父가 용신이다.
2. 月에 비화되고 日과 卯戌로 극합을 하나 寅午戌(火) 三合 官局이 되어 용신 父를 생해주니 좋다.
3. 본괘가 육충괘이었으나 변괘가 육합괘 (2효의 변효인 丑과 5효의 변효인 子가 합이 됨)로 바뀌었다.
   근병은 합하면 흉하다 하였으나 용신이 丑월에 힘이 있고 원신 火局이 용신 戌(土)을 도와주어 병이 완쾌되었다.

(결과) 내일 辰일에 병석에서 일어난다.

이유는 日과 合이 된 용신 戌(土)이 辰일과 충이 되면 일이 이루어지기 때문이다.

참고

- 본 괘에서는 용신이 여러 개가 있다. 용신이 世와 應에 있으면 世에 있는 것을 우선으로 한다. 그리고 변효보다는 동효를 우선으로 하므로 상효 世에 임한 父를 용신으로 삼았다.
- 효가 月 혹은 日과 합이 되었을 때는 효를 충하여 합을 풀고, 동효가 변효와 합이 되었을 때는 변효를 충하여 합을 푼다. 이괘에서는 용신 戌(土)이 卯일과 합(卯戌 합)이 되었으니 日을 충하는 酉가 아니라 戌을 충하는 辰을 사용하여 합을 풀어야 한다. 효가 합이 되었을 때는 효를 충하여 합을 푼다.

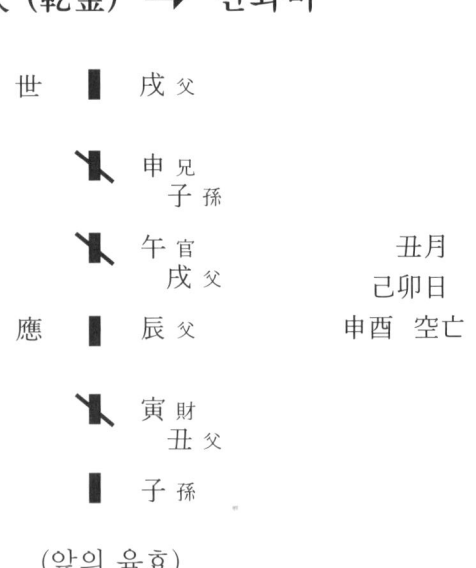

(앞의 육효)

삼합성국(三合成局)

예) 시어머니 병환이 어떻하실까? (疾病占)

離爲火 (離火) ➡ 지화명이

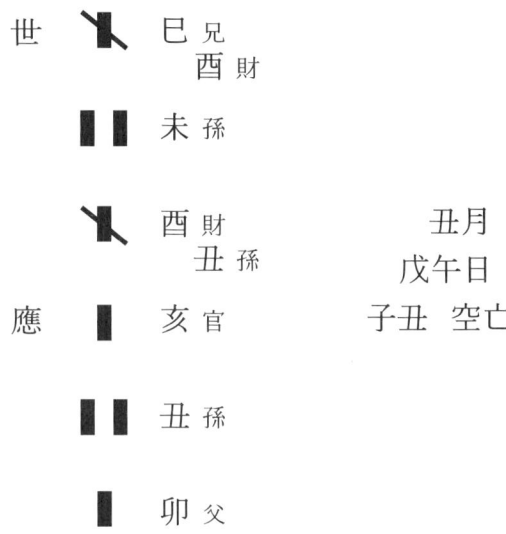

1. 시어머니여서 초효 卯(木) 父가 용신이다.
   용신이 月에 힘이 없고 日에 설기되어 힘이 약하다.
2. 동한 4효와 상효가 巳酉丑 金局이 되어 용신을 극하니 불길하다.
3. 丑(土)이 공망이어서 삼합이 성국되지 않았다.
4. 丑일이 되면 정효 丑(土)이 출공하여 삼합성국이 이루어지고 왕성한 巳酉丑 金局이 용신 卯(木)를 극하니 대흉하다.
5. 출공하는 丑일 酉시가 위험하다.

(결과) 丑일 酉시에 흉사가 일어났다. 그 이유는 공망인 丑(土)이 출공하는 날이고 기신인 酉(金) 역시 출공하는 시간이기 때문이다.(변효가 공망이면 동효도 공망이 됨)

참고
- 본 괘에서는 4효와 6효 2개의 효가 동하고 화출 된 변효가 삼합국의 일원이 되어 삼합이 되었다. 그러나 삼합의 일원인 丑(土)이 공망이므로 삼합은 성립되었으나 그 작용은 지금 나타나지 않고 丑(土)이 공망에서 벗어나는 丑일이나 未일이 되어야 삼합성국이 되어 진정한 작용을 할 수 있다.
- 삼합국에서 1효가 정할 경우에 삼합의 작용은 정효의 날이 되어서야 할 수 있다.

離爲火 (離火) ➔ 지화명이

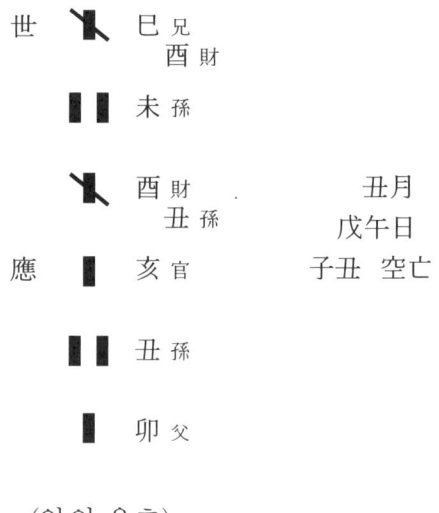

(앞의 육효)

예) 아들이 언제 돌아오겠는가? (待人占)

火澤睽(艮土 4) ➡ 화풍정

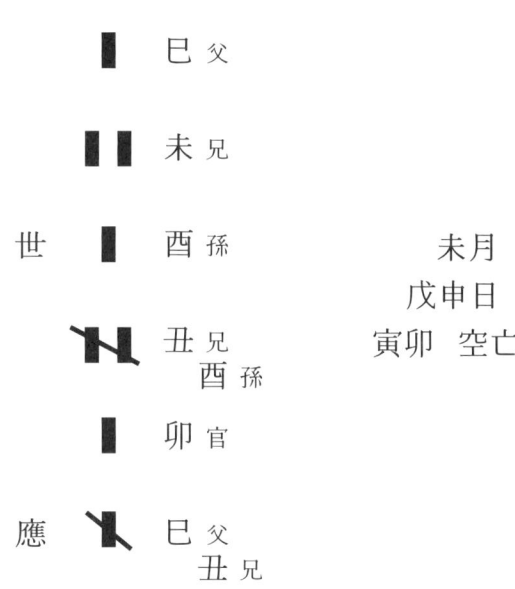

1. 아들에 대한 점으로서 4효 世에 임한 酉(金) 孫을 용신으로 생각할 수 있다. 月에 생을 받고 日에 비화되어 힘이 있어 아들은 무사하다.
2. 내괘 1, 3효가 동하여 변효와 함께 巳酉丑 三合 孫局이 되니 이를 용신으로 삼는다.
2. 3효 丑(土)이 未月에 월파가 되므로 월파가 해소되는 합(子丑)월이나 합일인 子월이나 子일에 돌아온다. 빠르면 입추 후 金이 강해지는 달(申酉월) 子일에 돌아온다.

> **참고**

- 1, 3, 4효가 삼합이 될 수 있고, 1, 3효가 삼합이 될 수도 있다. 그러나 힘의 강약에서 내괘의 1, 3효가 삼합이 된 것이 1, 3, 4효의 삼합보다 강하다.

  그러므로 1, 3효의 삼합을 용신으로 본다.

- 子일에 귀가한 것은 삼합의 丑이 未월에 월파(沖)가 되므로 丑과 합이 되는 子일에 일이 성사된다.

- 삼합이 되었을 때의 용신은 개별 효가 아니고, 삼합국의 집단 효가 용신이 된다.

火澤睽(艮土 4) → 화풍정

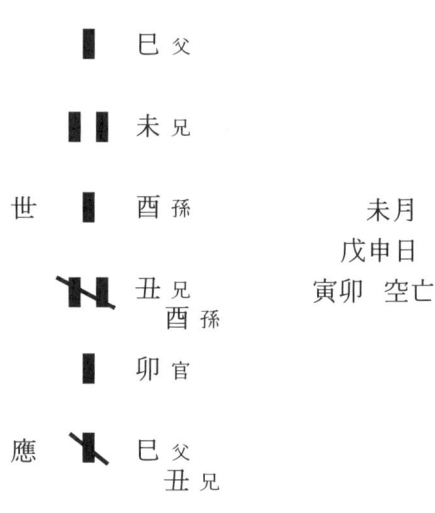

(앞의 육효)

예) 아버지가 언제 돌아오실지? (待人占)

山天大畜 (艮土 2) → 건위천

```
          ▬▬▬▬▬   寅 官
   應    ▬▬ ▬▬   子 財
                  申 孫
         ▬▬ ▬▬   戌 兄              寅月
                  午 父              丙申日
          ▬▬▬▬▬   辰 兄              辰巳 空亡
   世    ▬▬ ▬▬   寅 官
          ▬▬▬▬▬   子 財
```

1. 6효 寅(木)이 정효인데 月과 같아 강한 가운데 日에 충이 되어 암동을 했다. 그리하여 암동한 6효 寅(木)과 4효 戌(土) 동효와 변효 午(火)가 寅午戌 삼합 父局 용신국이 되었다. 삼합이 되면 괘 중의 하나의 동효가 삼합을 충극할 수 없다. (月과 日은 가능)

2. 대인점에서는 용신이 왕하고 동하면 기다리는 사람이 돌아온다. 父 용신이 동하여 삼합국이 되었으니 아버지는 돌아올 것이다. 충은 합일에 이루어지니 암동된 寅(木)이 합이 되는 亥일에 돌아올 것이다.

참고

- 寅午戌 三合은 寅(木)이 암동되어 이루어졌다.
- 五효인 應의 子(水)가 三合 寅午戌을 극할 수 없다.
  (月, 日은 가능)
- 충이 되는 것은 합일에 일이 성사된다.

  寅午戌에서 寅(木)이 암동이 되어서 三合은 이루어졌으나 申일은 寅(木)의 絶地이어서 三合이 힘이 없어 일이 이루어지지 못하고 힘이 생기는 寅(木)의 長生인 亥일에 진정한 三合이 되어 귀가(絶處逢生)한다.

山天大畜 (艮土 2) → 건위천

```
            ▬▬  寅 官
應   ▬╳▬   子 財
            申 孫
     ▬╳▬   戌 兄        寅 月
            午 父        丙 申 日
            ▬▬  辰 兄        辰巳 空亡
世          ▬▬▬ 寅 官
            ▬▬▬ 子 財
```

(앞의 육효)

5. 반음(反吟)

문) 반음괘가 흉함에도 좋고 나쁨이 있는데 이를 어떻게 구분하는가?

답) 반음괘를 얻었을 때에도 용신이 변하지 않거나 충극을 당하지 않으면 비록 사태는 반복이 되어도 일의 성사에는 지장이 없다. 그러나 용신이 충극을 당하면 크게 흉하다. 반음은 동효와 변효가 서로 충이 되는 것을 말한다.

예) 상부의 명령으로 전근을 가는데 좋은가 나쁜가? (任地占)

水地比 (坤土 7) ➡ 수풍정

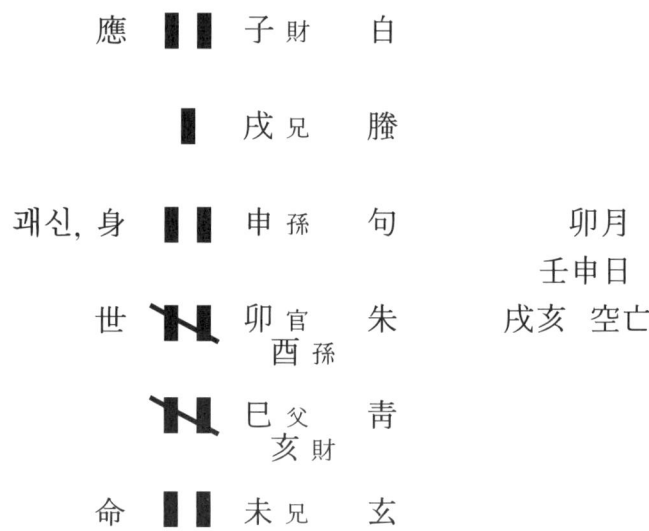

1. 직장에 관한 문제이니 官과 世와의 관계를 본다.
   世에 官이 임하니 직장과 인연이 있다.
2. 世 卯(木)가 月과 같으나 日의 申(金)에 극을 받고 화출한 변효 酉(金)에 회두극을 당하고 있다.
   世가 힘이 없고 상황이 흉하다.
3. 2효 역시 동하여 3효를 설기하니 흉하다.
4. 내괘의 2, 3효가 巳亥, 卯酉 충으로 동효와 변효가 반음이 되었으므로 전근되어 가는 것이 불길한 징조이다.

그러므로 가지 않는 것이 좋으나 갈 수밖에 없었던 것은 내괘가 반음이 되었기 때문이다.
5. 그 후 8월에 파면당하고 큰 피해를 보게 되었는데 이것은 世의 卯(木) 官이 8월 酉(金)로부터 회두극을 당했기 때문이다.

> 참고

- **반음은 지진이 난 것 같은 상황으로 본인의 의지가 아닌 타의에 의해 발생하는 상황이다.**
- **내괘의 반음은 안에서 지진이 난 것이므로 밖으로 나가고, 외괘의 반음은 밖에서의 지진이므로 나갔다가 다시 들어오는 상황으로 생각할 수 있다.**

예) 내가 이번에 승진되겠는가? (求官占)

地澤臨 (坤土 2) ➔ 풍택중부

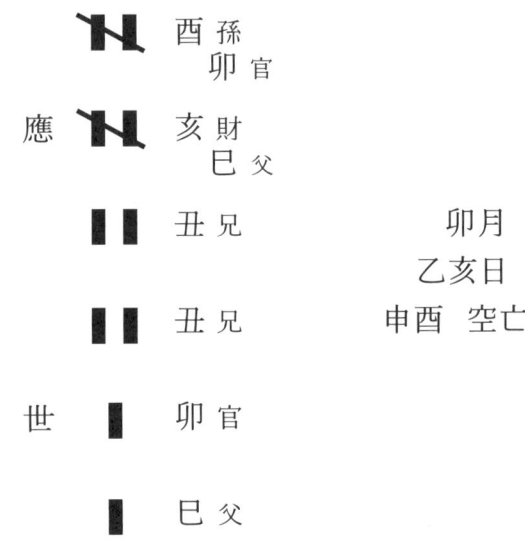

1. 2효 世에 있는 卯(木) 官이 용신이다.
2. 기신 酉(金)가 동하나 亥(水)도 같이 동하므로 酉(金)가 卯(木)를 극하지 않고 亥(水)를 생하고 亥(水) 원신이 다시 卯(木) 용신을 생하니 길하다.
   이것이 바로 탐생망극이요, 접속 상생이다.
3. 世에 있는 용신 卯(木)가 月과 같고 日의 亥(水)가 용신 官을 도와주니 이달에 승진한다.
4. 외계가 반음이 되어 반복이 있을 것이다.

(**결과**) 이달에 영전되어 외지에 나갔다가 일 년 후에 다시 복임하였다. 내괘가 반음이 되면 외부에 나가게 되고, 외괘가 반음되면 나갔다가 다시 돌아오게 된다.

참고

- 世에 官이 임하여 있으니(官持世) 관운이 있다. 月과 같고 日에 생을 받아 관운이 강하여 이달에 승진할 것 같다. 그런데 초효 巳(火)가 月인 卯(木)에 생을 받고 日의 亥(水)와 충을 하여 암동이 되었다.
- 암동한 초효 巳(火), 동한 6효 酉(金), 정한 3효 丑(土)가 巳酉丑 삼합 金국이 되어 官持世한 2효 卯(木)를 극하는 것 같아 흉하게 보인다. 하지만 巳酉丑 삼합 중 酉(金)가 공망이고, 丑(土)이 정하여 삼합성 국이 되지 않아 극의 작용을 할 수가 없으며 삼합이 된다하더라도 應인 亥(水)가 삼합성국을 통관시켜 탐생망극이 되어 승진되겠다.
- 巳酉丑 삼합이 되어 극하는 것은 내부에서 일부 승진을 반대하는 분위기지만 중요 인사들(月, 日)이 강력하게 승진을 돕기 때문에 승진이 될 것으로 생각한다.

예) 제수(弟嫂)의 재발한 질병이 어떨까? (疾病占)

山地剝 (乾金 5) ➡ 곤위지

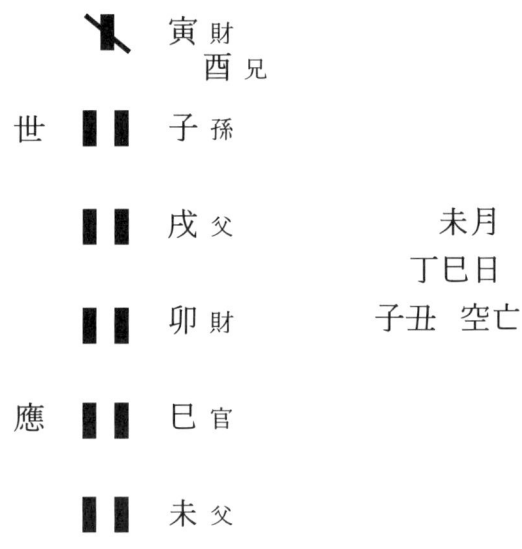

1. 제수의 점이므로 上효에 있는 動한 寅(木) 財가 용신이다.
2. 용신이 未월에 入墓가 되고, 日의 巳(火)에 病이 되며 寅巳 삼형이 되었다.
3. 용신 寅(木)이 변효 酉(金)를 만들어서 회두극을 당하여 불길하다.
4. 申(金) 일이 위험하다
5. 3효와 上효가 변효에 반음괘(육충괘)가 되어 불길한 징조이며 용신이 힘이 없는데 申일에 충이 되어 사망하였다.

> 참고

- 부인, 첩, 형수, 제수는 용신이 財이며, 시누이는 官이 용신이다.
- 육효에서의 십이운성은 명리와는 달리 음양의 구별이 없다.

  陽인 寅(木), 陰인 卯(木) 모두 陽인 甲(木)을 기준으로 십이운성을 대입한다. 未는 甲木의 墓이며, 巳는 病이다.
- 일반적으로 近病은 충이나 공망을 만나면 치료가 되나, 舊病(구병)은 충이 되면 치료가 어렵다고 한다. 艮괘가 坤괘로 변했고 3효의 卯와 6효의 변효 酉가 卯酉 충으로 충괘가 되었다.
- 흉사가 일어나는 시일을 예측하면?

  月에 묘가 되면 묘가 되는 달이 지나면 일이 성사된다.

  이 경우 未월은 용신이 묘가 되고 申월이 되면 절지가 된다.

  더하여 申월이면 寅巳申 3형이 되니 申월이 위험하다.

  날짜 역시 申날로 회두극이 되기 때문이다.

예) 저번에 손해본 재물을 이번에 복구할 수 있는지?(求財占)

風天小畜 (巽木 1) ➡ 건위천

```
         ▬ ▬   卯 兄
         ▬ ▬   巳 孫
    應  ⚋✕    未 財         巳 月
              午 孫         戊申日
         ▬ ▬   辰 財      寅卯 空亡
         ▬ ▬   寅 兄
    世   ▬ ▬   子 父
```

1. 재물을 구하는 것이므로 4효 未(土) 財가 용신이다.
2. 世인 子(水)가 月의 巳(火)에 절(絶)이 되었지만, 日의 申(金)에 장생을 얻어 무난하다.
3. 4효 應인 未(土)가 변효 午(火)를 만들어내고 초효 子(水)와 상충이 되니 괘가 반음이 되어 불길한 징조이다.
4. 그러나 應인 未(土) 財가 회두생을 받고 午未로 합이 되어 좋다.

5. 世가 日에 힘을 받은 상태에서 상대효인 財 용신이 世를 극한다. 용신이 힘 있는 世를 극하면 일이 성사되므로 재물이 생긴다.

참고

- 世와 용신 간의 관계에서 世가 용신 財의 극을 감당할 수 있는지를 본다.
- 世의 세력은 月日에서 일생일극이므로 財의 극을 감당할 수 있다.
- 子午의 충은 육충괘로 해석할 수 있다. 그러나 4효의 동효 未(土)가 변효 午(火)와 午未 합이 되니 충중봉합이 되었다.
- 寅은 日沖이 되어 암동은 했지만 月에 힘을 받지 못했으므로 財를 극하는 힘이 강하지 못하다. 이런 경우 통변은 예상하지 않게 조금 손해를 볼 수 있으나 그 피해는 크지 않다고 할 수 있다.
- 財는 회두생이 되어 世를 극하므로 저번에 손해 본 것을 만회할 뿐만이 아니라 더 많은 이익을 볼 수 있다고 해석할 수 있다.

6. 복음(伏吟)

문) 복음은 나쁜 가운데도 경중(輕重)이 있는데 어떻게 구별을 하는가?

답) 복음괘는 본괘(예; 亥酉未)와 변괘(예; 亥酉未)가 같으며, 복음효는 동효(예; 寅)와 변효(예; 寅)가 같은 글자인 경우이다.

- 열심히 움직였는데도 제자리인 것을 의미하여 일이 전진하지 못하고 상황이 답답하여 엎드려 신음하는 형상을 말한다.
- 모든 점에 있어 이루고자 하는 바가 뜻대로 되지 않고 動했지만 동한 것 같지 않으며 번뇌가 많다.
- 직장은 취직이나 승진에 지장이 많고,
  재물 취득에는 손해가 크며,
  가택이나 묘점에는 불리하고,
  병점에는 오래도록 신음하며,
  혼인은 이루어지지 않고,
  송사는 불리하고,
  출행점에는 막힘이 많다.
- 내괘가 복음이면 내적 상황이 불리하고, 외괘가 복음이면 외적으로 불리하다.

- 내괘가 복음인 경우는 나의 사정으로 모든 일이 되지 않거나 내가 불리해지고, 외괘가 복음이면 타의에 의해 매사가 이루어지지 않거나 타인이 불리해진다.
- 成敗와 吉凶은 용신의 生剋관계로 살피고 禍福은 용신, 기신, 복음의 관계를 살핌이 중요하다.

예) 피난점

天雷无妄 (巽木 4) ➡ 뇌천대장

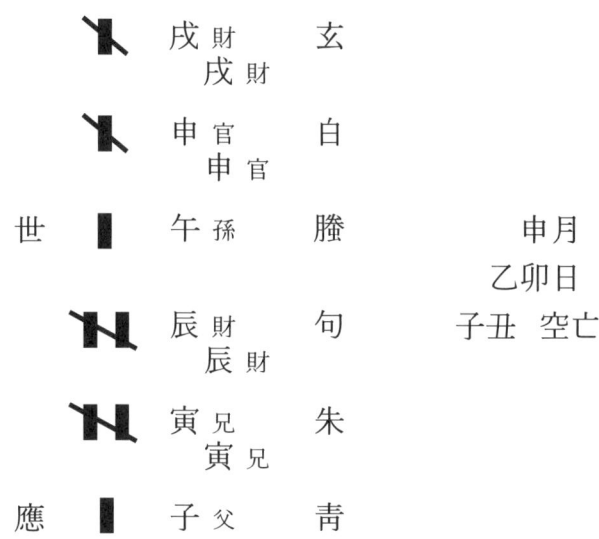

1. 내, 외괘가 모두 복음이 되니 안팎이 모두 불리하다.
2. 5효 도로에 官이 왕하니 길거리에 적군이 많다.
3. 世에 午(火) 孫이 임하고 月을 극하나 日 卯(木)의 생을 받으니 무난하다.
4. 應에 있는 子(水) 父는 비록 공망이 되었으나 月에 장생이 되어 힘을 얻으니 부모도 무사하다.

5. 兄은 복음이 되고 日에서는 힘을 받으나 月에서 월파를 당하고 5효에 있는 申(金) 官이 月과 3, 6효의 동효(辰戌)의 힘을 받아 왕한 가운데 寅(木) 兄을 극하니 형제가 위험하다.
6. 처, 첩(3, 6효)인 財 역시 月에 설기되고 日의 극을 받은 상태에서 동하여 복음이 되었으니 역시 흉하다.

> **참고**

• 동쪽으로 피신을 하면 어떤가?

世는 孫을 대하고 있어서 官을 극하므로 좋으며 동쪽은 木의 방향으로 午(火)인 世를 도와주니 안전하겠다.

예) 객지에서 가족의 안부를 물음. (家宅占)

天雷无妄 (巽木 4) ➡ 건위천

	▬▬ 戌財	玄	
	▬▬ 申官	白	
世	▬ ▬ 午孫	螣	寅月
	⚡ 辰財	句	乙卯日
	辰財		子丑 空亡
	⚡ 寅兄	朱	
	寅兄		
應	▬ ▬ 子父	靑	

1. 내괘의 財를 아내로 용신으로 본다.
2. 내괘가 복음 되었으니 집안에 탈이 있다.
3. 3효에 있는 辰(土) 財가 복음이 되고 2효 寅(木)이 발동하여 財를 극하고 있다.
4. 月日이 寅(木)을 도와주고 財를 극하고 있어 아내가 무사하지 않다.

> 참고

- 육충괘(천뢰무망)가 육충괘(건위천)가 되어 흉하다.
- 내괘가 복음이 되었으니 집안에 우환이 있다.
- 가택효인 2효와 식구효인 5효가 충(寅申沖)되는 것도 좋지 않다. 5효가 2효를 극하는 양상이니 2효가 5효를 극하는 것보다는 괜찮다. 그러나 5효 申(金)이 寅월에 월파가 되고 卯일에 생함이 없어 힘이 없으므로 2효 寅(木)을 극할 수 없다. 그러므로 5효가 2효를 억제하지 못하므로 도움이 되지 못한다.
- 孫持世하니 자식 걱정이 앞서나 孫은 月과 日에 생을 받아 놀랄 일(螣蛇)은 있으나 무사하다.
- 육친 중 3효에 있는 辰(土) 財가 月과 日에 극을 받아 제일 힘이 없는 상태에서 복음이 되니 흉한데다 2효 寅(木)까지 동하여 財를 극하고 있다.
- 2효 寅(木)은 비록 복음이나 月의 寅(木)과 日의 卯(木)와 비화되어 왕한 가운데 辰(土) 財를 극하고 있어 아내가 무사하지 않다.

예) 아버지가 편안히 잘 계시는지? (安否占)

天風姤(乾金 1) ➡ 뇌풍항

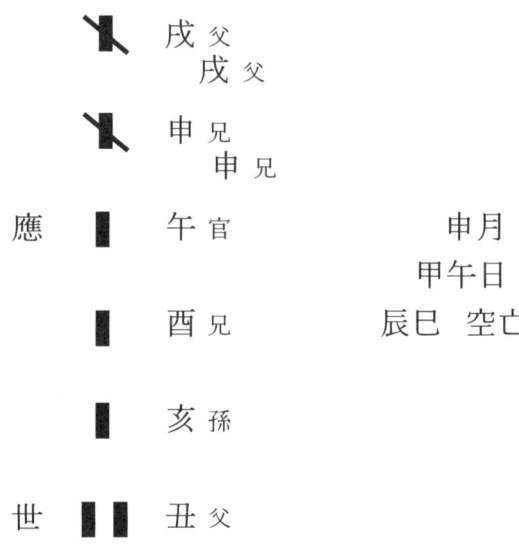

1. 아버지에 대한 점이므로 동한 上효의 戌(土) 父가 용신이다.
2. 외괘의 父가 복음괘가 되어 불길한 형상이다.
3. 日이 父를 생하고 있으므로 힘이 있다. 그러므로 병으로 신음하고 있는 것이 아니고 타의에 의해서 심기가 불편한 것이다.
4. 내년 午월이 되면 좋아지시리라. 이유는 辰년(내년)이 되면 복음인 戌(土)이 충을 받고 午월은 上효의 父 戌(土)이 午(火)의 생을 받게 되니 아버지가 좋아진다.

> 참고
- 복음은 충을 받으면 풀려 좋아진다.
- 용신 父는 동효에 있는 것이 世에 있는 것보다 우선이다. 그것은 정한 효보다 동한 효를 우선 용신으로 보기 때문이다.

예) 저번에 점을 본 사람이 부인이 편안한지를 물음. (安否占)

雷地豫 (震木 1) ➡ 천지비

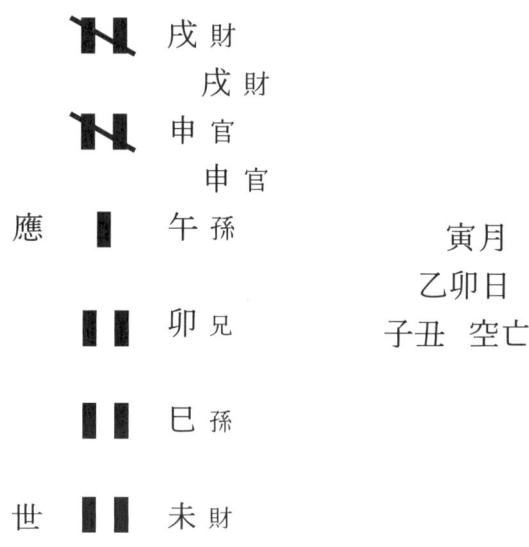

1. 부인을 물어본 것이므로 동한 上효의 戌(土) 財가 용신이다.
2. 財가 복음인 가운데 寅월에서 극을 당하고 卯일에서 극을 당하니 불길한 징조이다.
3. 財 戌(土)이 日의 卯(木)와 卯戌합을 하니 지금은 괜찮다.
4. 辰月에 辰戌 冲이 되어 卯戌합이 풀리면서 충을 받게 되므로 위험을 피하기 어렵다.

(결과) 辰月인 3月에 그의 처가 세상을 떠났다.

7. 공망(空亡)

문) 공망은 어떻게 판단하는가?

답) • 극만 있고 생이 없으면 완전히 구조될 수 없는 공망이다.
  (도저전공; 到底全空).
• 생이 있고 극이 없으면 출공되는 시기에 일이 성사된다.
• 용신, 원신이 공망되면 나쁘고, 기신, 구신이 공망되면 오히려 좋다.
• 공망이란 '비어있다.' 라는 의미로 공망 효는 다른 효를 生剋沖合을 하거나 당하지 않는다. 그러나 日의 沖을 받거나 動하거나 日月의 生을 받아 旺해지면 공망을 벗어나서(出空) 고유의 생극충합 작용을 하기도 하며 받기도 한다.
• 공망에는 비공(非空, 不空, 旬空)과 진공(眞空, 落空) 두 가지가 있다. 비공은 출공되면 자기의 기능을 발휘할 수 있는 공망을 말하며, 진공이란 출공이 되어도 고유 기능을 할 수 없는 공망을 말한다. 공망된 효가 日月과 동효의 힘을 받아 강하면 생왕불공(生旺不空)이라 하여 공망으로 보지 않는다.
• 공망된 효가 동하여 왕해지면 동공불공(動空不空)이라 하여 공망으로 보지 않는다. 공망된 효가 日月에 충을 받으면 충공불공(沖空不空)이라 하여 공망으로 보지 않는다.
• 공망된 효가 日月, 동효와 합이 되어 강해지면 합공불공(合空不空)이라 하여 공망으로 보지 않는데 출공이 되어 공망을

벗어나면 다른 효를 생극충합 할 수 있다.
- 공망은 충이나 합이 되거나 비화될 때에 공망에서 벗어난다.
- 동하고 공망이 된 것은 비록 불공일지라도 출공 이전에는 다른 효를 생극하지도 못하고 생극을 받지도 않는다.
- 동한 효가 변효를 화출하였을 때 변효가 공망이면 동효도 공망(化空自空)이 되어 출공하고 나서야 기능을 발휘한다.
- 모든 일의 성패는 용신의 왕쇠(旺衰)와 환경에 달려 있다.
- 용신이 진공이면 모든 일이 이루어지지 않고, 불공이면 출공하는 시기에 일이 이루어진다.

예) 재물이 언제 들어오는지? (求財占)

風雷益 (巽木 3)

```
應  ▬▬ ▬▬   卯 兄   朱
    ▬▬▬▬▬   巳 孫   靑
    ▬▬ ▬▬   未 財   玄         巳月
                              戊戌日
世  ▬▬ ▬▬   辰 財   白    辰巳 空亡
    ▬▬ ▬▬   寅 兄   螣
    ▬▬▬▬▬   子 父   句
```

1. 재물을 구하는 점이니 財가 용신이다.
   辰, 未 두 財 중 공망인 3효 辰(土) 財를 용신으로 삼는다.
2. 공망이나 世에 財가 임했으니 재운이 있겠다.
3. 辰(土) 財가 비록 공망은 되었으나 月인 巳(火)가 생하여 쓸 수 있는 순공이 되었고 日의 戌(土)이 공망된 효인 辰(土) 財를 충하니 공망에서 풀린다.
4. 月에서 힘을 받고 오늘 공망에서 풀리니 오늘 재물이 들어오겠다.

참고

- 공망은 日 (戊戌日)의 일간 (戊)을 일지 (戌)에 대입하여 찾는다.
- 공망은 생을 받았을 때 출공이 되면 사용할 수 있는 旬空(非空, 不空)과 전혀 생을 받지 못한 상태여서 출공이 되더라도 작용할 수 없는 眞空(落空, 虛空)이 있다.
- 月은 공망 글자이더라도 공망이 되지 않는다.
- 공망된 글자를 충하거나 전실(같은 글자)이 되면 공망이 해소되어 出空된다.
- 용신이 공망 되었을 때 용신과 같은 날이면 그날 공망이 풀린다. (예; 辰용신일 때 辰일)
- 공망된 용신을 충하면 충하는 날 역시 공망에서 풀린다. (예; 丑-未, 辰-戌)
- 본괘에서는 月에 생을 받아 강한 용신 辰(土)이 日의 戌(土)에 冲을 받아 암동이 되므로 공망에서 풀리고 움직이므로 오늘 재물이 들어오는 것이다. (空冲則起)

예) 종업원이 언제 돌아 올 것인가? (待人占)

澤火革 (坎水 4)

```
            ▬▬ ▬▬   未 官
            ▬▬▬▬▬   酉 父
     世     ▬▬ ▬▬   亥 兄           亥月
                                   甲子日
            ▬▬▬▬▬   亥 兄           戌亥 空亡
                   午 財 (복신)
            ▬▬ ▬▬   丑 官
     應     ▬▬ ▬▬   卯 孫
```

1. 종업원은 財 용신으로서 3효 亥(水)밑에 있는 午(火)인 財가 복신으로서 용신이다.
   괘상에 용신인 財가 없어 수괘(坎爲水)에서 찾았다.
2. 日月에서 모두 극을 당하고 있다.
3. 비신 3효 亥(水)가 복신을 극하니 불길하다.
4. 亥(水)를 충하는 巳날 올 것이다.

> 참고

- 복신(伏神)은 괘상에 나타나 있지 않은 용신을 의미한다. 본괘에 나타나 있지 않으니 수괘에서 찾아야 한다.

  수괘 감위수괘에서의 財는 3효 午(火)이다. 이를 빌려서 본괘 3효 亥(水)(飛神)밑에 복신 午(火)를 둔다.

- 용신이 복신일 때, 복신이 日月에 충극을 받아 휴수무기하거나, 비신의 극해를 받거나, 日月에 해당하는 비신이 복신의 묘나 절이 되면 이 복신을 용신으로 쓰기 힘들다.

  본괘에서도 복신 午(火)가 日月에 극을 받고 더하여 비신 亥(水)의 극(飛來剋伏)을 받아 대흉하다.

- 한편 복신이 힘이 있더라도 비신이 힘이 있어 복신을 극하면 복신이 나오지 못하여 작용을 할 수 없다.

  그러나 비신이 힘이 없거나 공망이거나 충을 받으면 복신이 나와 작용을 할 수 있다.

- 본괘에서의 물음은 복신의 길흉을 물은 것이 아니라 돌아올 것인지에 관하여 물었다. 현재 비신 亥(水)가 공망이어서 돌아 올 수도 있다. 그러나 巳일이되면 비신 亥(水)가 충을 받아 출공이 되어 복신을 극하니(亥剋午) 종업원은 돌아오지 못한다.

예) 언제 내가 돈을 벌 수 있을까? (求財占)

天火同人 (離火 7) ➡ 이위화

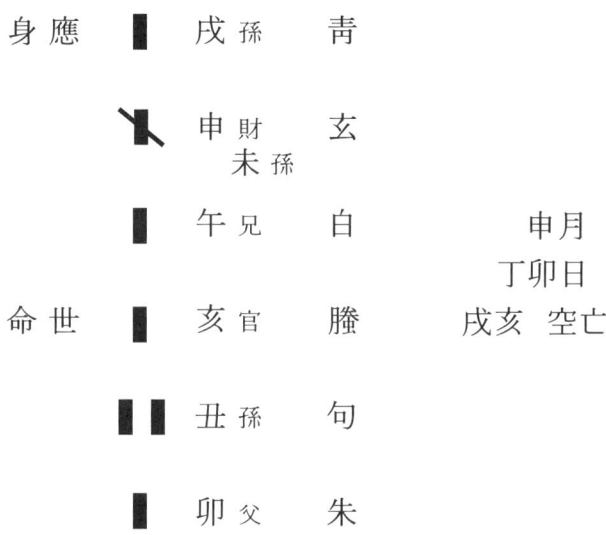

1. 내가 재물을 구하는 점이니 世와 5효 財와의 상관관계를 살핀다.
2. 世와 應이 같이 공망이 되니 돈을 구하기 어렵다.
3. 그러나 용신 5爻 財 申(金)이 月에 힘을 얻었고 회두생이 되어 강한 상태에서 亥(水) 世를 생하니 申월 중에 재물을 얻게 될 것이다.
4. 지금은 世가 공망이 되어 申(金)의 도움을 받을 수 없으나 공망이 풀어지는 乙亥 일에 얻게 되리라.

> **참고**
> • 용신이 月에 있으면 그달에 이루어지지만 용신이 日에 휴수하여 약하면 그달의 용신 날에 이루어진다.

예) 본인(남자)의 결혼이 성사되겠는가? (結婚占)

雷風恒 (震木 3) ➡ 화풍정

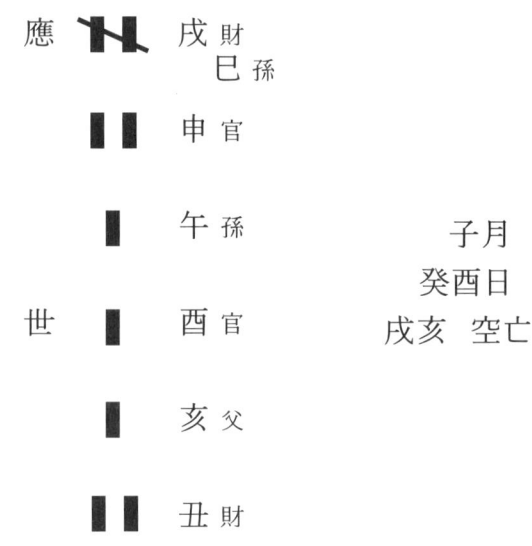

子月
癸酉日
戌亥 空亡

1. 남자가 친 결혼 점으로서 財가 용신이다.
2. 世에 官이 있고, 應에 財가 있으므로 모두 제자리에 있다.
3. 世는 日에 힘이 있으나 應인 6효 財는 日月에 힘이 없고 공망이지만 회두생이 되었다.
4. 상대인 應이 동하여 世를 생해주므로 결혼은 성사된다.

(결과) 戌(土)이 공망이므로 공망이 풀리는 甲戌日 巳時에 혼인이 성사된다.

巳時인 이유는 회두생하는 시간이기 때문이다.

> 참고

- 남자의 결혼 점에서는 財가 용신이고, 여자에게는 官이 용신이다. 용신이 나를 生合하면 결혼이 성사된다.
- 결혼점에서 육친의 강약은 그 육친의 능력을 주로 나타내며 일의 성사 여부와는 상관이 없다.
- 본괘에서 남자는 능력이 있는데 여자는 능력이 없다.
  여자가 망설(공망)이고 있으나 마음을 바꿔(회두생) 결혼하기로 하였으며 날짜는 출공되는 날짜에 성혼이 된다고 생각할 수 있다.

예) 부인의 병이 언제 낫겠는가? (疾病占)

澤地萃 (兌金 2) ➡ 수지비

1. 부인의 점이므로 3효 卯(木) 財가 용신이다.
2. 현재는 공망이지만 亥(水) 원신이 생하므로 출공되는 날에 완쾌할 것이다.
3. 다음날 甲寅일이 되면 공망에서 풀리게 되니 완쾌된다.

> 참고

- 3효 용신이 月에 설기되고 日을 극하여 휴수무기한 상태에서 공망이니 흉하다.
- 4효 원신 亥(水)가 동하여 회두생을 받은 상태에서 용신을 생하니 나을 것 같다.
- 亥(水)가 月에 생을 받지 못하고 日에 극을 받는 상태여서 힘이 없고 변효 申(金) 역시 月에 극을 받고 日에 입묘되었다. 더하여 초효, 6효 未(土)가 月에 생을 받은 상태에서 日에 충이 되어 암동하여 원신 亥(水)를 극한다.
- 이런 연고로 부인의 병은 쾌차할 수 없다.

예) 자식의 병이 언제 나을 것인지? (疾病占)

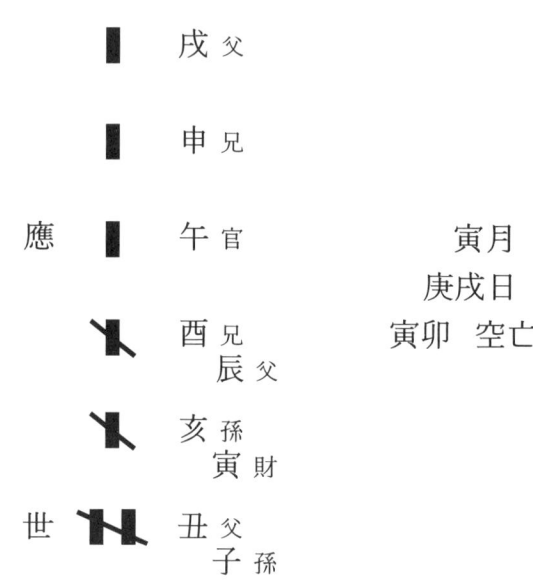

1. 자식이므로 孫인 2효 亥(水)가 용신이다.
2. 亥(水)의 변효 寅(木)이 공망이므로 亥(水)역시 공망이 되었다.
3. 酉(金)가 亥(水)를 생하려 하지만 용신 亥(水)의 변효가 공망이 되어 酉(金)의 생을 亥(水)가 받아들이지 못한다.
4. 초효 丑(土)은 용신 亥(水)를 극하려고 하였으나 丑생-酉생-亥(水)로 탐생망극하여 용신을 도와주었다.
5. 寅日에 출공되면 자식이 나을 것이다.

> **참고**
>
> - 辰戌丑未는 해당 오행이 왕상하면 庫藏의 역할을 하고 휴수사하면 墓의 역할을 한다.
>
>   예를 들어 酉(金)가 왕상할 때의 丑(土)은 金의 墓이기보다는 庫로서 작용한다.
>
> - 辰戌丑未가 庫의 역할을 할 때는 타효를 생극할 수 있으나 墓의 역할을 할 경우에는 타효에 대한 영향을 행사할 수 없다.

예) 나에게 재물이 언제 들어오겠는가? (求財占)

風天小畜 (巽木 1)

```
        ▬▬▬   卯 兄
        ▬▬▬   巳 孫
應  ▬ ▬   未 財        未月
                      庚子日
        ▬▬▬   辰 財    辰巳 空亡
        ▬▬▬   寅 兄
世  ▬ ▬   子 父
```

1. 구재점이므로 財가 용신이다.
2. 未(土) 辰(土) 두 財효 중 공망인 辰(土)을 용신으로 한다.
3. 月이 財이므로 이달에 재물이 들어 올 것이다.
4. 辰(土)이 공망이므로 공망이 풀리는 甲辰날 재물이 들어올 것이다.

예) 장모의 최근에 걸린 병이 괜찮을지. (疾病占)

地水師 (坎水 7) ➡ 지풍승

1. 장모이므로 6효 應에 임한 酉(金) 父가 용신이다.
2. 酉(金)가 공망이다.
3. 근병은 충이나 공망을 만나면 낫는 것이지만, 日의 辰(土)과 합이 되었다.
   근병에는 합은 불리하다.
4. 더하여 3효 午(火)가 동하여 용신 酉(金)을 극하므로 병세가 심히 위험하다.

5. 용신 酉(金)가 공망 중이므로 기신 午(火)의 극을 피할 수 있다. 한편 기신 午(火) 역시 변효 酉(金)로 인해 공망이 되어 용신을 극할 수가 없다.
6. 乙酉일 卯시가 위험하다.

> **참고**

- 乙酉일에는 용신 酉(金)가 공망에서 출공하여 기신 午(火)의 극을 받게 되며 이는 午(火) 역시 공망에서 벗어나 (변효인 酉가 출공이 됨) 용신을 극할 수 있기 때문이다.
- 乙酉일에는 기신 午(火)가 용신을 극제하는데 더하여 卯時에는 용신이 卯酉 상충되기 때문이다.
- 괘상에서 기신 午(火)가 용신을 극제하니 병이 위중하고 위험은 하지만 용신이 月과 日에서 생을 받으니 사망까지는 이르지 않을 것이다.

地水師 (坎水 7) ➡ 지풍승

應 ▮▮ 酉 父
　 ▮▮ 亥 兄
　 ▮▮ 丑 官　　　　酉月
　　　　　　　　　　庚辰日
世 ▰▰ 午 財　　　申酉 空亡
　　　　酉 父
　 ▮ 辰 官
　 ▮▮ 寅 孫

(앞의 육효)

예) 자식의 병이 어떨지. (疾病占)

澤風大過(震木 6)

```
        ▬▬ ▬▬   未 財
        ▬▬▬▬▬   酉 官
世      ▬▬ ▬▬   亥 父                酉月
                午 孫(복신)          壬辰日
        ▬▬▬▬▬   酉 官         午未 空亡
        ▬▬▬▬▬   亥 父
應      ▬▬ ▬▬   丑 財
```

1. 자손을 묻는 것이므로 孫인 午(火)가 용신이다.
2. 용신 午(火)가 亥(水) 밑에 복신이 되어 있다.
3. 月의 酉(金)가 비신인 亥(水)를 생하고 있다.
4. 용신 午(火)가 비신에 의해 극을 받고 있으나 지금은 공망이라 극을 받지 않고 있다.
5. 午일이 되어 공망에서 나오면 비신 亥(水)의 극을 받을 것이다. 그러므로 자손이 공망에서 나오면 위험하다.

참고

• 午일 巳시에 자식에게 흉사가 있었다.
• 午일은 용신 午(火)가 공망에서 풀리고, 巳시는 日의 辰(土)에 입묘된 비신 亥(水)가 무덤에서 나와 공망이 풀린 용신 午(火)를 극하기 때문이다.

예) 형이 익사한 동생의 시신을 찾을 수 있을까?

地雷復(坤土 1)

```
    ▬ ▬    酉 孫  玄
    ▬ ▬    亥 財  白
應  ▬ ▬    丑 兄  螣      子月
                         乙巳日
    ▬ ▬    辰 兄  句      寅卯 空亡
    ▬ ▬    寅 官  朱
世  ▬▬▬    子 財  靑
```

1. 시신은 官이 용신으로서 官인 2효 寅(木)이 용신이다.
2. 용신 寅(木) 官이 비록 공망이나 月에 생을 받으니 순공이다. (진공이면 찾을 수 없음) 게다가 子月에 비화되고 암동한 5효 亥(水)의 생을 받아 강하니 시신은 찾을 수 있다.
3. 水왕절(子월)에 亥(水)가 암동하니 水의 기운이 너무 강하여 용신 寅(木)이 물에 잠기게 되어 용신 寅(木)이 보이지 않는다.
4. 丑(土) 月이 되면 土가 水를 극해주니 水가 약해지므로 수심이 약해진다.

5. 물이 없어야 시신 寅(木)을 찾을 수 있으므로 亥(水)가 공망이 되는 날을 찾아야 한다.
6. 甲子일부터 癸酉일까지 戌亥가 공망이 되므로 이 시기에 용신을 찾아야 한다.
7. 甲子순 중에 壬申일이 되면 申이 용신 寅(木)을 충하여 암동하면 시신이 물 위에 떠오를 것이다.

참고

- 죽음을 확인하지 못했을 때는 육친에 따라 용신을 결정한다.
- 죽음을 확인한 경우에는 육친과 상관없이 용신은 官이다.
  즉, 시신은 官이 용신이다.

예) 언제 비가 와 해갈될 것인가? (天時占)

風地觀(乾金 4)

```
        ▌▌  卯 財
        ▌   巳 官
世  ▌ ▌  未 父        未月
                      戊戌日
    ▌ ▌  卯 財        辰巳 空亡
    ▌ ▌  巳 官
應  ▌ ▌  未 父
```

1. 비는 父가 용신이다. 未(土) 父가 용신이다.
2. 月과 같고 日에 비화되니 父가 강하여 비는 오는데 이번 未 월에 올 것이다.
3. 원신이 동하면 더욱 많은 비가 내릴 수 있는데 2효 巳(火) 원신이 공망이다.
4. 巳(火) 원신이 亥(水)에 충을 받으면 공망이 풀리고 암동하여 용신을 생하므로 비가 많이 와서 해갈되겠다.
5. 亥일 酉시가 되면 酉(金)가 원신 巳(火)의 원신 卯(木)를 충하여 암동시키니 이번 달(未월) 亥일 酉시에 비가 많이 올 것이다.

> [참고]
> • 천시점에서 비는 父로, 구름, 안개 등은 官으로, 맑음은 財로, 태양은 孫으로, 바람은 兄으로 용신을 취용한다.

8. 월파(月破)

문) 용신이 월파가 되면 어떠하며, 파가 되어 용신으로 쓸 수 없는 경우는 어떤 것인가?

답) 용신의 기운이 파를 만나면 파괴가 되나 禍와 福의 기본은 동효에 있는 것이니 동하여 생함이 있으면 파가 아니다. 이럴 때 파가 되는 달이 지나면 파에서 벗어난다.

- 용신이 월파가 되면 破가 되는 달을 벗어나서 合이 되는 날에 일이 이루어진다.
- 합과 파의 법칙은 극에 있다. 정한 효가 극을 당하고 생조함이 없으면 이것은 힘을 쓰지 못하고 無用하다.(到底破)

예) 언제 나의 공명이 이루어지겠는가? (求官占)

艮爲山(艮土) ➡ 풍지관

1. 높은 관직을 얻어 공명을 이루고자 함이니 官이 용신으로 6효 寅(木) 관이 용신이다.
2. 官持世하니 관운이 있다.
3. 應에 임한 申(金)이 世 寅(木) 용신을 극하나 5효 子(水)가 이를 통관시켜 탐생망극이 되었다.
4. 원신 5효 子(水)가 月과 충(子午沖)이 되어 월파 되었으며, 변효 巳(火)에는 絶이 되고 공망이(변효 巳火의 공망에 의하여) 되어 무용하게 되었다.
5. 월파가 되니 이달에는 일이 이루어지지 않고, 이달이 지나야 하며 절에는 장생이 되어야 회복되니 申월이나 亥월에 어렵게 관직을 얻겠다. 亥월은 변효 巳(火)가 공망을 벗어나니 원신 子(水)도 공망을 벗어나고 더하여 亥(水)가 寅(木) 용신을 생하기 때문이다.

예) 나의 송사가 어떻게 될까? (訟事占)

地天泰(坤土 3)

```
應  ▬▬ ▬▬  酉 孫   靑
身  ▬▬ ▬▬  亥 財   玄
    ▬▬ ▬▬  丑 兄   白        戌月
                              丁卯日
世  ▬▬▬▬▬  辰 兄   螣    戌亥 空亡
괘신,命 ▬▬▬▬▬ 寅 官   句
    ▬▬▬▬▬  子 財   朱
```

1. 世는 辰(土)으로 兄이 임하고 戌月에 월파 되었으며 卯일에 극을 받아 힘이 전혀 없다.
2. 卯일에 힘을 받은 寅(木) 官이 世를 극하는 양상이며 應은 孫이 지세하여 관을 극한다.
3. 世 辰(土)이 應 酉(金)와 합(辰酉합)을 하고자 한다.
   그러나 月에 생을 받은 應이 日에 충을 받아 암동되어 마음이 바뀐다.
4. 힘이 없는 世가 應과 화해하고자 하나 應이 거부하고 官(관청, 재판)의 극을 받는 괘상 이어서 결국 世가 패소하고 돈만 소비하였다.(兄持世)

> **참고**
> - 송사점에서는 世와 應, 그리고 官의 동태와 상관관계를 살펴야 한다.
> - 송사점에서 합괘는 송사가 오래 지속됨을 의미한다.

地天泰(坤土 3)

```
應  ▬▬ ▬▬  酉孫  靑
身  ▬▬ ▬▬  亥財  玄
    ▬▬ ▬▬  丑兄  白         戌月
                              丁卯日
世  ▬▬▬▬▬ 辰兄  螣         戌亥 空亡
괘신,命 ▬▬▬▬▬ 寅官  句
    ▬▬▬▬▬ 子財  朱
```

(앞의 육효)

9. 복신(伏神)

문) 용신이 괘중에 나타나 있지 않았을 때 복신을 어떻게 찾으며 어떤 경우에 복신이 용신으로 작용할 수 있는가?

답) 용신이 卦中이나 日月에 없는 경우에는 수괘에서 찾아 이를 용신으로 차용하는 것을 복신이라 한다.

＊복신을 용신으로 쓸 수 있는 경우
- 복신이 日月에서 생을 받을 때.
- 복신이 비신에서 힘을 받을 때.
- 복신이 동효에서 힘을 받을 때.
- 日月이나 동효가 비신을 충극할 때.
- 비신이 日에 공망, 파, 휴수, 묘, 절에 해당하여 무기할 때.

＊복신을 용신으로 쓸 수 없는 경우
- 복신이 휴수당하여 힘이 없을 때.
- 복신이 日月에 충극을 당했을 때.
- 日月에 생조를 받아 왕한 비신이 복신을 충극할 때.
- 日月이나 비신이 복신의 묘절이 되었을 때.
- 복신이 휴수되어 순공이나 월파가 되었을 때.
  이런 경우에는 복신이 있어도 용신으로 쓸 수가 없다.

＊일반적으로 용신이 복신이면 흉하다.
- 특히 시험점에서는 복신이 힘이 있더라도 불합격되는 경우가 많으나 물건이나 사람을 찾을 때는 복신이 힘이 있으면 찾을 수 있다.
- 日月이나 동효, 비신 등은 복신을 생극할 수 있으나 복신은 어느 것도 생극할 수 없다.

예) 문서를 언제 받을수 있는가? (消息占)

山火賁(艮土 1)

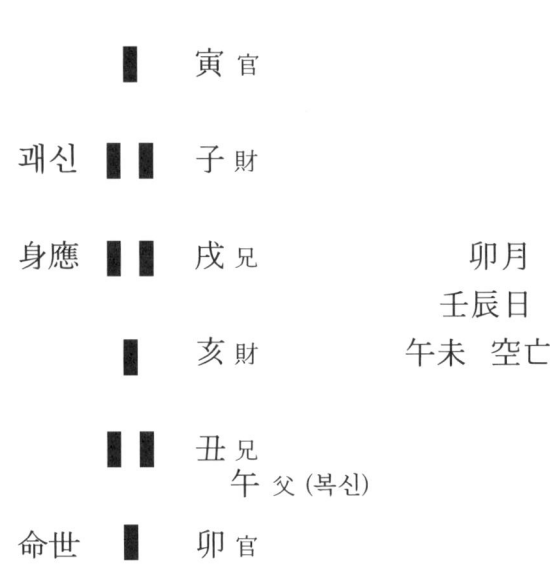

1. 문서이므로 父가 용신이다.

   父 용신이 괘상에 없어 수괘(艮爲山)에서 찾으면 간위산 2효 午(火)가 父로서 이를 차용하여 용신으로 삼고, 午(火)는 본 괘상의 2효 丑(土) 밑에 숨어 있게 되어 복신이 된다.

2. 용신 午(火) 父가 공망이니 불길하다.

3. 月의 卯(木)가 용신 午(火)의 원신이 되어 복신 午(火)를 도와 주므로 비록 복신이라도 힘이 있다.

4. 복신이 출공되는 甲午일에 문서가 올 것이다.

> 참고

- 世는 卯(木)로서 복신의 원신이므로 문서를 받고자 하는 마음이 강하다.
- 2효 丑(土) 비신은 복신 午(火)에게 별다른 영향을 미치지 못하고 있다.
- 복신 午(火)가 2효 丑(土) 비신을 생하는 모습이지만 비신은 복신을 생극할 수 있으나 복신은 비신을 생극할 수 없다.

예) 물건을 훔친 종업원을 잡을수 있나? (尋人占)

水山蹇(兌金 4)

```
         ▌▌  子 孫
         ▌   戌 父
世       ▌▌  申 兄         辰月
                           丁巳日
         ▌   申 兄         子丑 空亡
         ▌▌  午 官
              卯 財 (복신)
應       ▌▌  辰 父
```

1. 종업원과 재물 등은 財로 용신을 본다.
2. 용신이 택효 午(火)에 은복하여서 대장간에 숨어 있다.
3. 훔쳐간 물건 卯(木) 財가 비신 午(火)에 설기 당하고 巳(火)에 타버린 형국이다.
   원신 子(水)는 공망이므로 이미 물건은 다 팔고 없다.
4. 財가 힘이 없고 世가 극을 하니 종업원은 도망을 못 간다.
   子日에 비신 午(火)를 충거하면 복신이 나타나므로 申時에 잡을 것이다.

> 참고

- 괘상에 용신이 없으므로 수괘인 兌爲澤에서 재를 찾으면 2효 卯(木)가 재여서 이것이 본괘의 2효 午(火) 관 밑에 복신으로 숨어 있다.
- 2효를 대장간이라 표현한 것은 불(午火)을 사용하는 직업(官)이기 때문이리라.
- 복신은 月에 생을 받지 못하고 日에 설기되므로 힘이 없다. 더하여 2효 비신 午(火)를 생하는 양상이므로 비신에게 돈을 다 빼앗겼다고 생각할 수 있다.
- 世 申(金)이 복신 卯(木)를 극하므로 世는 종업원을 잡고자 하는 욕구가 있다. 그러나 2효 비신 午(火)가 世인 申(金)을 극하므로 복신을 잡지 못하고 있다.
- 子日이 되어 비신 午(火)를 沖去(子午충)하면 복신이 나타나므로 잡을 수 있으며 申時는 世 申(金)이 힘을 받고 복신이 극을 당하는 시간이기 때문이다.

예) 자식의 병이 어떨까? (疾病占)

地風升(震木 4)

```
        ▅▅ ▅▅   酉 官
        ▅▅ ▅▅   亥 父
世      ▅▅ ▅▅   丑 財              酉 月
               午 孫 (복신)        庚寅 日
        ▅▅▅▅▅  酉 官              午未 空亡
        ▅▅▅▅▅  亥 父
應      ▅▅ ▅▅   丑 財
```

1. 자식점이므로 孫이 용신으로서 수괘 震爲雷의 4효 午(火)가 용신이다.

2. 午(火) 용신이 본괘의 4효 丑(土)밑에 복신되어 있다.

3. 복신이 日에 생을 받고 있어 무난하나 공망이다.

4. 비신 丑(土)은 酉월에 설기되고 寅일의 극을 받아 힘이 없다.

5. 복신은 공망이나 힘이 있고, 비신은 힘이 없다.

6. 복신이 출공되는 午日에 자식의 병은 나올 것이다.

7. 괘상이 복음괘(내,외괘)여서 병은 오래 갈 것이다.

예) 부친의 병이 어떻할까? (疾病占)

地雷復(坤土 1)

```
            ▬ ▬   酉 孫
            ▬ ▬   亥 財
應          ▬ ▬   丑 兄          卯月
                                丙辰日
            ▬ ▬   辰 兄          子丑 空亡
            ▬ ▬   寅 官
                  巳 父 (복신)
世          ▬▬▬   子 財
```

1. 부친에 관한 것이므로 2효 寅(木) 밑에 숨어 있는 巳(火) 父가 복신으로서 용신이다.
2. 복신 巳(火)는 月 卯(木)에 생을 받는 가운데 비신 寅(木)이 역시 생하고 있어 길하다.
3. 복신 스스로가 힘을 받는 巳일인 내일 丁巳일에 쾌유 될 것이다.

예) 물건을 언제 팔면 좋은가? (求財占)

水火旣濟(坎水 3)

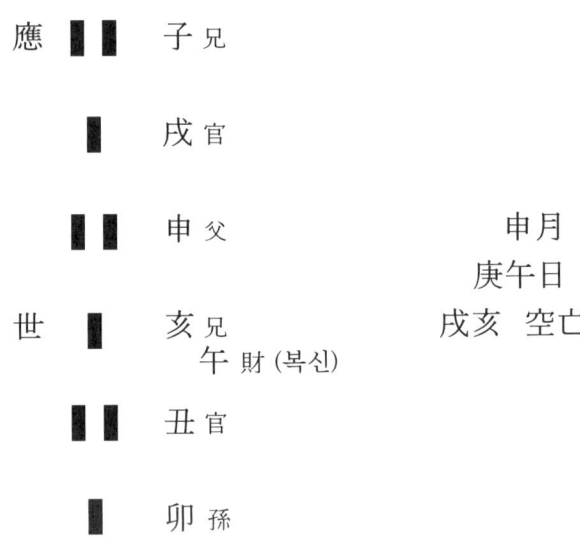

1. 물건 값이므로 財가 용신이다. 물건 값이 올라야 내가 비싸게 팔 수 있다. 世가 임한 3효 亥(水) 밑에 숨어 있는 午(火) 財 복신이 용신이다.

2. 午(火) 財 복신이 庚午日의 午(火)와 같으니 힘을 받아 물가가 이미 올라있다.

3. 비신 亥(水)는 申월의 생을 받아 강한데 복신 午(火)는 亥(水)에 절이 되어 힘이 없고 더하여 비신 亥(水)가 복신 午(火)를 극하니 더욱 힘이 없어 물가가 하락한다.

4. 그러나 다행히 현재 비신 亥(水)가 공망이어서 복신 午(火)를 극하지 못하니 물건값이 고가로 유지 되고 있다. 亥(水)가 공망에서 풀리는 甲戌순이 되면 출공 된 亥(水)가 복신 午(火)를 극하니 꼭 물건 값이 떨어진다. 그러므로 오늘 파는 것이 좋겠다.

참고

- 오늘이 午일이라 日과 용신이 같으므로 오늘의 午時가 최종 높은 가격으로서 午時가 지나면 물건 값은 점점 떨어질 것이다.
- 좀 더 받으려고 버티면 오후(金水시간대)에 점점 하락하다가 결국 폭락할 것이다.
- 巳時는 좋지 않다.

  巳(火)가 복신 午(火)를 생하기도 하지만 3효 亥(水)를 충하니 亥(水)가 공망에서 풀려 복신을 극하기 때문이다. 그리고 오후가 되면 시간이 金水로 가니 형효 亥(水)가 힘을 받아 좋지 않다.
- 甲戌旬 (갑술, 을해, 병자, 정축, 무인, 기묘, 경진, 신사, 임오, 계미) 에서는 戌亥가 공망이 아니고 申酉가 공망이다.

10. 진신(進神)과 퇴신(退神)

문) 진신과 퇴신은 동효와 변효의 관계로서 이들의 吉凶은 어떻게 판단하는가?

답) 용신과 원신은 동하여 진신이 되는 것이 좋고, 기신과 구신은 동하여 퇴신이 되는 것이 좋다.

＊진신에는 세 가지 법칙이 있다.
- 왕상한 것은 힘이 있으니 앞으로 나아가 生剋을 한다.
- 휴수하여 힘이 없는 것은 왕해지는 때를 기다렸다가 나아간다.
- 동효나 변효 중의 하나가 공망, 충, 파, 합이면 공망은 출공, 충은 합, 파는 전실, 합은 충 되는 날에 진신이 되어 나아간다.

＊퇴신에도 세 가지 법칙이 있다.
- 日月이나 동효가 생부하면 강해지니 퇴신이 되지 않는다.
- 휴수하여 힘이 없는 경우는 즉시 퇴신이 된다.
- 동효나 변효 중 어느 한 효가 공망이거나 충, 파, 합이 된 경우에는 이것이 해결된 후 퇴신이 된다.
- 공망은 출공시에 충은 합, 파는 전실, 합은 충 되는 날에 퇴신이 된다.
- 日月에서 충이 될 때에도 합이 되는 날 퇴신이 된다.

예) 내가 관운이 있는지? (求官占)

雷風恒(震木 3) ➡ 택풍대과

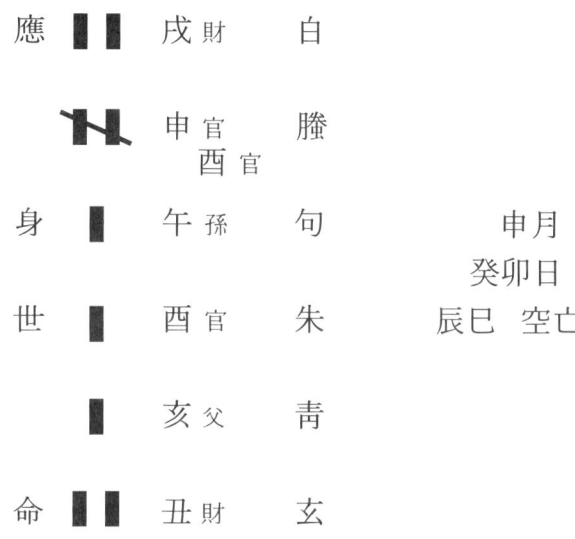

1. 관직을 구하는 점이므로 5효 官이 용신이다.
2. 官持世하고 있으니 官운이 있다. 더하여 世에 임한 官효 酉(金)는 申월에 생을 받고 卯일에 충이 되어 암동하니 길하다.
3. 5효 申(金) 官은 진신이 되고 申월에 생을 받으니 왕하다. 그러나 변효 酉(金)가 卯일과 충(卯酉沖)이 되니 진신의 작용은 충된 酉(金)가 합이 되는 辰年이나 月, 日에 나타나 관직을 구하고 승진한다.

(결과) 올해 가을(申酉월)에 일단 관직을 얻었다. 官 酉(金)가 世에 임하고 5효 官 申(金)이 동하였기 때문이다. 그리고 辰년에 다시 승진하리라 생각한다. 官이 진신으로 앞으로 나아가니 승진할 것이다. 그러나 진신의 작용은 卯酉沖에 의해 일단 멈춤이 있고, 辰酉 합에 의해 충이 해소되면 진신의 작용이 辰년에 나타나 승진하리라 생각되기 때문이다.

참고
- 본인이 관직을 구하는 점이니 世가 용신이고 官이 주상이 되지만 관직을 구하는 것에 중점을 두다 보니 官을 용신으로 칭하였다.
- 동효나 변효 중의 하나가 충이 될 때 합이 되는 날에 진신이 되어 나아간다.

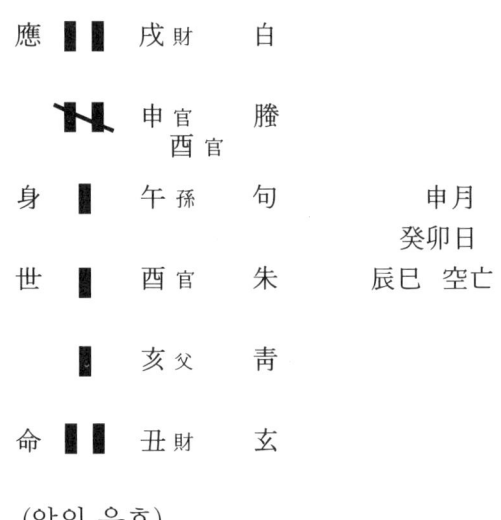

(앞의 육효)

예) 자식이 없는데 언제 자식을 얻는지. (出産占)

水雷屯(坎水 2) ➡ 수택절

```
            ▬▬ ▬▬   子 兄
     應     ▬▬ ▬▬   戌 官
            ▬▬ ▬▬   申 父         酉月
                                 庚戌日
            ▬▬ ▬▬   辰 官    寅卯 空亡
     世     ▬▬✕▬▬   寅 孫
                    卯 孫
            ▬▬▬▬▬   子 兄
```

1. 내(世)가 자식(孫)을 얻고자 함인데 나에게 자식이 임하였으니 자식을 가질 수 있다. 그러나 2爻 世에 임한 寅(木) 孫이 용신인데 日月에 힘이 없고 공망이라 자식을 얻기 어려운 듯하다.
2. 孫이 진신이 되어 힘이 있고 동하였으므로 공망이 아니다.
3. 원신 子(水)가 日에서 극을 받았으나 月에서 힘을 받으니 탈이 없다.
4. 辰(土)이 戌(土)과 충하여 암동이 되어 子(水)를 극할 것 같지만 寅(木)이 진신이 되어 辰(土)을 극하니 무방하다.

> **참고**
> - 용신이 持世하면 힘의 강약을 떠나 언젠가는 일이 이루어진다.
> - 출산점에 孫化孫 하여 왕하면 연년생을 낳거나 쌍둥이를 낳는다.

예) 자신(남자)의 결혼이 성사될까? (結婚占)

火雷噬嗑 (巽木 5) → 수지비

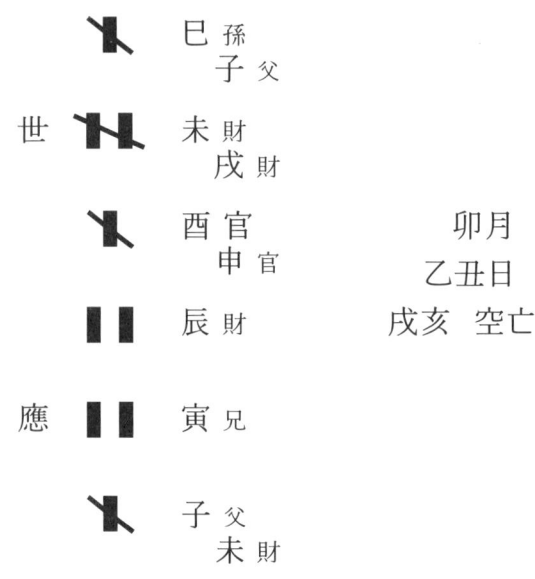

1. 남자의 결혼이므로 財가 용신이다.
2. 5효 世에 財가 임했으니 결혼의 가능성이 있다.
   그러나 月에 극을 당하고 日에 충을 받아 힘이 없으나 진신이 되었다.
3. 원신 巳(火) 6효가 동하여 世를 생한다. 원신 巳(火)는 月에 생을 받으나 日에 설기되고 회두극이 된다.
   그러나 회두극을 하는 변효 子(水)는 月에 설기되고 日의 극을 받아 힘이 없어 극하는 것이 약하다.

4. 午월이 되면 午(火)가 변효 子(水)를 충하고 巳(火)를 생함으로 원신 巳(火)가 世에 임한 未(土) 財를 도와줄 수 있다. 또한 午(火)는 世와 생합이 된다.

5. 4효 酉(金)의 생을 받은 초효 子(水)가 원신 巳(火)를 극한다. 그러나 4효 酉(金)는 월파를 당하고 日墓(일의 丑은 金의 墓)에 빠지고 퇴신이 되니 무력하여 초효 子(水)를 생 할 수가 없다. 초효 子(水)역시 月에 설기되고 日의 극을 받는 상황에서 회두극이 되니 원신 巳(火)를 극할 수가 없다.

6. 午월에 용신 財 未(土)와 합이 되므로 혼인이 성사된다. 충이 되면 합이 되는 날 이루어진다.

예) 내가 직장을 구할 수 있을까? (求官占)

天火同人(離火 7) ➡ 택화혁

1. 직장을 구하는 것은 官이 용신이다. 3효에 官持世하니 관운이 있는 것처럼 보인다.
2. 용신 官이 月에 극을 받고 日에 설기되어 힘이 없으며 공망이다. 더하여 6효 戌(土)이 동하여 극하니 직장을 구하기 힘들 것 같다. 그러나 戌(土)이 공망이고 퇴신이 되어 용신 亥(水)를 극하지 못한다.
3. 기신 戌(土)은 현재 卯일과 합이 되어 묶여서 용신 亥(水)를 극하지 못한다. 辰년이 되면 戌(土)이 충이 되고 공망이 풀려 퇴신이 되니 무력해진다.
4. 辰년에 직장을 얻을 것이다.

> **참고**

- 용신이 世에 임하면 언젠가는 일이 성사된다.
- 동효가 합이 되면 묶인다.
- 본괘에서는 용신 官이 世에 임했으니 왕상 휴수를 떠나 언젠가는 관직을 얻는다.
- 용신이 힘이 없을 때는 원신이 힘이 있거나 기신이 힘이 없으면 일이 성사된다.
- 상효 戌(土)이 기신(戌극亥)으로서 용신 亥(水)를 극하려고 하나 공망이며, 卯일과 합이 되어 묶여 용신 亥(水)를 극하지 못한다.
- 辰년이 되면 戌(土)이 충이 되어 卯戌 합도 풀리고 공망도 풀린다. 卯戌 합이 풀리니 戌(土)이 용신 亥(水)를 극할 수 있다. 그러나 亥(水)를 극하기 전에 戌(土)이 공망이 풀려 未(土)로 퇴신이 되어 버렸다. 기신이 무력해졌다. 그리하여 辰年에 직장을 얻을 것으로 예측할 수 있다.

예) 내가 소송을 당했는데 어떻게 될까? (官災占)

地水師(坎水 7) ➡ 지화명이

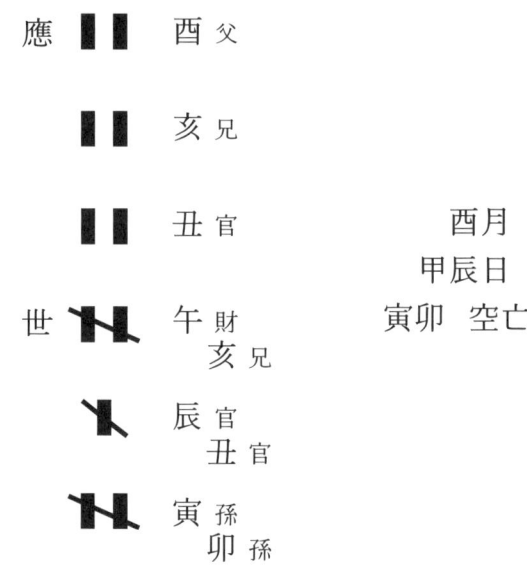

1. 3효 世 午(火)가 酉월에 사(死)가 되고, 辰일에 설기되어 힘이 약하다.
2. 초효 寅(木)이 원신으로 世를 생하려고 한다. 비록 寅(木)이 진신이 되나 酉월에 극을 받고 辰일에 힘이 없는 상황에서 공망이다. 진신인 卯(木) 역시 酉월에 월파가 되었고 辰일에 힘이 없고 공망이다. 현재 이들이 공망이어서 월파를 피하고 있으나 卯월에 출공하면 월파를 당하여 무기(無氣)해져 체포를 당한다.

3. 2효 辰(土) 관은 世의 힘을 설기하니 흉하나 퇴신이어서 그 흉이 조금 감해졌다.

참고

- 관재점에서 구속 여부는 나의 힘의 강약에 달려 있다.
  내가 힘이 있으면 구속되지 않는다.
- 관재점에서 官持世하면 내가 官災를 당한다.
  관직을 구하는 점 외에는 관지세는 모두가 흉하다.
- 법원을 유추할 때 日辰은 지방법원, 月建은 고등법원, 太歲는 대법원을 의미한다. 본괘에서 酉月에 원신의 변효 卯(木)가 월파가 되어 진신의 역할을 못 하게 된 것으로 미루어 보아 고등법원에서의 판결로 체포되었다고 유추할 수 있다.
- 공망의 경우 '동한 것은 공망이 아니다'라고 한다.
  그러나 의미는 동한 것은 공망이 아니라기 보다는 출공을 해야 동한 것의 진정한 작용(생극충합… 등)을 할 수 있다.

11. 충중봉합(沖中逢合), 합처봉충(合處逢沖)

문) 충중봉합(沖中逢合)과 합처봉충(合處逢沖)의 길흉은 어떻게 판단하는 것인가?

답) • 합한 것은 모이는 것이요, 충 한 것은 흩어지는 것이다.
  • 충중봉합은 먼저는 흩어지고 나중에 모이는 것이니 먼저는 잃고 나중에 얻는다.
  • 합처봉충은 먼저는 모이고 나중에 흩어지는 것이니 먼저는 얻으나 나중에는 잃게 된다.

예) 외국과 무역을 하려는데 잘 될까? (求財占)

雷風恒(震木 3) ➡ 뇌지예

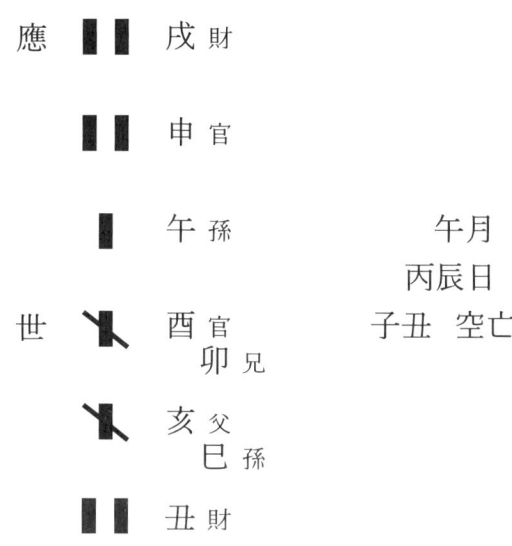

1. 3효 世의 酉(金)가 卯(木)의 변효를 만들어 상충되니 반음괘가 된다.
   卯(木)는 충은 되지만 酉(金)를 극할 능력은 없다.
2. 世의 酉(金)가 일의 辰(土)과 합을 하니 충중봉합이다.
3. 변효가 六合이 되고 戌(土) 財가 世를 도와주는 형태로 좋다.
4. 내괘가 반음이므로 집안보다는 밖으로 나가는 것이 좋고, 결과는 좋으나 반복되는 상황은 면하기 어렵다.

> **참고**

- 구재점이어서 財가 용신이다. 초효의 丑(土) 財가 공망으로 용신이다. 丑(土) 財 용신이 공망이나 午월에 생을 받고 辰일과 비화되어 世를 생하니 길하다.
- 안은 반음괘로 충이 되어 시끄럽고 일이 제대로 되지 않으니 밖으로 나가야 한다.
- 官持世하니 걱정이 많다. 世가 화출한 변효와 충을 하나 변효 卯(木)가 힘이 없고 世 酉(金)가 辰일과 합(辰酉합)이 되었다. 그리고 2효 변효 巳(火)와 5효 申(金), 3효 변효 卯(木)와 6효 戌(土)이 합이 되어 전체적으로 충괘(반음괘)가 합괘가 되어 沖中逢合이 되었다.
- 財가 안(초효)에도 있고 밖(6효)에도 있다. 내괘 초효의 丑(土) 財는 공망이고 현재 동하지 않아 나를 생할 수 없다. 그러나 외괘 6효의 戌(土) 財는 암동이 되어 나를 생하고 더하여 戌(土)과 나의 변효가 卯戌 합이 되니 밖의 돈이 나에게 오는 양상이다. 국내보다는 외국에서 돈을 버는 것이 낫다.

예) 내가 은행에서 융자를 받을 수 있을까? (所望占)

坤爲地(坤土)

世	▬▬ 酉 孫 玄		
괘신	▬▬ 亥 財 白		
身	▬▬ 丑 兄 螣	戌月	
		甲辰日	
應	▬▬ 卯 官 句	寅卯 空亡	
	▬▬ 巳 父 朱		
命	▬▬ 未 兄 靑		

1. 육충괘라 순조롭지 못하다.
2. 應이 공망이라 은행의 도움을 기대하기 어렵다.
3. 世 酉(金)가 戌월의 힘을 받고 辰일과 생합이 되었다.
4. 應 卯(木)는 戌월과 합이 되었다.
5. 충중에 봉합이라 처음에는 어려워도 뒤에 이루어진다.
6. 출공되는 寅일에 이루어진다.

> **참고**
> - 소망점에는 世가 용신이다.
> - 世應이 月日에 생을 받거나 世應이 月日과 합이 되면 소원이 이루어진다.
> - 소망점이기도 하나 구재점이라 할 수도 있다.
>   구재점에서는 財가 용신이다. 그러나 이렇게 상대가 있을 때는 世應의 관계가 더 중요하여 이들 사이의 상관관계를 잘 살펴야 한다.
> - 곤위지를 포함한 모든 수괘는 육충괘이다. 世와 應이 충하니 서로 반목하는 양상이고 應인 은행은 月日을 극하여 무기하며 공망이니 융자에 대한 관심이 없다.
>   그러나 외부에서 개입(世는 辰일이, 應은 戌월이)을 하여 世와 應의 관계를 화합시켜 융자가 이루어졌다. (육충괘가 육합괘가 되었다는 관점에서)
> - 본괘에서 '내가 상대편과 동업을 할 수 있을까?'에 대한 물음이라면, 동업은 가능하지 않다. 世와 應이 충이 되기 때문이다. 그리고 世는 辰일과 합이 되고, 應은 戌월과 합이 되므로 世, 應 모두 다른 사람과 동업을 하려 하는 것으로 봐야 한다.

예) 결혼이 성사 되겠는가? (結婚占)

天地否(乾金 3)

```
應  ▬▬   戌 父
    ▬▬   申 兄
    ▬▬   午 官          辰月
                        丁酉日
世  ▬ ▬  卯 財     辰巳 空亡
    ▬ ▬  巳 官
    ▬ ▬  未 父
```

1. 결혼 전에 육합괘가 되므로 결혼이 성사될 것으로 보인다.
2. 世인 卯(木)가 酉일과 卯酉충이 되고 應인 戌(土)은 辰월에 월파를 당하여 합중에 충이 되어 불길하다. (合處逢沖)
3. 결혼은 성사되었으나 부인 卯(木)가 큰 병을 앓고 未월에 사망하게 되었으니 그 이유는 財인 卯(木)가 未월에 入墓가 된 까닭이다.

예) 깨진 혼사가 다시 성사되겠는가? (結婚占)

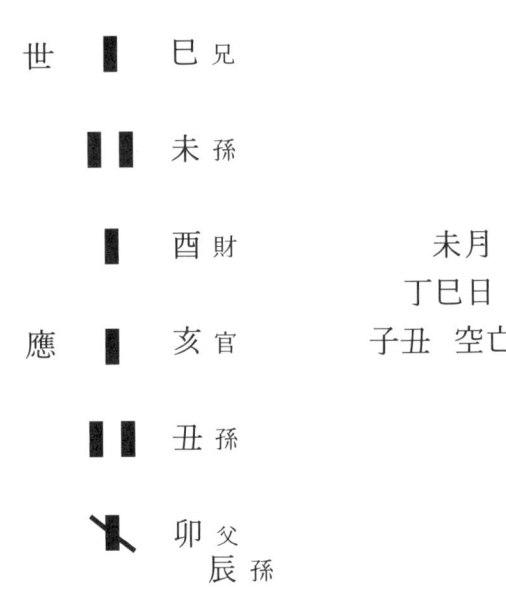

1. 남자의 결혼이므로 4효의 酉(金) 財가 용신이다.
2. 이위화는 수괘이니 육충괘다. 동한 초효의 변효 辰(土)과 4효 酉(金)가 합(辰酉합)이 되어 육충괘가 육합괘가 되었다.
3. 한번은 충으로 인해 실패했다가 합으로 인해 다시 이루어지는 상황이다.
4. 초효 卯(木)가 발동하여 世를 생하여 주므로 辰월에 결혼할 것이다.
5. 辰월에 결혼이 성사된 것은 육충괘가 변하여 육합괘가 되고, 辰월은 용신 財와 합이 되기 때문이다.

6. 應이 충을 만났으니 합이 되는 寅년에 용신 財 酉(金)가 합이
   되는 辰월에 성혼될 것이다.

(결과) 寅年 辰月에 결혼이 성사되었다.

> **참고**

- 결혼 점에서 남자는 財를 용신으로 여자는 官을 용신으로 한다. 그러므로 상대가 정해져 있지 않았을 때는 용신과 나와의 상관관계를 살핀다. 용신이 나를 生하거나 合이 되면 곧 결혼이 성사될 것으로 생각할 수 있다.
- 본 괘와 같이 상대가 정해져 있을 때는 용신인 財의 동태보다는 世應의 상관관계가 더욱 중요하다.

  世應의 관계를 볼 때는 힘의 강약보다는 생합충극이 더욱 중요하게 일의 성패에 영향을 준다.
- 본 괘에서는 兄持世하므로 世인 나는 결혼 생각이 별로 없다. (兄은 財를 극하므로) 그리고 官이 임한 應인 亥(水)는 결혼 생각은 있으나 世인 巳(火)를 극하고 있다.

  상대편 역시 나에게 호감이 없다. 결혼이 성사되기 어렵다.

  그런데 초효 卯(木)가 동하여 應 亥(水)와 世 巳(火) 사이를 통관시켜 극을 생(水생-木생-火)으로 바꿨다. 그리하여 결혼이 성사되었다. 그리고 초효가 변효 辰(土) 孫을 화출하였으며 이것이 4효 財와 합(辰酉합)이 되었으니 혼전 임신으로 결혼이 성사된 것으로 추측할 수 있다.

12. 생(生), 사(死), 묘(墓), 절(絕)

문) 생, 사, 묘, 절에 대한 길흉은 어떻게 판단하는가?

답) 용신이나 원신이 장생이면 좋고 사,묘,절이면 나쁘다. 기신이나 구신이 장생이 되면 나쁘고 사,묘,절이면 좋다.

- 生死墓絕은 12運星에서 판단한다.
- 육효에서 12운성의 판단은 특정 비신을 다른 동효, 변효, 日 등에 대입하여 판단한다. 명리와는 달리 비신의 陰陽을 따지지 않고 모두 陽으로 간주하여 판단한다.
 예를 들어 용신이 卯(木)인데 日이 未일이라면 日이 卯(木) 용신의 墓가 된다. 명리에서는 卯(木)를 陰木인 乙(木)에 준하여 12운성을 찾으면 戌이 묘가 된다. 그러나 육효에서는 음목인 卯(木)를 陽木인 甲(木)에 준하여 12운성에 대입하기 때문에 未가 墓가 된다. 生死絕 등 다른 12운성도 이에 따라 찾으면 된다.
- 모든 오행은 12운성의 영향을 받아 강약과 길흉을 판단하는데, 육효에서는 그 중 生墓絕을 많이 대입하여 길흉화복과 일의 성패를 판단한다. 그러므로 모든 효는 日, 동효, 변효 등에 대입하여 그들과의 관계에서 생묘절을 살피는 것이 대단히 중요하다.

예) 자신이 순산할 수 있을까? (出産占)

山地剝(乾金 5) ➡ 풍지관

1. 孫持世하니 世는 산모이며 孫 子(水)는 태아다.
2. 子(水) 世와 孫은 寅월에 설기되나 子일과 같아 무난하다.
   그러나 巳(火) 官을 화출하여 絶이 되고 寅월이 子(水)의 병이 되니 흉하다.
3. 원신 금이 동하지 않고 휴수하니 世 孫인 子(水)의 근원이 없다.
4. 世 孫인 子(水)가 日과 같으나 巳(火)에 絶이 되니 흉한데 巳(火)가 힘을 받는 날이나 시에 출산한다면 흉이 배가 되니 위험하다.
5. 癸巳日 巳時에 출산하였다. 출산하였으나 산모와 자식 모두 사망하였다.
6. 동효를 시작으로 보고 변효를 결과로 보니 처음은 기쁨(孫, 자식)이었으나 이 기쁨이 재앙(官, 주검)으로 변했다.

예) 자식의 병이 어떨까? (疾病占)

風山漸(艮土 7) ➡ 풍택중부

```
應  ▬▬  卯 官    螣
    ▬▬  巳 父    句
    ▬ ▬ 未 兄    朱        子月
                           辛未日
世  ╳   申 孫    靑        戌亥 空亡
        丑 兄
    ╳   午 父    玄
        卯 官
    ╳   辰 兄    白
        巳 父
```

1. 자식의 병점이니 3효 世에 임한 申(金) 孫이 용신이다.
2. 용신 申(金)은 子월에 설기당하나 未일에 생을 받아 무난하다. 그러나 스스로 동하여 화출한 변효 丑(土)이 용신의 墓가 되니 흉하다.
3. 원신 辰(土)이 동하여 용신 申(金)을 도와주고 기신 午(火)는 원신을 도와주니 탐생망극으로 접속 상생이 되어 길하다.
4. 용신 申(金)이 변효에 入墓 되어 불안한데 日 未(土)가 변효 丑(土)을 충하여 沖開하니 오늘 未時에 완쾌하였다.

예) 친구 아버지의 병환이 어떠하실까? (疾病占)

水雷屯(坎水 2) → 진위뇌

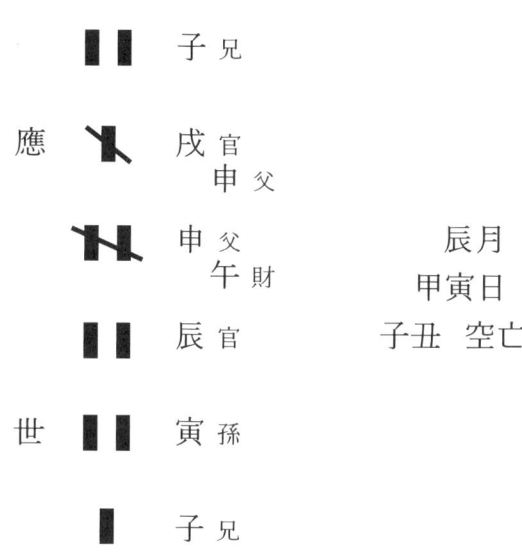

1. 친구의 아버지에 관한 것이므로 용신은 4효의 申(金) 父가 된다.
2. 용신 申(金)이 辰월에 생을 받으나 日의 寅(木)에 절과 충이 되므로 힘이 없다.
3. 應의 戌(土)이 원신으로 동하여 용신 申(金)을 도와주려고 하지만 月의 辰(土)과 충하여 월파가 되고, 日의 寅(木)에 극을 당함으로 용신을 도와줄 수 없다.
4. 용신 申(金)이 변효 午(火)를 화출하여 회두극 되어 불길하다.

5. 日의 寅(木)이 용신을 회두극하는 午(火)를 도와주고 있어 더욱 흉하다.
6. 용신이 日에 절(絶)이 되고 회두극이 되므로 친구 아버지는 사망한다.

> 참고

- 본괘와 변효에 父가 있으나 용신 취용시는 본괘가 우선이어서 4효 父가 용신이다.
- 변효가 화출되면서 괘상이 충괘가 되었다.
  (1,4효 子午충, 2,5효 寅申충)
- 노인의 병에 충은 위험하다.

水雷屯(坎水 2) ➡ 진위뇌

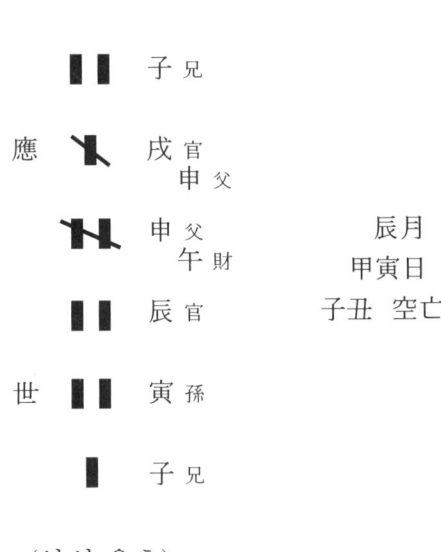

(앞의 육효)

예) 동생의 병이 어떨까? (疾病占)

水火旣濟(坎水 3) ➔ 택화혁

1. 동생에 관한 점이므로 兄이 용신이다.
2. 3효 亥(水)와 6효 子(水)가 兄인데 子(水)가 공망이므로 용신이 된다.
3. 용신 子(水)가 申월에 생을 받으나 日의 辰(土)에 입묘하고 공망이니 불리해 보인다.
4. 5효의 戌(土)이 암동하여 4효의 원신 申(金)을 도와주고 申(金)은 용신 子(水)를 도와주니 비록 용신이 日에 입묘되었으나 힘이 있다.
5. 甲子日에 용신이 출공을 하면 원신 申(金)의 생을 받으니 완쾌할 것이다. 이것은 원신 申(金)이 申월과 辰일에 힘을 받아 강하기 때문이다.

13. 육충(六沖)과 육합(六合)

문) 육충과 육합의 길흉(吉凶)은 어떻게 단정하는가?

답) 사람들에게 좋은 것은 육충이 되면 불길하고 육합은 좋다.
  나쁜 것은 반대다.

- 그러나 병점에서는 근병(近病)과 구병(舊病)에 따라 차이가 있다.
- 근병은 충해야 병이 낫고, 구병은 충하면 죽게 된다.
  육합이 되면 그와 반대다.
- 육충괘에 日이 합하거나 변효가 합하면 충중봉합으로 판단하고, 육합괘에 日이 충하거나 변효가 충하면 합처봉충으로 판단한다.
- 기신이 충극되고 용신이 합이 되면 나쁜 것을 제거하니 좋고, 용신이 충극되고 기신이 합이 되면 나쁜 것을 끌어들이는 것으로 명(命)을 재촉하고 모든 것이 사사건건 나쁘다.

예) 조카가 하는 일에 피해가 없을지? (身數占)

雷天大壯(坤土 4) ➡ 지천태

```
            ▬▬ ▬▬   戌 兄
            ▬▬ ▬▬   申 孫
     世  ╳         午 父          酉 月
                   丑 兄          壬子日
            ▬▬▬▬   辰 兄          寅卯 空亡
            ▬▬▬▬   寅 官
     應  ▬▬ ▬▬    子 財
```

1. 조카이므로 5효 申(金) 孫이 용신이다.
2. 육충괘가 육합괘(초효 子와 4효 변효 丑이 子丑합)가 되었다.
3. 世에 있는 기신 午(火)가 발동하여 5효에 있는 용신 申(金) 孫을 극하려고 하나 日의 子(水)가 기신 午(火)와 상충하여 午(火)를 충거하니 나쁜 것이 변하여 길하게 되었다. 그러므로 조카가 하는 일에 막힘이 없다.

예) 내가 언제 문서를 받겠는가? (消息占)

乾爲天(乾金)

```
世  ▇▇  戌 父
    ▇▇  申 兄
    ▇▇  午 官         巳月
                      丁酉日
應  ▇▇  辰 父      辰巳 空亡
    ▇▇  寅 財
    ▇▇  子 孫
```

1. 문서이니 父가 용신이다. 3효와 6효의 辰, 戌이 父인데 이 중 傷함이 있는 효, 즉 공망 된 3효 辰(土)이 용신이다.
2. 용신 辰(土)이 巳월의 생을 받고 酉일과는 합이 되었다.
   月에 힘을 받았으므로 공망이기는 하나 유용하다.
3. 日이 합을 하니 충중에 합이라 문서를 받으리라.
   (沖中逢合)
4. 용신이 공망이고 합이 되었으니 출공한 후 문서를 받았다.
   합이 되었으므로 출공 후 충일에 일이 성사된 것으로 예측함.

참고

- 수괘 건위천은 육충괘이다. 應인 용신 辰(土)이 酉일과 합(辰酉합)이 되어 합괘가 되었다.

  충중봉합으로 처음에는 오지 않을 것 같지만 소식이 왔다.

- 世, 應, 용신이 日月과 합을 하면 합괘가 된다.

  다른 효는 합이 되어도 합괘가 되지 않는다.

- 용신이 공망일 경우에 힘이 있으면 공망이 풀릴 때 일이 성사된다.

  용신이 힘이 없으면 공망이 풀려도 일이 성사되지 않는다. 그러므로 통변 시에 공망을 먼저 보지 말고 용신의 강약을 먼저 살펴라.

- 본괘에서도 용신이 힘이 있으니 일은 성사된다.

  그러나 공망이므로 지금 일이 성사되지는 않았다.

  戌일이 되면 용신 辰(土)의 공망과 辰酉합이 함께 풀린다.

  점친 다음날 戊戌일에 문서를 받았다.

예) 내가 점포를 열어도 될까? (求財占)

雷天大壯(坤土 4) ➔ 손위풍

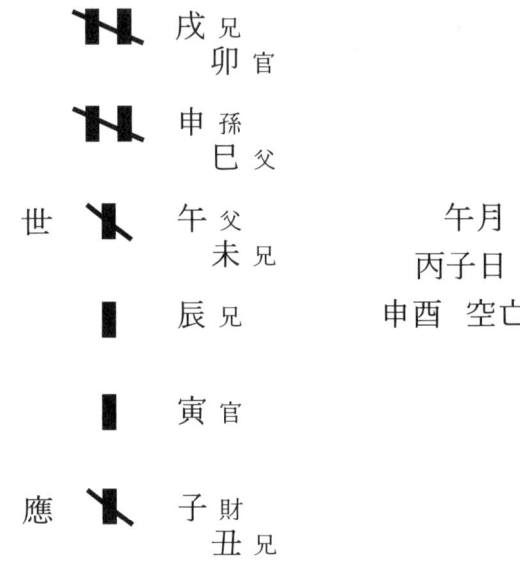

1. 육충괘(뇌천대장)가 육충괘(손위풍)가 되므로 점포를 열지 않는 것이 상책이다.
2. 4효의 午(火)가 변효 未(土)와 합이 되므로 좋다.
3. 세효의 午(火)가 日의 子(水)에 극을 당하였으니 지금 그만두지 않으면 子월에 변고가 생길 것이다.

참고

- 6개의 효 중 4개가 동하여 난동하고 있으니 일의 진행이 어수선하고 불안하다.
  특히 외괘가 모두 동했으니 바깥이 어수선하다.
- 육충괘(본괘)가 육충괘(변괘)로 변하였으니 충중봉충이 되어 흉하다.
- 개점의 목적은 재물 취득이니 財가 용신으로서 초효 子(水)가 용신이다. 용신 子(水)가 子일에 생을 받아 좋아 보이나 月에 충을 받아 월파가 되었으며 변효 丑(土)토에 극을 받아 힘이 약하다.
- 6효 戌(土), 5효 申(金)이 동하여 초효 子(水) 財 용신을 생하는 모습이어서 좋아 보이나 실상은 戌(土), 申(金) 모두 힘이 없고 스스로 화출한 변효에 극합이 되어 묶여 子(水)를 생 할 수 없다.
- 용신이 나를 극하면 일이 빨리 이루어진다. 그러나 이때에는 반드시 世가 힘이 있어야 한다. 용신 子(水)가 世인 午(火)를 극한다. 世인 午(火)는 午월에 생을 받으나 子일에 충(沖散)을 받아 힘이 약하고 변효 未(土)에 衰가 되고(12운성) 未(土)에 묶여 있어 子(水) 財를 수용할 수 없다.
- 한편 世應이 충(子午충, 丑未충)이다. 손님(應)이 나(世)에게 호의적이지 않다. 그리고 世應 모두 화출한 변효가 兄으로서 재물과는 거리가 멀다.
- 겉으로는 좋아 보이나 실상은 손님도 재물도 많지 않아 돈도 생기지 않을 뿐만 아니라 생겨도 다시 돈이 나가고 건강만 해칠 수 있다. 그만두는 것이 좋다.

예) 도박을 하면 돈을 딸 수 있을까? (勝負占)

坤爲地(坤土)

世	▬▬	酉孫	玄	
괘신	▬▬	亥財	白	
身	▬▬	丑兄	螣	子月
				乙巳日
應	▬▬	卯官	句	寅卯 空亡
	▬▬	巳父	未	
命	▬▬	未兄	靑	

1. 도박이나 승부 점에서는 世와 應의 관계를 본다.
   일반적으로 世가 應을 극하면 내(우리편)가 이기고, 應이 世를 극하면 상대가 이긴다. 그러나 이렇게 극하는 상황에서도 힘의 강약을 보아 우열을 가려야 한다.
2. 世인 酉(金)가 應인 卯(木)를 극하니 이길 것 같다.
   그러나 世인 酉(金)는 子월에 사(死)되고 巳일에 극을 받아 힘이 없다.

반면 應인 卯(木)는 子월의 생을 받아서 힘이 있는데 공망이어서 世의 극을 피하고 있는 상황이다. 더하여 5효 亥(水) 財가 子월에 비화되고 巳일의 충을 받아 암동하여 應을 생한다. 그러므로 世가 불리해서 應이 이기며 돈도 應이 가지게 된다.
3. 도박판 자체가 동하지 않았으니 판돈이 적으며 육충괘여서 판이 싸움으로 끝이 날 것이다.

참고

- 승부점에서는 世는 旺하고 應은 衰해야 되며 世가 應을 剋해야 世가 이긴다.
- 兄이나 官이 動하여 世를 극하거나 世에 兄이 임하거나 世가 공망이면 敗한다.
- 世와 應이 靜하고 공망이면 도박판이 이루어지지 않는다.
- 冲일 경우에는 끝장을 보지 못했다는 의미이다.

14. 삼형살(三刑殺)과 육해살(六害殺)

문) 삼형살과 육해살의 길흉은 어떻게 판단하는가?

답) 용신이 삼형살이나 육해살이 된 중에 휴수되거나 다른 효로부터 극제를 당하면 흉하고 불길하다.

- 삼형살이나 육해살이 있어도 용신이 상하지 않고 생조를 받고 있으면 좋다.
- 육해는 子未, 丑午, 寅巳, 卯辰, 申亥, 酉戌이다.
 육효에서 육해살의 작용력은 크지 않다.
- 刑에는 寅巳申, 丑戌未 삼형살과 子卯刑이 있고 辰辰, 午午, 酉酉, 亥亥 자형이 있다.
- 삼형살은 寅巳申, 丑戌未 3字가 괘상에 전부 있어야 삼형살이 성립된다. 괘상에 삼형이 전부 있더라도 동하지 않았거나 동했어도 용신을 훼손하지 않거나 용신이 생부를 받으면 형의 작용이 크지 않다.

예) 첩의 근래 얻은 병이 어떨까? (疾病占)

1. 첩은 외괘의 4효 財를 용신으로 한다.
   부인은 초효 財를 용신으로 한다.
2. 외괘의 未(土) 財가 용신인데 변효가 官이 되었고, 원신 巳(火)는 공망이고 亥월에 월파가 되고 日의 戌(土)에 입묘하니 몹시 나쁘다.
3. 용신인 4효 財의 未(土)가 초효 丑(土), 日의 戌(土)과 丑戌未 삼형살을 이루어 오늘이 위험하다.

참고

- 괘상에 財가 많으니 이 남자는 처첩이 많다.
  정실부인은 가정이 있는 내괘에 있고, 첩은 주로 외괘에 있다.
- 근병은 육충괘면 낫는다고 하였다. 손위풍 수괘로서 육충괘이다.
  그러나 초효 丑(土)이 동하여 변효 子(水)와 합이 되어 흉하게 되었다.
  충괘가 합괘가 되어 전체적으로 좋지 않게 되었다. 世인 卯와 日에
  있는 戌도 합을 하였다.
- 용신 財가 동하여 변효 官을 화출하였다. 官은 곧 질병이다. 동효는
  시작으로 원인이 되고, 변효는 결과이다.
- 육효에서는 삼형이 크게 흉하지 않으나, 본괘에서는 용신이 삼형이
  되었으며 원신이 힘이 없어 용신을 생조하지 못하여 흉사가 발생
  하였다.

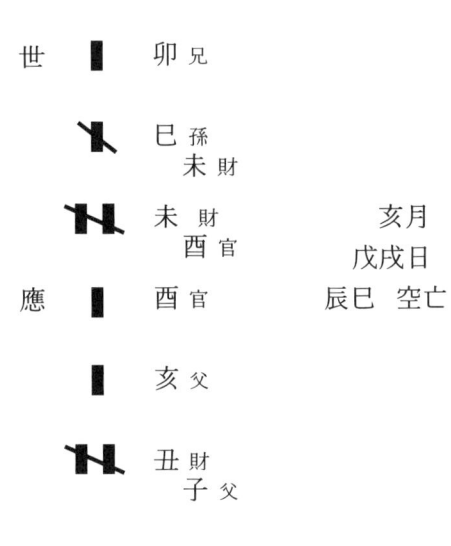

(앞의 육효)

예) 올 겨울에 내가 재수(財數)가 있겠는가? (求財占)

山火賁(艮土 1)

```
              ▬▬▬  寅 官 螣
    괘신  ▬ ▬  子 財 句
    身應  ▬ ▬  戌 兄 朱         戌月
                                庚子日
              ▬▬▬  亥 財 靑     辰巳 空亡
          ▬ ▬  丑 兄 玄
    命世  ▬▬▬  卯 官 白
```

1. 육합괘이니 길조다.
2. 초효 世인 卯(木)가 戌월과 卯戌합이 되고 子일에 생을 받아 힘이 있다.
3. 재물을 구하는 것이니 財가 용신이다.
   五효에 있는 子(水) 財가 子일과 같으니 힘이 있고 世를 생하니 지금도 재수가 있다.
4. 戌월이 지나면 겨울 亥子丑 월이 된다. 水財가 득세하는 水왕절이니 이번 겨울에는 재수가 있으리라.

5. 世인 卯(木)와 日의 子(水)가 子卯형살이 되었으나 水生木이 되어 흉(凶)으로 보지 않는다.

참고

子卯가 비록 형살이지만 子(水)가 世인 卯(木)를 생하여 좋은 작용을 하니 형살로 보지 않는다.

山火賁(艮土 1)

	寅 官 螣	
괘신	子 財 句	
身應	戌 兄 朱	戌月
	亥 財 靑	庚子日
		辰巳 空亡
	丑 兄 玄	
命世	卯 官 白	

(앞의 육효)

15. 독정(獨靜), 독발(獨發)

문) 독정과 독발의 길흉은 어떻게 판단하는가?

답) 6효 중에서 5개의 효가 動하고 하나의 효만 동하지 않고 靜한 것을 독정이라 하고, 독발은 6효 중에서 1효만 動하고 5개의 효는 동하지 않은 것을 말한다.

- 1효가 동하고 1효가 암동하면 독발이라 하지 않는다.
- 6효 모두가 정효인데 한 효가 암동하면 독발이라 한다.
- 독정이나 독발은 일의 늦고 빠름의 관계를 보는 것에 불과하고 일의 길흉화복이나 성패는 용신의 동태에게 달려있다.

예) 가출한 자식이 돌아오겠나? (待人占)

地雷復(坤土 1)

```
                    ▮▮    酉 孫    螣
                    ▮▮    亥 財    句
         命應       ▮▮    丑 兄    朱         申月
                                              辛卯日
                    ▮▮    辰 兄    靑         午未 空亡
                    ▮▮    寅 官    玄
   괘신,身世         ▮     子 財    白
```

1. 자식점에는 孫이 용신이다.
2. 6효 酉(金) 孫 용신은 申월에 힘을 받은 상태에서 卯일에 충이 되어 암동하였다.
   용신이 世를 생하니 집 나간 자식이 돌아온다.
   대인점에서 용신이 왕하고 동하면 돌아온다.
3. 日에 冲된 것은 合하는 날에 應하는 것이다.
   그러므로 酉(金)가 합하는 辰일, 이르면 내일 壬辰일에 돌아오리라.

> **참고**

- 암동한 것도 독발로 본다.
- 독발은 일이 순조롭게 조용히 처리되고, 독정은 일이 어수선하고 복잡하게 진행됨을 의미한다.
- 독발한 경우에 일의 성패는 동한 효의 동향에 따라 결정된다.
  본괘에서는 용신이 暗動하여 돌아왔다.
  만일 明動이라면 본인이 돌아올 계획하에 돌아왔다고 생각할 수 있으나, 암동에 의해서 돌아온 것은 뜻하지 않게 우연히 돌아온 것으로 생각할 수 있다.

예) 딸의 병환이 어떨까? (疾病占)

火水未濟(離火 3) → 수산건

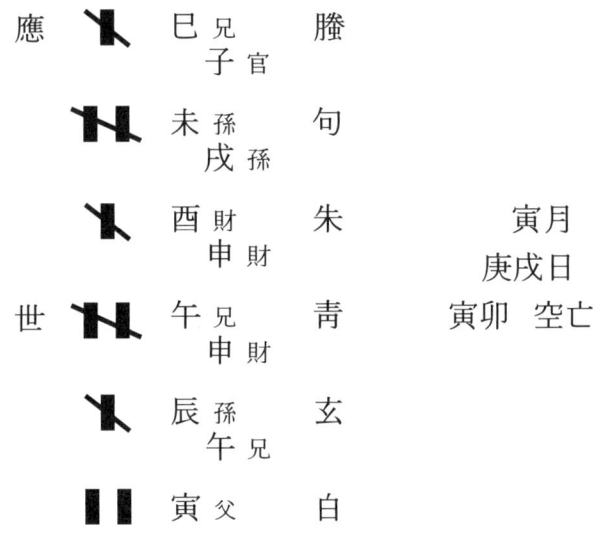

1. 딸의 점이니 孫이 용신이다.
   괘상에 孫이 여럿이나 그 중 日에 沖된 2효 辰(土)을 용신으로 삼았다.
2. 2효 辰(土) 용신이 月에 극을 당하고 日에 충이 되어 흉한데 변효 午(火)에 회두생이 되어 그나마 다행이다.
3. 6효 巳(火), 3효 午(火)가 동하여 2효 辰(土) 孫을 생한다.
   巳(火)는 子(水)에 회두극이 되고, 午(火)는 申(金)에 병(病)이 되어 힘이 약해 보인다.

4. 巳(火)의 변효 子(水)는 日의 戌(土)의 극을 받아 힘이 없어서 회두극의 역할을 하지 못하므로 巳(火)는 辰(土)을 도와주는 데 지장이 없다.

5. 午(火)의 변효 申(金) 역시 寅월에 월파 되어 午(火)의 힘을 빼지 못한다. 그러므로 巳(火)와 午(火)는 2효 辰(土) 용신을 생 할 수 있다.

6. 寅月 戌日 午(火)가 三合 火局이 되어 용신 辰(土)를 생하니 딸의 병이 치유된다.

   이 경우에 午가 본 괘에 있으므로 日月과 삼합의 작용으로 볼 수 있으나 본 괘에 午가 없고 日 月에 午가 있다면 삼합으로 볼 수 없다.

7. 초효 寅(木)이 독정이고 공망이므로 출공하는 寅일에 완쾌된다.

> **참고**
> - 본 괘는 6개의 효 중 5개가 동한 亂動괘다. 딸의 병은 중하고 치료는 잘되지 않는 상황을 의미한다. 난동괘는 일의 성패를 말하는 것이 아니라 상황을 알려주는 것이다.
> - 본 괘의 원신이 용신을 도와주지만, 원신들이 모두 月에는 생을 받으나 戌일에 입묘되고 변효에 의해 힘을 뺏기고 있어 크게 도움이 되지 않는다.
> - 世가 타인(月, 日)의 힘을 빌려 寅午戌 삼합 火국을 만들어 용신을 도우니 딸이 치유된다.

16. 진정(盡靜), 진발(盡發)

문) 진정과 진발의 길흉은 어떻게 판단하는가?

답) • 진정은 6개의 효가 암동도 없이 전혀 동하지 않은 것이며, 진발은 6개의 효 모두가 동한 것을 말한다.
- 진정은 아직은 보이지 않지만, 봄비에 싹이 피는 것과 같고 진발은 이미 꽃이 만발한 뒤 꽃잎이 떨어지고 흩어지는 그것과 같다.
- 진정괘는 아름답고 희망적이지만, 진발괘는 허물이 있고 비관적이다.

예) 부모님이 안녕하신지? (身數占)

山天大畜(艮土 2) ➡ 택지췌

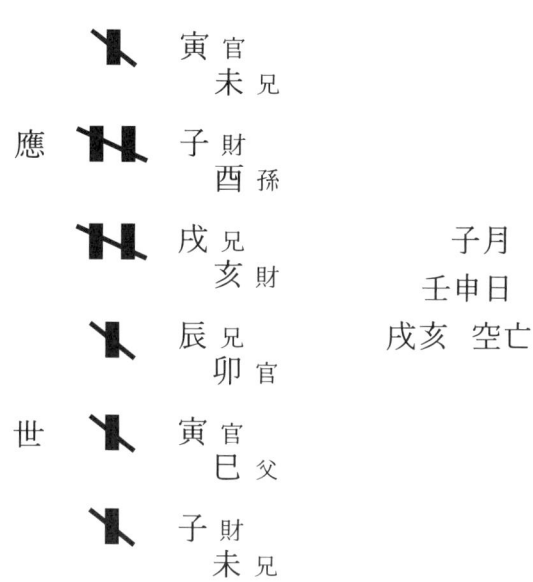

1. 부모님의 점이니 父가 용신으로서 2효의 변효 巳(火)가 용신이다.
2. 巳(火) 용신이 子월에 극을 당하고 申일과 극합을 하니 흉하고 힘이 없다.
3. 원신 寅(木)이 용신을 생 할 것 같으나 申일에 충을 받아 동한 것이 주저앉고 힘이 흩어져(충산) 용신을 생하기가 힘들게 되었다. 그리고 용신 巳(火)가 포함되어 寅巳申 삼형이 되어 흉하다.
4. 괘가 진발이더라도 동효와 동효가 서로 탐생망극하여 世나 용신을 생부하면 어수선하고 어려운 환경 속에서도 일이 성사되지만, 본괘는 진발 속에서 용신과 원신이 힘이 없고 삼형살이 되어 결국 흉사를 맞게 되었다.

예) 직원이 언제 돌아올 것인가? (待人占)

離爲火(離火)

世 ▌ 巳 兄

　 ▌▌ 未 孫

　 ▌ 酉 財　　　午月
　　　　　　　　　庚辰日
應 ▌ 亥 官　　申酉 空亡

　 ▌▌ 丑 孫

　 ▌ 卯 父

1. 부하 직원의 점이므로 財가 용신으로서 4효 酉(金) 財가 용신이다.
2. 용신 4효 酉(金)는 午월에 극을 당하나 辰일과 생합이 되며 공망이다.
3. 용신이 日에 합으로 묶여 있고 공망이니 지금은 올 수 없다.
4. 용신을 충(卯酉沖)하여 합과 공망을 해소하는 卯월에 돌아올 것이다. 과연 辛卯 월에 돌아왔다.

> **참고**

- 수괘 이위화는 육충괘이다. 충괘여서 흉하나 酉(金) 용신이 辰일진과 합(辰酉합)이 되어 충중봉합이 되어 凶이 吉로 변했다.
- 진정인 경우에는 용신의 상태를 살펴야 한다. 용신이 日月의 생부를 받아 강하면 일이 이루어지고, 日月에 휴수하거나 파, 공망이 되면 일이 이루어지기 어렵다.
- 사람이나 소식을 기다리는 점에서는 용신이 旺하고 動해야 좋다. 용신이 왕하면 持世하거나 生세하거나 剋세하거나 간에 돌아올 마음이 있다.

  그러나 용신이 휴수하면 돌아올 마음이 없거나 형편이 되지 않는다는 것을 뜻한다.

예) 빌려준 돈을 오늘 받을 수 있을까? (求財占)

坤爲地(坤土)

世	▋▋ 酉孫 勾		
괘신	▋▋ 亥財 朱		
身	▋▋ 丑兄 靑	辰月	
		己卯日	
應	▋▋ 卯官 玄	申酉 空亡	
	▋▋ 巳父 白		
命	▋▋ 未兄 騰		

1. 돈을 구하는 점이므로 5효 亥(水) 財가 용신이다.

2. 5효 亥(水) 財 용신은 辰월에 극을 받고 卯일에 설기당하여 힘이 없다.

3. 6효 持世한 酉(金)가 원신으로서 財 용신을 생하고 있다.
   酉(金) 원신은 공망이고 辰월에 생합이 되고 卯일에 충을 받고 있다. 日의 충으로 인해 공망과 합이 풀리고 암동이 되어 財 용신을 생하고 있다.

4. 오늘이 마침 卯 날이므로 오늘 돈을 받을 수 있겠다. 시간은 財 亥(水)를 沖하여 움직이게 하는 巳時경이 되겠다.

참고

- 진정괘(盡靜卦)였으나 6효가 암동되는 바람에 독발괘(獨發卦)가 되었다.
- 단순히 재물만을 구하는 점이라면 財 용신과 世와의 관계를 중점적으로 보면 된다. 그러나 상대편에게서 돈을 받아야 하는 경우는 財 용신 이외에도 世와 應의 관계도 살펴야 한다.
  상대에게서 돈을 받기 위해서는 내가 상대를 제압하여 내 말을 듣도록 해야 하며 더불어 상대가 돈이 있어야 한다.
- 본괘에서는 世가 酉(金)로 상대 應인 卯(木)를 金극木하여 제압하고 있다. 상대 卯(木)는 卯일에 비화되어 힘이 있어 돈이 있으므로 오늘 돈을 받을 수 있다.

17. 용신 다현(用神 多現)

문) 괘상에 용신이 여러 개 나타나는 경우 그중 어느 것을 용신으로 취하는가?

답) • 靜한 효보다 動한 효를 용신으로 취하고,
　　 空亡된 효를 용신으로 취하고,
　　 持世한 효를 용신으로 취하고,
　　 月이나 日과 동일한 효를 용신으로 취하고,
　　 月破가 된 효를 용신으로 취한다.
　　 傷함이 있는 효를 우선적으로 용신으로 취한다.

＊용신 다현시는 다음의 현상이 나타난다.
- 형효가 다현시는 재물의 득실이 나타난다.
- 손효가 다현시는 안녕과 기쁨에 영향이 있다.
- 재효가 다현시는 재물의 증가 및 문서상의 손실이 나타난다.
- 관효가 다현시는 송사점에서는 재판이 재연되고, 질병점에서는 병이 깊어지고, 결혼점에서는 경쟁자가 있다.
- 부효가 다현시에는 매매점에서는 계약서의 시비가 있다. 시험점에서는 불합격되어 시험을 계속 봐야 한다.
- 자신의 신수점에서 세효가 많이 나타나면 그 효들은 자신을 생조하는 것으로 볼 수 있다.
　 승부점에서는 그들은 나의 경쟁자가 된다.

예) 자식에게 재앙이 생길까? (身數占)

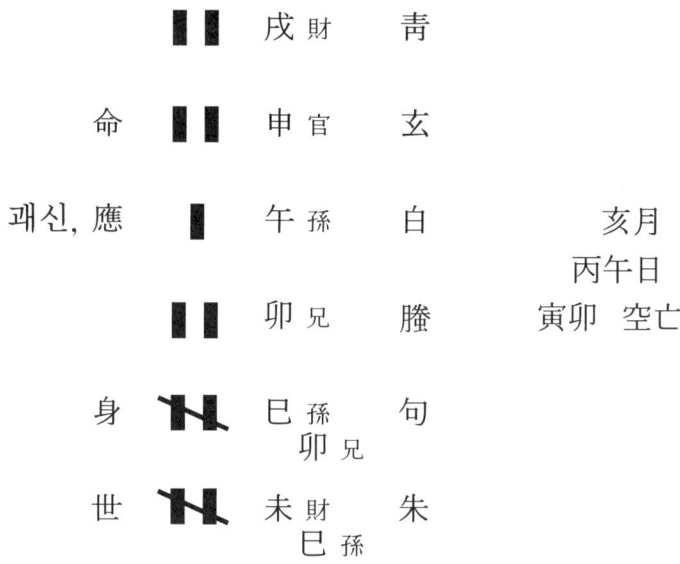

1. 자식에 대한 물음이니 孫이 용신이다.
   여러 孫 중 2효 巳(火)가 용신이다.
2. 용신 2효 巳(火)는 亥月에 충이 되어 월파가 되나 午日에 비화되고 회두생이 되었다.
3. 월파가 된 파효는 전실(塡實)이 되는 해에 응험(應驗)이 있다. 그러므로 巳년에 흉이 풀릴 것이다.

> 참고

- 4효 午(火), 동한 2효 巳(火), 초효의 변효 巳(火), 日의 午(火) 모두가 손이다.
- 용신은 본 괘에서 먼저 찾고 없으면 변효, 日月에서 찾는다.
- 본 괘에서는 동하거나 상한 것을 우선하여 용신으로 취한다.
- 2효 巳(火)가 동하고 월파가 되어 용신으로 삼았다.

예) 자식을 얻을 수 있을까? (後嗣占)

坤爲地(坤土) → 간위산

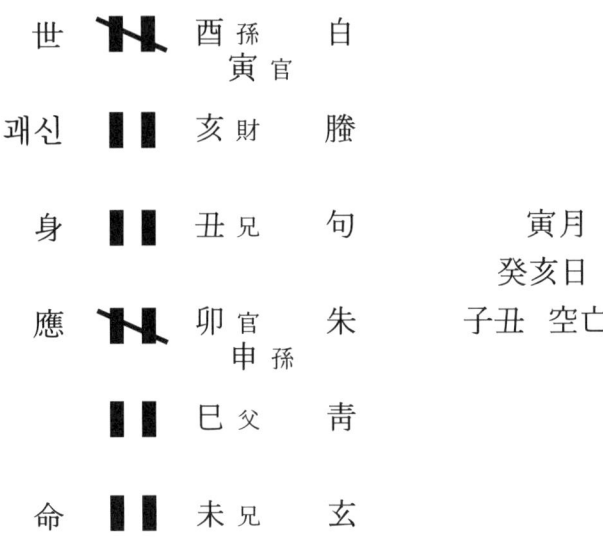

1. 자식에 대한 점이므로 孫이 용신이다.
2. 6효의 酉(金)와 3효 변효 申(金)이 孫이다. 이 중 본 괘에 있고 動하고 持世한 6효 酉(金) 孫을 용신으로 한다.
3. 괘가 육충괘(곤위지)에서 육충괘(간위산)로 변했다. 충중봉충으로 일이 성사되기 어려움을 예시한다.
4. 6효 酉(金) 孫 용신은 寅월에 절(節)이 되고, 亥일에 설기되어 힘이 없다. 용신이 변효 寅(木)에 회두절 (寅은 金의 絶地)이 되어 존재가 없어졌다. 게다가 孫이 官으로 변해서 재앙이

생기는 모습인데 3효 卯(木) 官까지 충을 하므로 상황이 몹시 나쁘다.

5. 3효에 변효 申(金) 孫 역시 寅월에 월파가 되고 亥일에 설기 되어 무력하다.
6. 자식들이 모두 죽고 후사를 둘 수 없었다.

> **참고**
> - 孫持世하니 내가 자식을 바라는 양상이다.
> - 寅월에 생을 받은 2효 巳(火)가 亥일에 충이 되어 암동되고 3효 卯(木)에 생을 받아 왕해졌다.
> - 암동 된 2효 巳(火)가 6효 酉(金) 孫을 극한다.
> - 자식이 있을 수 없다.

18. 문(問) 답(答)

문) 물으러 오는 사람(問者)이 성심으로 묻고 답을 하는 사람(卜者)도 정성으로 판단하여 답하여도 때로는 틀리는 경우가 있는데, 이건 어떤 연고인가?

답) 이것은 물어보는 사람에게 문제가 있는 것이다.
답하는 사람이 아무리 성의를 가지고 점치고 판단을 하여도 묻는 사람이 비밀스러운 말을 하기 어려워 진실을 말하지 않거나 다른 곳에 마음을 두고 물어보기 때문이다.

예) 금년 나의 공명(功名)운은 어떤가? (身數占)

艮爲山(艮土)

```
命 世  ▬▬▬   寅 官   白
       ▬ ▬   子 財   螣
       ▬ ▬   戌 兄   句        未月
                              癸亥日
身 應   ▬ ▬   申 孫   朱    子丑 空亡
       ▬ ▬   午 父   靑
       ▬ ▬   辰 兄   玄
```

1. 수괘 간위산은 육충괘이다. 그러나 6효 世인 寅(木)이 亥일과 합(寅亥)이 되어 충중봉합이 되었다.
   凶이 吉로 변하는 양상이다.
2. 공명을 원하는 점에서는 官이 용신이다. 官이 世에 임하고 있으면 나에게 이미 공명의 운이 있는 것이다.
3. 官持世한 世인 寅(木)이 未월에 入墓 되었으나 亥일과 생합(寅亥합)이 되어 힘이 있다.
4. 申월이 되면 공명이 이루어지리라. 申은 寅申 충을 유발해 世인 寅(木)이 寅亥 합에서 풀려나고 未(土) 墓庫에서도 풀려나기 때문이다.

> **참고**

신수점에서

- 兄持世하면 왕상휴수를 불문하고 재물과 처첩의 문제로 고통이 있다.
- 孫持世하고 강하면 재물과 자손에 기쁨이 있으나 휴수충극되면 실직, 부부 이별(여자), 자손에게 흉한 일이 생긴다.
- 財持世하고 강하면 재물의 취득이 있겠고 휴수하면 처첩이나 재물에 대한 문제가 있다.
- 官持世하고 강하면 직장이나 명예, 남편(여자에게)에게 길하고 경사가 있겠으나 휴수무기하고 충극되면 관재, 구설, 재앙, 질병 등 흉한 일이 생긴다.
  관직을 구하는 것 외에는 관지세는 일반적으로 흉하다.
- 父持世하고 왕상유기하면 매매, 합격, 인허가 등에 좋은 일이 있을 것이다. 그러나 일반적으로 부지세하고 휴수무기하면 삶이 고단하고 힘들며 걱정거리가 많다.

艮爲山(艮土)

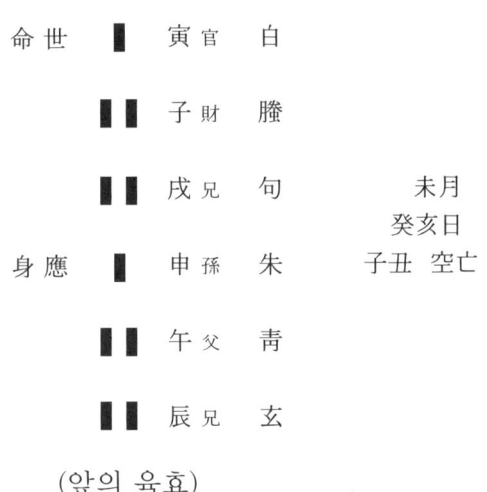

(앞의 육효)

예) 내가 승진(陞進)하겠는가? (求官占)

水天需(坤土 6)

命	▬▬	子財	玄	
	▬▬▬	戌兄	白	
世	▬▬	申孫	螣	子月
				乙酉日
身	▬▬▬	辰兄	句	午未 空亡
	▬▬▬	寅官	朱	
應	▬▬▬	子財	靑	

1. '승진되겠는가.'에 대한 물음이니 官이 용신이다.
2. 2효 寅(木) 官이 子月에 생을 받으나 酉日에 극을 받고 있다.
3. 世는 酉日에 비화되어 생을 받고 子月에 설기 되니 무난하다. 그러나 世에 孫이 임하고 있는데 孫은 官을 극하는 神이다. 본인이 승진을 거부하는 양상이므로 승진이 안된다.
4. 진정괘이니 본인의 신상에 변화가 없다.

> **참고**
> - 孫持世이면 본인은 관직을 그만두고 싶은 것이다.
> - 만일 물음이 '본인이 이번에 퇴직할 것인가?'에 대한 것이면 답은 '퇴직할 것이다.'이다. 그러나 승진할 것인가에 대한 물음이다. 손지세이니 '승진 못 한다.'가 답이다.
>   손지세했으니 비록 승진은 못 했으나 현직에서 나머지 기간은 편안하게 지낼 수 있다고 생각할 수 있다.
>   관직을 제외한 일반 점에서는 손은 기쁨이다.
> - 같은 손지세이나 물음에 따라 해석이 다를 수 있음을 유념해야 한다.

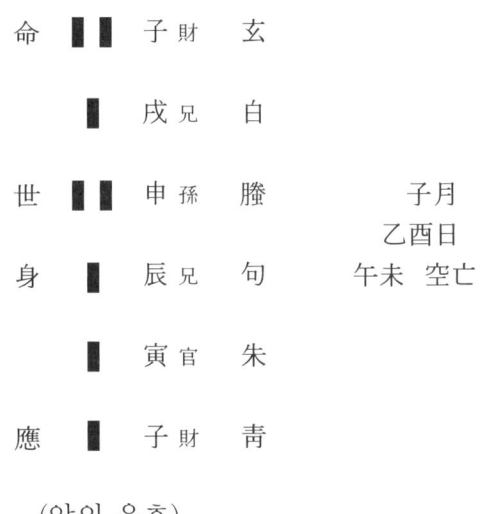

水天需(坤土 6)

(앞의 육효)

예) 아버지가 '자식이 나중에 출세할 것인가?' 대하여 물었다.
(功名占)

澤地萃(兌金 2) ➡ 천산둔

1. 아버지가 자식의 공명을 물은 것이다. 他占에서는 점치는 목적이 무엇이든지 간에 점치는 대상인 육친이 용신이다. 자식에 관하여 물었으니 孫이 용신이다.
2. 4효 亥(水) 孫 용신은 午월에 생을 받지 못하지만 酉일에 생을 받아 일생일극으로서 무난하다.
3. 6효 未(土)가 동하여 용신 亥(水)를 극하고, 3효 卯(木)가 동하여 용신을 설기하므로 흉하다.

그러나 3효 卯(木)가 동하여 용신을 극하는 未(土)를 극한다고도 볼 수 있다. 하지만 未(土)는 午월과 생합이 되고 진신이 되어 힘이 旺하다. 반면에 卯(木)는 午월에 사(死)가 되고 酉일에 충을 받은 상태에서 변효 申(金)에 회두극까지 당하여 힘이 전혀 없다.

4. 힘이 없는 卯(木)가 강한 未(土)를 극할 수 없을 뿐만 아니라 卯가 未(土) 墓에 갇혀 未(土)가 卯의 극을 피하고 있다. 결국 왕한 未(土)가 용신 亥(水)를 극하여 공명은 고사하고 흉사가 일어나고 말았다.

5. 4효 용신 亥(水), 3효 卯(木), 6효 未(土)가 亥卯未 삼합 木국을 이루었다고 생각할 수 있으나 왕지인 3효 卯(木)가 酉일에 충(沖散)을 받으며 변효 申(金)에 회두극을 당하여 삼합으로의 기능이 상실되어 삼합으로의 작용을 하지 못한다

澤地萃(兌金 2) ➔ 천산둔

(앞의 육효)

제 9 장 생활점사들

제 9장 생활점사들

1. 구재점(求財占)

- 재물(財物)을 구하는 점에서 用神은 재(財)이며, 元神은 손(孫)이다. 관(官)은 財를 洩氣시키므로 흉하고, 형(兄)은 財의 忌神이며 부(父)는 財의 원신인 孫의 기신이며 財의 仇神이 된다.
- 구재점에서 財는 기본이고, 孫은 財의 원천이 되는 것인데 이 두 가지가 손상되고 파괴가 되면 재물을 구하기 어렵다.
- 財가 왕(旺)하고 동(動)하면 公과 私를 물을 것 없이 재물을 구한다.
- 財나 孫이 극(剋)이 되거나 입묘(入墓)되거나 절(絕)이 되었을 때, 이를 구해주는 것이 없으면 매매나 구재에는 불길하다.
- 兄은 財의 기신 이므로 兄이 지세하면 재물을 구하기 어렵다. 兄은 孫을 생하나 財를 극하여 구재점에서는 기신이다.
  괘중에 兄과 孫만 있고 財가 없는 상황에서는 兄이 동하더라도 財를 극하지 못하고 孫을 생하게 되어 재물을 구할 수 있다. 한편, 兄이 동하고 정(靜)한 孫과 財가 괘중에 있으면 동한 兄이 財를 극하여 재물을 구할 수 없다. 그러나 이때 孫이 동한다면 兄이 孫을 생하고 동한 孫이 財를 생하여 재물을 구할 수가 있다.

- 孫이 복신이 되고 財가 힘이 없을 때, 財가 동한 兄을 만나게 되면 財가 兄의 극을 받아 피해를 보게 되는데 이때 괘중에서 官이 동하거나 日이 官이 되어 兄을 극하게 되면 재물을 얻을 수 있다. 동한 官이 兄을 극하여 財를 구해주었는데 孫이 동하여 官을 극하면 官의 극에서 벗어난 兄이 다시 財를 극하게 되어 재물을 구할 수 없다.
- 財만 있고 孫이 없으면 장구하게 재물을 구하기가 어렵다. 孫과 財가 모두 없으면 구재점에서는 연목구어(緣木求魚)와 같아 재물을 구할 생각을 말아야 한다.
- 月이 財가 되면 괘중에 財가 없더라도 日이 財날이 될 때 재물을 득하게 된다(예; 寅木이 財인데 寅월 戌일에 점쳤다면 寅월 寅일에 재물을 득한다).
- 日이 財를 傷하면 財가 비록 힘이 있더라도 日과 月이 재를 극하는 날을 지나야 재물을 득할 수 있다.

- 財가 많이 나타나면 묘고에 수장됨을 얻어야 한다.
  괘중에 재효가 이중삼중으로 많이 나타나면 재물이 흩어져 있는 상황이므로 재물을 구하기 어려운데 이때 世의 비신이 財의 묘고가 되면 흩어진 재물이 나의 창고로 모두 들어오니 반드시 재물을 얻는다.
  (예; 財가 申酉(金)일 경우에 世에 丑(土)이 있을 때)
- 父와 兄이 같이 동하면 재물을 얻을 수 없다.
  父는 孫을 극하고 兄을 생하는데 생을 받은 왕한 兄이 財를 극하므로 재물을 구할 수 없다.
- 官이 없으면 兄이 財를 분쟁하므로 비록 현재 재물에 힘이 있다 하여도 언젠가 소모되어 사라질 가능성이 있다. 그러나 官이 동하는 것도 마땅하지 않다.

- 兄이 많으면 오히려 재물을 크게 이루기도 하나 이때는 반드시 孫이 동해야 한다. 兄은 재물의 점에서는 기신인데 日月이 괘중에서 모두 兄이 되어 동하면 형이 태과하게 된다. 이때 孫이 동하면 兄은 財를 극하는 것을 잊어버리고 孫을 생하고 힘을 받은 孫이 財를 생하여 재물을 얻게 된다. (貪生忘剋)
  그러나 孫이 동하지 않고 안정되어 있으면 재물을 얻을 수 없을 뿐만 아니라 손재가 크다.
- 兄이 世에 임하면(兄持世) 재물을 구할 수 없다. 이는 내가 재물을 거부하는 것과 같다.
- 財가 世를 합하거나 생하거나 世에 임하면 내가 재물을 취하는 것이니 얻게 되지만 財와 세효가 위와 같은 관계가 되지 않으면 나(世)와 財는 인연이 없는 것이니 재물을 구하기가 어렵다.
- 財가 世에 임하면 世가 재물의 주인이 되므로 비록 世가 힘이 없어도 재물이 힘을 받는 날이 되면 求財가 이루어지고, 世에 兄이 있으면 兄이 움직이지 않아도 재물을 얻기 어렵고, 형이 발동하면 재물은 구할 수가 없다.

- 孫이 동하여 財로 변해서 世를 생하거나 합하면 재물이 끊임없이

들어온다. 혹은 財가 孫으로 변하여 世를 합하거나 생해도 마찬가지이다.

- 兄이 동하여 官으로 변하고 世를 극하면 구설이 분분하고 손재가 많다. 괘중에 兄과 官이 같이 발동해도 구설이 분분하고 손재가 있다.

- 父가 변하여 財가 되면 재물을 쉽게 얻었다기보다는 고생하여 얻은 것이라 할 수 있다. 兄이 변하여 財가 되면 처음에는 재물을 잃고 나중에 얻는 것이고, 官이 변하여 財와 합을 하면 관공서에서 재물을 얻는 양상이며, 구류술사(九流術士; 학문은 있으나 벼슬이 없는 사람으로 의사, 점술가, 관상가, 지관, 스님, 도사, 미술, 연극인 등)는 官이 財가 되거나 財가 官이 되어도 길하다.
- 財가 동하여 兄이 되거나 官이 되면 재물을 잃거나 관재를 당할 수 있어 최고로 흉하다. 더불어 다시 世를 상(傷)하면 재물로 인해 화(禍)가 생기게 된다.
- 財가 삼합국이 되어 孫과 합이 되면 재물이 끊임없이 들어오고, 삼합국이 財가 되어 世를 생하거나 합하면 이익이 만 배가 된다.
- 태세는 점치는 그 해(일년)를 말하는데 태세가 兄이 되어 지세하면 일 년 동안 재물이 적거나 손재가 있고, 官이 되어 지세하면 일 년 동안 놀라는 일이 자주 있고 우환이 생긴다. 父가 되어 지세하면 일 년 동안 마음이 편치 않고 괴로우며 재물을 얻더라도 어렵게 고생하면서 얻게 되나, 孫이 되어 지세하면 일 년이 순조롭고 기쁜 일들이 많다.

- 世應이 공망이 되어 합하면 서로 뜻이 없이 거짓으로 하는 헛된 약속이다. 財가 世에 임하고 공망이면 내가 재물을 취한 것 같으나 공망이니 재물을 얻기 어렵고, 世應이 모두 공망이어도 이루어지지 않고 화공(변효의 공망)도 역시 그러하다.

- 부인을 얻는 점에도 財를 용신으로 보는데 효가 동하여 財를 상하게 하거나 財가 공망(자공)이 되거나 財가 동하여 화출한 변효가 공망이 되어도 부인을 얻지 못한다.
  官이 지세하고 財와 생합을 하면 쉽게 이루어지나 공망이면 이루어지지 않는다.

- 財가 동하여 世와 생이나 합을 하면 재물이 나에게 오는 양상이나 財가 日과 합이 되면 財를 타인이 취득하고 나에게는 주지 않는 형국이다. 父와 합하면 윗사람이 가져가고 나에게는 주지 않는 상황이니 다른 것도 이와 같은 방법으로 추리하면 된다.

- 財가 동하여 입묘가 되어 묶이면 묘를 충 하는 날에 재물을 얻고, 財가 동하여 절이 되면 장생 날에 재물을 얻는다. 日이 財를 충하면 합일에 얻고, 합이면 충일에 얻는다. 또 안정하면 충일에 얻고, 공망이면 출공일에 얻으며, 은복되어 있으면(복신) 출현하는 날에 얻는다.

- 재물을 취득하는데 '어떤 시기가 유리한가.'는 봄, 여름, 가을, 겨울을 관찰해야 한다. 예를 들면 언제 물가가 가장 높이 오를 것인가를 알려면 오행에 따라 판단하면 된다. 木의 財는 봄에

오르고, 火의 財는 여름에 오르고, 金의 財는 가을에 오르고, 水의 財는 겨울에 오른다.

- 재물을 구하는데 있어 世應이 모두 財가 되면 반드시 유리하다. 그러나 괘중에 兄이 있으면 손재(損財)를 유발하는데 兄이 움직이지 않고 정하면 별일 없으나 동하면 손재가 일어난다.
- 재물을 점할 때 官이 동하면 官은 財의 힘을 빼기 때문에 구재에 막히는 것이 많다. 그러나 관공서에서 재물을 구하는 데는 길하고, 힘이 있거나 世와 합을 하면 좋다. 官이 世를 극하면 재앙이 있다.
- 가축(육축)은 孫이 용신이다. 가축을 판매하는 데는 孫이 왕하여 世에 임하면 이득을 취하고 판매할 수 있어 꼭 좋고, 父가 발동하면 孫을 상하게 하여 흉하다. 또 土의 官이 나타나면 유행병으로 가축이 죽으니 조심해야 한다.

  孫은 왕하나 財가 공망이 되면, 가축은 건강하고 좋으나 제값을 받지 못하므로 나에게 이익은 없다.

- 빌려준 돈은 世應이 兄이 되거나, 世應이 모두 공망이거나 財가 절이 되면 받지 못한다. 빌리는 돈은 應이 공망이면 빌리지 못한다.
- 의복이나 책은 용신을 父로 보고 가축이나 술, 식기는 孫으로 보며 기타 재물과 식물은 財로 본다.
- 도박에는 世가 강하고 應이 약한 것을 원하고 世가 應을 극하면 내가 이기고 應이 世를 극하면 내가 진다.

  兄이 동하여 世를 극하거나 兄이 지세하게 되면 내가 이길 수가 없고, 應이 공망이고 합이 되면 불리한데 官과 兄이 동할 때는 싸움을 하게 된다.

- 官이 世를 극하면 내가 사고나 관재나 질병을 앓을 수가 있으며, 현무가 임한 官이 동하여 世를 극하면 도난을 당하게 된다.
- 매매에 應이 世를 합하거나 생하면 꼭 성사되나, 應이 世를 형극하면 매매는 이루어지지 않는다.
- 財가 태과하면 물건이 많고, 물효(물품에 따라 용신이 다름)가 적으면 물건이 적고, 공망이나 복신이 되면 물건은 없다.
- 가축(육축)은 용신을 孫으로 보고 오곡은 財로 보는데 이들의 판매에 兄이 교중하면 불리하다. 또 간효가 동하여 世를 극하여도 이익이 없다.
- 저축은 財가 동하는 것이 마땅치 않는데 동하면 변동이 있고, 공망이 되면 다시 정정하는 일이 있거나 바꾸는 일이 있다.
- 매매는 財가 동하면 일이 쉽게 되고 世가 동하는 것도 쉽게 된다. 財가 외괘에 있어서 世를 생하면 다른 곳에서 매각하게 되고, 財가 내괘에 있으면 본지에서 매각할 수 있다.
  財가 지세하나 외괘에 孫이 동하면 외지에서 매각하는 것이 낫다. 내 외괘중에 財가 없거나, 복음이 되었거나, 공망이면 비록 매매를 하나 이루어지지 않는다.
- 父와 兄이 힘이 있으면 財의 기운을 약하게 하니 돈을 벌 욕심을 버리는 것이 좋다.

2. 매매점(賣買占)

- 토지, 주택, 선박, 자동차, 문서 등은 부(父)가 용신으로서 이런 것들을 매매할 때의 용신도 역시 父다. 그러나 가축은 손(孫), 곡식은 재(財)가 용신이다. 매매 점에서 간효(間爻)는 중개인이다.
- 매도인이 점할 때는 世가 본인으로서 팔 사람이고, 應은 매수인으로서 살 사람이거나 팔 물건이다.
  매수인이 점할 때는 世는 본인이고, 應은 매도인이거나 살 물건이다.
- 매매나 임대차에서의 계약 성사 여부는 부효의 旺衰로 판단한다. 그리고 특정인과의 계약 성사 여부는 世와 應 간의 생극 등을 잘 살펴야 한다.
- 매매점에서는 팔 사람이나 살 사람이나 그 대상이 있으니 父 용신 이외에도 世와 應의 관계를 잘 살펴야 한다.
- 부동산을 매입할 때는 父 용신이 世를 생하거나 합하면 길하고, 매도할 때는 世와 應이 상합하거나 상생하면 길하며 용신이 왕한 日이나 月에 성사된다.

- 매매점에서 용신이 많으면 경쟁자가 많다는 의미이며 육충은 흉하고 육합은 길하다. 그러므로 충중봉합은 매매가 성사되나 합처봉충은 매매가 성사되지 않는다.
- 父가 정하면 충 할 때, 합이 되었으면 충 할 때, 父가 동하고 공망이면 출공시에 일이 성사된다.

- 父가 변효 財를 화출하면 집을 팔고, 財가 父를 화출하면 집을 사는 형국이다.
- 財가 동하여 父나 2효 가택효를 극하면 집이 팔린다.
  그러나 應이 동하여 財를 화출하거나 月日과 합이 되면 계약은 파기 된다.
- 財가 강하면 매매할 물건이 많고, 財가 약하면 매매할 물건이 적다.
- 괘중에 財가 없거나 공망이 되면 매매는 이루어지지 않는다.
- 財가 왕하면 시세가 좋고 휴수묘절이 되면 시세가 좋지 않다.
- 財가 동하여 변효 兄을 화출하면 손해보고 매매를 한다.
- 財가 동하여 변효 孫을 화출하면 이익을 보고 매매를 한다.
- 財에 역마가 임하면 매매가 쉽다.

- 世와 應이 극하는데 간효가 동하여 통관시키면 중개인 때문에 매매가 성사된다.
- 간효가 동하여 世나 應을 극하면 중개인의 방해로 매매가 성사가 되지 않으며 간효가 父를 충합한다면 타인이 계약하게 된다.
- 간효가 동하여 世를 극하면 나에게 이익은 없고 중개인만 이익이 있다.
- 초효나 2효에 父가 임하면 토지나 집을 사거나 팔게 된다.
- 父가 초효에 임하고 日과 비화되면 토지의 매매 건이며, 父가 2효에 임하고 日과 비화되면 주택의 매매 건이다.
- 財와 孫이 왕상하며 父나 官을 극하면 매매가 이루어지지 않는다.

- 世와 應이 모두 공망이면 매도인과 매수인 모두 이 거래에 관심이 없다.
- 應이 世를 생합하면 거래가 이루어지나 應이 世를 극하면 이루어지지 않는다.

- 매매점에서 財가 내괘에서 동하면 순조로우나 외괘에 있으면 어려움이 있다.
- 財가 외괘에서 世를 생하면 타지 사람과 매매가 되며, 財가 내괘에서 世를 생하면 본지 사람과 매매가 이루어진다.
- 財가 동하면 매매할 물건의 변동이 있고, 官이 동하면 재앙이 있다.

3. 구관점(求官占)

- 선거에 의한 관직(대통령, 국회의원, 도지사, 시장 등)을 점치는 경우는 관(官)이 용신이며, 장관과 같이 임명장을 받는 경우는 부(父)가 용신이다. 일반적으로 취업이나 진급 등을 점칠 때도 官을 용신으로 한다.

- 구관점에서는 官持世하면 관직을 얻는다. 그러나 孫持世하면 내가 관직을 거부하는 양상이니 관직을 얻을 수 없다.
- 世는 공명을 구하는 사람이니 官이 자세하거나 官과 생합하면 일이 이루어지고, 孫이 官을 극제하면 공명을 얻을 수 없다.
- 관직에 의한 공명을 볼 때는 官과 父가 상생(官印相生)하여 나에게 오는 것이 최상으로 좋다.

- 공명을 점치는 데는 父를 문서로 삼고 官으로 관직을 보니 두 가지가 손상이 없어야 한다.
  괘중에서 한 개가 상하면 성하지 못함이다. 父가 왕상하면 문서가 아름답고, 官이 득지하면 공명이 유망하다.
- 공명엔 財와 孫이 도리어 흉이 되는데 財는 父를 극하고 孫은 官을 극하기 때문이다. 財가 지세하나 官이 동하여 생왕하면 거리낌이 없으나 孫의 동은 싫어한다.
- 명예를 구하는데 兄이 동하거나 혹은 日月이 兄을 대하면 나의 경쟁자가 많아져서 경쟁이 심해진다.

- 시험점에서 兄持世하면 경쟁이 심하여 불리하다. 兄은 경쟁자이기 때문이다.
- 父와 官이 힘이 없으나 기신인 兄과 孫과 財를 일일이 극하면 父나 官이 생왕하는 시기에 일이 성사된다.

- 世가 쇠약하고 공망이며 정효인데 日이 생부하면 친구가 도와주어 명예를 얻는 것과 같다.
- 世가 무기하고 공망이 되어도 日이 생부하면 타인의 도움으로 공명을 얻는다.

- 구관점에서는 용신 官이 합이 되면 좋고, 충은 좋지 않다. 官이 상하면 관직은 얻을 수 있으나 공명을 이룰 좋은 관직을 얻지는 못한다.
- 父가 안정하고 父와 官이 힘이 있고 공망이 되지 않고 日月에 상극되지 아니하면 길하다. 父와 官이 동하면 변동이 있고 화출된 변효가 사, 묘, 절, 공망, 형, 충이 되면 일이 이루어지기 힘들다. 그리고 육효가 난동하여도 일이 이루어지지 않는다.
- 父가 힘이 있고 동했는데 日과 생합하면 길하나, 財가 父를 극하거나 상하게 하면 파괴되어 잃게 되고 月이 충극하여도 이루어지지 않는다.

- 괘중에 官이 없는데 孫이 변효 官을 이끌고 世를 생합하고 父가 힘이 있으면 공명은 있으나 높기는 어렵다.

- 용신이 복신이 되면 용신으로 쓰기는 하지만 이루어지기 힘들다.
- 月이 발동하여 世를 극하고 官이 때를 잃으면 형(刑)을 만나게 된다.
- 官이 지세하였는데 財가 발동하여 世와 생합하면 기쁨이 있다.
- 父가 공망이 되어도 財가 동하여 관지세를 생하면 공명을 이룬다.

- 世가 강하지 않아도 官이나 父 양효가 日이나 月의 생부를 받아 왕상하고 應이 동하여 世를 생하면 추천으로 관직을 얻는다.
- 괘중의 삼합이 관국이면 관직에 빨리 승진하고 삼합부국도 길하다.
- 청룡이나 백호 官이 동하여 世를 생하면 특별히 선발된다.

- 관지세하였을 때 孫이 동하여 官을 극하면 파직이 되지만, 孫이 변효 官을 이끌고 財가 임한 世를 생하면 관직을 얻을 수 있고, 孫이 동하여 財와 생합을 하면 가히 옛 직장에 복직할 수 있다.

- 태세효는 유정함을 최고 기뻐하고, 태세효가 官이 되면 군신이 서로 상봉한 형상이라 관직이 반드시 높게 오르게 된다.
- 청룡 官이 동하여 世와 생합하면 공명을 이룰 뿐만 아니라 좋은 일이 있다. 만일 동효가 공망이 되면 출공되는 日과 月에 기쁨을 본다.
- 日이 官인데 世를 상하고 世가 낙공망 되면 대단히 흉한 상이다.
- 世가 官으로 변하고 父가 상함이 없으면 합격한다.

- 구관점에 官은 합이 되면 좋고, 충이 되거나 상하면 좋지 않다. 괘도 육합괘는 관직을 쉽게 이루지만, 육충괘는 관직을 얻지 못한다.

- 父와 官이 유기하고 손상됨이 없으면 공명을 취하지만, 父는 왕하고 官은 공망되었다면 비록 실력은 있어도 등재하지 못한다. 성공하는 자는 父가 쇠약하더라도 官은 힘이 있어야 한다. 이는 학문(父)이 부족하더라도 자리(官)가 받쳐주어 가히 공명을 얻게 된다.
- 父와 官이 동하여 절이 되면 합격하지 못하고, 만일 應이 日月의 官이 되고 동하여 世를 도와주면 다른 사람의 도움이나 혹은 재물로 공명을 얻을 수 있다.
- 합격할 수 있는 괘는 世가 동하여야 하는데, 입묘되거나 절이 되면 합격은 해도 행복할 수 없다.

- 卦身이 사건의 주체가 되면 공명은 더욱 편안하게 이루어진다. 그러나 괘신이 財와 孫에 임하면 공명을 얻는데 흉하고, 官에 임하면 유망하며 다시 발동하여 官으로 변하고 日月의 생합을 득하면 그 공명은 더욱 높이 올라간다.

- 본인이 공명을 점할 때는 世와 官과 父의 왕상휴수와 상관관계를 살피고 다른 사람의 공명점일 경우는 상응하는 육친이 용신이므로 육친의 왕상휴수가 공명을 얻는데 중요하다.

4. 시험점(試驗占)

- 시험점에서는 父가 용신이고, 官은 원신이다.
  財는 기신이며, 孫은 구신이다.
- 시험을 보지 않는 취직, 승진, 당선 등은 官이 용신이며 財가 원신이 된다.
- 시험점에서 자점은 父를 世와 함께 살피고, 타점에서는 그 대상인 육친의 왕쇠를 중점적으로 살펴야 한다.

  내가 시험에 합격할 수 있는가에 대한 자점의 경우에는 官이 父를 생하며 왕한 父 용신이 世를 생하거나 합하거나 비화되면 합격할 수 있다.

  그러나 부모가 자손의 합격 여부를 묻는 타점에서는 판단하기가 쉽지 않다. 父가 왕하면 자손인 孫을 극하는데 이것이 길한 것인지, 흉한 것인지를 판단해야 한다.

  부모가 점쳤을 때 부효가 동하면 이 괘상은 부모와 관련이 있다. 이때는 자손의 신수점을 보아 자손이 왕상하고 휴수되지 않은 상태에서 왕한 부효가 손을 극해도 길하다.

  또 다른 방법은 자손을 世의 자리에 두고 父가 世를 생하면 길하다. 타인의 시험점에서의 통변에는 위와 같은 방법들이 제시되어 있다.

  그러나 저자는 타인의 시험점에서도 그 대상이 되는 육친인 용신이 가장 중요하다고 생각한다. 남편의 질병 점을 보았을 때 官(질병, 남편)이 왕하면 남편이 위중한 것으로 볼 것인지, 孫이 동하여 官을 극하면 좋은 것으로 볼 것인지를 한번 생각해보자. 남편에 관하여 본 것이므로 남편 관이 왕하면 좋은 것으로 보고, 孫은 官의 기신이므로 왕하여 官을 극하면 흉한 것이다.

그러므로 자식의 시험 점을 보았을 때도 용신 孫의 왕쇠를 살펴야 한다. 孫이 강하면 시험에 합격한다. 이때 시험이므로 父를 용신으로 보아 강하면 시험에 합격한다고 판단한다면 타점에서 용신은 무용지물이 되는 것이다.

제언하면 목적하는 바가 무엇이든지 간에 타점에서는 점을 치는 대상인 육친 즉, 용신의 왕쇠가 일의 성사 여부에 가장 중요하다고 저자는 생각한다. 그리고 가장 좋은 방법은 본인이 직접 친 점괘를 가지고 판단하는 것이 제일 정확하다.

- 일정 점수 이상이면 합격하는 경우에는 父가 왕상하면 합격한다. 그러나 정원이 제한된 상황에서는 父의 왕상함만이 아니라 官의 왕상함도 필요하다. 官이 휴수무기하고 父가 왕상하다면 시험점수는 좋다고 할 수 있으나 상대적으로 나보다 점수가 더 좋은 사람들이 자리를 선점하고 있으므로 나에게 올 자리가 없어 불합격하는 경우이다.

  그러므로 정원이 제한된 求官 시험에서는 때로는 父의 상황보다 官의 상황이 더 중요할 수 있다. 官이 휴수하거나 空亡되거나 傷하거나 剋世하면 합격을 기대하기가 어렵다.

- 시험점에서는 父 용신이 유기하고 유정하여 世를 생하면 길하고,

부지세하였는데 원신 官이 생하여도 좋다. 父용신이 世를 극하여도 합격이 되나 이때는 世가 왕상해야 한다.
- '대학에 합격하겠는가?'라고 애매하게 물으면 점괘도 애매하게 나온다. '서울 대학에 합격하겠는가?'라는 식으로 범위를 좁히고 정확하게 물어야 점괘도 정확하게 나온다.

- 世와 父, 官이 삼합 부국을 이루거나 관국이 되면 합격한다.
- 財가 동하여 父 용신을 극하더라도 官이 동하여 통관시키면 합격한다.
- 父가 지세하고 世가 日과 月에 생을 받고 동하면 합격한다.
- 日이나 月이 世를 충극하면 합격이 힘들다.
- 孫이 지세하면 관직을 얻기가 어렵다.

- 시험점에서 兄이 동한다는 것은 경쟁자가 움직였다는 의미이다. 兄이 동하거나 日과 月이 兄이면 흉하다.
- 世가 동하여 官을 화출하고 그 변효에 회두극이 되면 흉하다.
- 父가 官을 화출하면 합격이고, 財를 화출하면 불합격이다.
- 官이 父를 화출하면 합격이고, 孫을 화출하면 불합격이다.
- 世나 官이 형충파해나 공망이면 구직은 힘들다.
- 世가 日月 동효의 官이나 父와 합하거나 생을 받으면 길하다. 특히 父나 官이 임한 5효가 생세(生世)하거나 합세(合世)하면 그 길함이 더욱 크다.

- 휴수한 父가 공망이나 상하거나 회두극 또는 퇴신이 되거나 육충이 되면 진로를 바꾸는 것이 좋다.
  쇠약한 父가 회두생이나 진신이 되거나, 육충이 육합으로 되면 포기했다가 다시 시작한다.

- 父가 임한 應이 동하여 世를 생하여도 합격한다.
- 간효(世와 應사이의 2개 효)에서 父가 동하여 世를 생하여도 길하다.
- 방효(世와 應 밖의 효)에서 父가 동하여 世를 생하면 현재 묻는 시험이 아닌 다른 시험과 인연이 있음을 암시한다.

5. 관재점(官災占), 송사점(訟事占)

• 괘중에 世는 원고이며 내편, 應은 피고이며 상대편이다.
父는 소장, 증빙서류, 진정서 등이며, 孫은 변호사, 간효(世와 應사이의 2개 효)는 증인을 말한다.
官은 관청이고, 財는 송사에 들어가는 비용, 兄은 송사에 의해 발생 되는 재물 손실을 의미한다.

• 형사사건 등에서는 官이 관청으로서 중요한 역할을 한다. 민사사건에서는 世가 日이나 동효에서 힘을 받아 왕한 것이 좋다. 應은 日이나 동효에 충극을 받거나 사나 절이 되어 힘이 없는 것이 내게 유리하다.

• 송사의 승패는 世應의 旺衰에 달려있다.
世가 강하고 應이 약하면 내가 승소하고, 應이 강하고 世가 약하면 내가 패소한다. 世가 應을 형극하면 내가 이기는 것이 아니고 타인을 기만하는 상이다.

• 官이 世를 극하면 내가 흉하고, 官이 應을 극하면 應이 흉하다. 그리고 日月이 世를 생하거나 應을 극해도 내가 이긴다.

• 世應이 서로 합하면 원고와 피고가 화합하려는 마음이 있다.
世가 應을 생하면 내가 화합할 의사가 있는 것이고, 應이 世를 생하면 상대가 화합할 의향이 있는 것이다.
世와 應이 동하여 서로 생합을 하면 양측이 화해 할 수 있다.

- 世가 공망이 되면 내가 송사가 종결되기를 원하고, 應이 공망이면 상대가 종결되기를 원한다. 世應이 모두 공망이 되면 화합한다. 그러나 世나 應이 동하여 변효가 공망이 되면 마음은 없으면서 말로만 화해한다.
- 世應이 같으면 화합의 상이다.
  그러나 官이 동하여 世나 應을 극하면 官에서 화해하지 못하게 하지만 孫이 동하면 결국에는 화해를 한다.
- 육효가 안정하고 世應이 생합을 하지 않았으나 孫이 발동하면 친구나 주변 사람의 권고로 화해를 하게 된다.
- 世가 동하면 나의 계략은 뛰어나지만, 官으로 화하여 회두극이 되면 도리어 계획에 실패하고 상대도 그러하다.

- 간효가 세효에 가까우면 나의 증인이요, 應에 가까우면 상대방의 증인이다. 또한, 간효는 증인이니 世를 생하면 나에게 유리하고, 應을 생하면 상대가 유리하다.
  世와 충극하면 나의 원수가 되고, 應을 충극하면 상대방과 원한이 있다.
- 官이 간효를 극제하거나 日月에 형극을 받으면 관청에서 간효 (증인)의 말을 듣지 않는 것과 같다.
  그러므로 應의 간효가 형극을 받게 되면 내가 유리한 것이므로 증인은 처벌을 받는다.
- 官이 간효에 있으면서 應을 극하면 상대방이 처벌을 받게 되고 世를 극하면 내가 불리하다.

- 왕한 효가 應을 생하고 쇠약한 효가 世와 합하면 내가 도움을 받기는 하지만 상대방이 힘이 있으니 나는 성공을 못하게 된다.
- 괘신은 송사의 뿌리인데 강하면 일이 크고 쇠하면 일이 작고 동하면 급한 일이고 정하면 급하지 않은 일이며 공망이나 복신이 되면 허사가 되고 비신과 복신이 힘이 없으면 부실하다.

- 官은 관청이 되고, 죄와 벌이다. 官이 강하면 죄가 중하고, 官이 약하면 죄가 경하다.
- 관지세하면 내가 관청의 벌을 받고, 官이 應에 임하면 應이 그러하다.

- 世가 官의 형극을 받고 또 日에 형충 등을 당하면 내가 刑을 받고, 應이 그러하면 應이 형을 받는다.
- 日에 官이 있으면서 동하여 世를 극해도 刑을 받는다. 그러나 日이 官을 제거하면 일이 순조롭게 해결된다.
- 世가 왕하고 官이 공망이 되면 혐의가 없어지고 관재가 사라진다.
- 世가 官의 묘가 되거나 관지세했는데 日이나 동효가 世의 묘가 되면 감옥에 간다. 이런 경우 백호가 임하면 병까지 걸리게 된다.
- 官과 世가 같이 공망이 되면 소장이 취소된다.
- 世가 官을 극하면 유리하나 官이 世를 극하면 흉하다.
- 官이 世밑에 복신으로 숨어 있으면 송사가 계속해서 일어난다.
- 父는 소장인데 父가 동하면 소송이 제기되고, 정하면 소송이 제기되지 않은 상태이다.

- 父가 世에 임하면 내가 소송을 제기하는 형국이고, 應에 있으면 상대가 그러하다.
- 고소할 때는 官과 父가 같이 동하면 송사할 수 있다.
- 父는 힘이 있으나 官이 孫으로 변하면 송사를 하려고 하다가 못하게 된다.
- 官이 世를 형극하고 日에 형, 충, 극, 해를 입으면 내가 먼저 형을 받는다.

- 兄은 송사에 의한 재물 손실로서 형지세하면 내가 재판 때문에 돈을 많이 소모함을 의미하며, 백호가 같이 임하면 손재가 더욱 커 가정이 파산하게 된다.
- 孫은 기쁨과 희열의 신으로 화해와 석방이라는 의미이므로 孫이 동하면 화해하고 투옥된 사람은 석방된다.
- 財로써 송사의 유, 불리를 구별하므로 財가 世에 임하면 내가 유리하고, 應에 임하면 상대가 유리하다.
- 官이 태세에 임하면 지방 검찰청이나 지방법원에서 일이 안 끝난다. 官이 5효에 있으면 대법원까지 가게 되며 月이 官이면 옥에 갇히는 우환이 생긴다.
- 官이 괘중에 없으면 자기의 의견을 내세우지 못하고 내외 괘에 官이 있으면 한쪽의 말만 듣지 않고 양쪽의 주장을 다 들은 후에 사건을 종결하게 된다.
- 官과 父가 많이 나타나면 나쁜데 변화가 많이 생겨 일이 확정되지 않고 제대로 이루어지는 일도 없으며 일을 처리하기 어려운 상황에 도달하게 되어 다시 고발하여도 성공하지 못하게 된다.

- 父가 강하고 官이 힘이 없으면 큰 사건처럼 보이나 실은 작은 사건이다.
- 世應이 강하고 동하면 처음엔 사건이 크나 변하여 묘, 절, 공망이 되면 용두사미로 끝이 난다.
- 世가 힘이 없어도 日月이나 동효가 생하거나 합하면 귀인이 도와주는 격이 되어 상대가 불리하게 되고, 應이 日月과 생합하면 상대방이 귀인의 도움을 받는 격이 되어 내가 불리하다.
- 世가 官이 되면 내가 순리를 따르지 않고, 應이 官이 되면 상대가 이치를 따르지 않는다.
- 世에 官이 변하여 나타나면 官의 일로 인하여 내 몸이 상하게 되는 것이고, 應이 이와 같으면 상대방의 몸이 상하게 된다.
- 괘신이 孫이 되고 동하면 일이 곧 해결되고, 官이 世밑에 복신이 되면 송사가 끊이지 않으니 현재는 송사가 없어도 복신이 출현하는 시기에 송사하게 된다.

- 世가 官이거나 官이 世의 묘가 되어 동하면 감방에 들어가는데 日에서 형충극파를 하면 출옥하게 된다. 옥중에 있으면서 점을 하는 경우에는 태세가 世와 생하거나 합하면 대통령에 의해 사면된다.
  月이 생합하면 상사가 심사하여 출감을 시키고, 日에서 생합하면 용서할 뜻이 있으며, 父가 생합하면 고생을 면하게 된다.
- 형(刑)을 받는 날은 孫이 동하고 官이 동하지 않으면 官이 생왕이 되는 날로 판단하고, 官이 동했는데 孫이 동하지 않았으면 官이 묘에 임하는 날로 판단한다.

6. 질병점(疾病占)

- 본인의 병점(자점)에서는 世가 용신이며, 다른 사람의 병점(타점)일 경우는 해당하는 육친이 용신이다. 남편의 점을 볼 때는 官이 용신이 되고, 부인은 財, 부모는 父, 자식은 孫을 용신으로 삼는다. 자점, 타점을 떠나 용신이 왕상하고 기신이 휴수 무기하면 길하다.
- 본인의 점에서는 世가 용신이며 官은 질병인데 孫은 관을 극하므로 질병을 치료하는 약제 등이며 財는 음식을 의미한다.

- 자점에서는 孫과 世의 왕상을 먼저 살펴야 한다.
  官의 왕쇠는 병의 경중을 나타낸다.
- 자점에서 世와 孫이 왕상하고 동하면 병이 낫는다. 괘중에 孫이 없다면 약을 먹어도 치료가 어렵다고 생각할 수 있다.

- 남편의 병 점을 칠 때 남편은 官으로서 官이 용신이다.
  이때는 官을 질병으로 보면 안 되고, 孫 역시 치료로 보면 안 된다. 남편의 병 점일 경우에는 官이 강하니 병이 심하다거나, 孫이 동하니 치료가 되는 것으로 판단하면 안 된다. 용신 官이 왕하면 남편이 힘이 있어 길하고, 孫 기신이 강하고 동하면 남편을 극하는 것이니 흉한 것이다. 부모의 병점에서도 官은 원신이므로 강하면 좋다.
  모든 타점은 용신으로 보는 것이다.

- 타인의 병점에서 때로는 관살이란 용어를 사용하는데 이는 官이 아니라 용신을 극하는 기신을 의미한다.
- 자점에서 관지세는 고질병을 의미하므로 비록 병이 가볍더라도 완치는 어렵다.
- 자점에서 손지세하면 병이 중하더라도 완치 될 수 있다.

- 용신이 日이나 月, 동효의 생부를 받아 태왕하면 도리어 좋지 않다. 너무 강한 것은 꺾이는 것이 자연의 법칙이므로 日이나 동효가 형극하면 오히려 좋다. 그것은 지나치게 강한 것은 약해져야 좋은 까닭이다.
- 용신이 공망인데 구해주는 것이 없으면 사망한다.
  용신이 묘절이나 파가 되거나 공망이 되어도 日이 생하거나 도와주면 출공 일에 낫게 되지만 도와주는 것이 없으면 사망하는 것이다.
- 자점에서 父가 동하면 孫을 극하니 상대적으로 官이 강해져서 나를 극하므로 나의 병은 깊어지고 백약은 무효하여 사망한다. 그러나 형제의 병점에서 父가 동하면 용신인 兄을 도와주므로 병이 완치된다.
- 財는 음식이 되니 괘중에 財가 공망이 되면 음식을 먹지 않는다.
- 용신이 복신되면 흉하나 힘이 있으면 출현하는 날(비신에서 벗어나는 날)에 병이 완쾌된다. 그러나 병은 금방 완쾌되는 것이 아니라 시간이 지나야 완쾌되므로 완쾌 일은 날로 판단하지 않고 年이나 月로 판단한다.

- 世에 官이 있고 日이 世의 묘가 되거나 동효가 묘가 되면 나쁘다.
- 용신이 日에 절을 만났을 때 괘중에서 용신을 생부하면 '절처봉생'이 되어 위험하지만 낫게 된다.
- 용신이 官으로 변하여 회두극이 되면 사망한다.
- 官이 용신과 世에 '쌍관'으로 있거나 이들이 용신의 묘가 되면 필히 사망한다. 그러나 日이 충하여 묘를 파하면 무사하다.

- 官이 동하였으나 日의 충을 만나면 충이 흩어지게 되니 흉하지만 죽지는 않는다.
- 孫이 동하여 官을 극하거나 제거하면 병이 조금씩 낫는다.
- 日이나 孫이 용신을 생부하면 약의 힘을 얻어 완쾌되는 양상이다.
- 부모와 남편 점에서 官이 복신이고 공망이 되면 필히 사망한다. 남편점에서 官은 용신이고, 부모점에서 官은 원신이기 때문이다.
- 용신이 휴수하여 원신에게 의지하고 있을 때 원신의 旺衰와 動靜은 병의 완치를 판단하는데 중요한 관건이 된다.
  이런 경우 병의 치유는 손효보다 원신의 역할이 더 크다.
- 병점에서 원신이 왕하고 동하면 용신이 공망, 파, 복신이 되어도 병이 낫는다. 그리고 기신이 파가 되거나 복신이 되어 상함이 있어도 병이 낫는다. 그러나 기신이 강해서 동하면 길신이 나타나도 공망이나 파를 당하지 않아도 흉사가 일어난다.
- 근병(近病)은 육충이거나 용신이 공망이 되면 낫는다.
- 구병(舊病)이나 노인에게는 육충괘는 흉하다.
- 근병에서 육합이면 흉하나 합처봉충이 되면 무사하다.

- 육효가 모두 안정되어 있으면 병의 호전이 느리거나 기대할 수가 없다.
- 본인의 병점에서 官이 은복되고 世가 공망이면 병이 깊다.
- 官이 동하여 진신이 되면 병이 악화되고 퇴신이면 차도가 있다.
- 남편이나 부모의 병점에서 官이 은복되고 공망이면 필히 흉사가 있다.
- 자점에서는 官의 왕쇠로 병의 경중을 보고, 孫의 왕쇠로 치료 효과를 본다. 官이 강하면 치유가 늦고, 官이 동하여 財를 화출하면 흉하고 孫을 화출하면 길하다.
- 부지세하면 치료 효과가 없고, 형지세하면 차도가 있으며 재지세하면 병이 깊어진다.

- 자손의 병에 兄과 孫이 왕하고 동하면 치유된다.
- 官과 父가 왕하고 동하면 흉하다.
- 財가 동하면 호전이 늦다.
- 처의 병점에 孫과 財가 왕하고 동하면 치유된다.
  官이 동하면 병이 깊어지고 父나 兄이 동하면 위험하다.
- 남편 병점에서 官이 왕하고 財 역시 왕하고 동하면 치유된다.
  兄이나 孫이 왕하고 동하면 위험하다.
  父가 충을 받으면 병이 깊어진다.
- 부모의 병점에서 官과 父가 왕하고 동하면 치유된다.
  兄이 동하면 호전이 늦어진다.
  孫이나 財가 왕상하고 동하면 병이 깊어져 치유가 힘들게 된다.

7. 결혼점(結婚占)

- 본인의 결혼점에서 남자는 財를 용신으로 하고, 여자는 官을 용신으로 한다. 자식의 결혼은 孫이 용신이고, 형제의 결혼은 兄이 용신으로서 용신이 강하면 길한 것이다.
그리고 간효는 중매인이다.

- 남자의 집에서 점을 할 때 世는 양에 속하고 應은 음이 되어야 좋고, 여자의 집에서 점을 칠 때는 世는 음이고 應은 양이면 부부의 도가 이루어져 화목하게 산다.

- 世가 應을 생하면 우리가 먼저 청혼하는 것이고, 應이 世를 생하면 상대가 먼저 청혼하는 것이다.
- 世가 약한 應을 극하면 상대의 집안이 우리 집보다 못하다고 의심하는 것이고, 應이 世를 극하면 상대가 우리 집을 그렇게 생각하는 것이다.
- 世應이 비화되거나 日月이 世應을 생하거나 간효가 동하여 世應을 생하면 중매로 결혼한다.

- 應이 동하지 않아도 비신이 世와 생하거나 합하면 쉽게 성사되지만 應이 발동하여 世를 충, 극하거나 공망이나 파가 되면 혼사가 이루어지지 않는다.
- 남자가 점을 할 때 世가 동하여 財와 합하면 성혼이 되고, 財가

동해서 世와 합하여도 성혼이 된다. 그러나 財가 다른 효와 합을 하면 여자는 타인과 결혼하고 財가 합이 많아도 그러하다.
- 여자의 점에서도 官이 다른 효와 합하면 그 남자는 다른 사람과 인연을 맺게 된다.
- 남자의 점에서 世가 동하여 應과 생하거나 합하면 남자 집안에서 원하는 것이고, 應이 동하여 世와 생하거나 합하면 여자 집안에서 원하는 것이니 혼사가 빨리 성사된다.
- 世와 應이 공망이면 두 사람 모두 마음이 없어 성혼되지 않는다.
- 世가 생을 만나면 길하지만 동효나 日에 충극이 되면 양측에 막히는 일이 생겨 혼인이 성사되기 어렵다.
  그러나 世應이 충극되더라도 동하여 日과 생합을 하거나 간효가 世應간의 충극을 통관시키면 혼인이 성사된다.

- 결혼점에서는 효가 동(動)하지 않고 정(靜)한 것이 길하다.
- 財가 동하면 시어머니와 불화하고, 孫이 동하면 남편이나 시동생 시누이 등 시집 식구와 불화하며, 父가 동하면 자식이나 조카와 불화하고, 兄이 동하면 처첩과 불화하며, 官이 동하면 형제들과 불화한다. 동하는 것이 없으면 日과 月이 화합과 불화의 원인이 되는 사람이 된다.
- 결혼점에서 육합괘는 길하나 日이 世나 應을 충 하거나 효가 동하여 육충괘가 되면 성혼이 되기 어렵다.
- 육충괘가 육합괘가 되면 선흉후길(先凶後吉)이니 혼인을 해도 무방하다.

- 財와 官이 형충극해 하면 부부 사이가 나쁘고 늙어서도 화합을 하지 못한다.
- 용신이 世를 생합하면 혼사도 성사되고 잘살게 된다.
  한편 재앙인 관귀가 世를 극하면 혼인이 성사되지 못할 뿐만 아니라 재앙을 방지해야 한다.
- 자식이 없는 것은 父가 힘이 있고 동하거나, 孫이 묘절에 있거나 世에 父가 임해도 자손이 없다.
- 왕한 父가 동했으나 孫이 공망이 되면 자식은 얻지만 출공하는 년에 극을 당하게 된다. 공망이 아니라도 극을 당하면 무자식이다.

- 결혼점에서 남자는 財가 용신이고, 여자는 官이 용신이다. 財와 官이 공망이면 상처(喪妻) 상부(喪夫) 등 불길하나 한가지로 논할 수 없고 남녀를 구분하여 판단할 필요가 있다. 용신을 위주로 공망을 살핀다면 남자의 점에서는 財가 용신이니 官의 공망은 별문제가 없고, 여자의 점에서는 財가 공망이더라도 官 용신이 공망이 아니면 무방하다고 할 수 있다.
- 남자의 결혼점에서 世에 官이 있고 應에 財가 있으면 음양이 제 위치에 있으니 부창부수요, 여자가 남자를 점 할 때 世에 財가 있고 應에 官이 있으면 여자가 남자의 권리를 쟁취하나 종래에는 도리어 길하게 된다.
- 괘중에서 財가 공망이 되거나 官 밑에 복신이 되면 결혼 전에 남편이 사망하는 것이니 '망문과'라고 한다. 백호가 발동하면 결혼을 하고 나서 남편이 죽는다. 官이 財 밑에 복신이 되고

공망이 안 되면 남편에게 여자가 있는데 日이나 동효가 世를 형극 할 때 나중에 소송을 일으킨다.

- 결혼점에서 용신이 중첩되면 경쟁자가 있는 것이다.
- 남자의 결혼 점에서 괘중에 財가 두 개 이상이면 이 남자에게 여자가 많이 있고 나중에 재혼할 수 있다. 여자의 점에서도 官이 많으면 남자가 많다고 생각할 수 있으며 나중에 개가(改家)할 수 있다.
- 남자의 점에서 財가 官 밑에 복신으로 숨어 있으면 이 여자에게는 이미 다른 남자가 있음을 의미하며, 여자의 점에서 官이 財 밑의 복신으로 있으면 상대 남자에게 이미 여자가 있음을 의미한다.
- 남자의 점에서 財가 동하여 世가 아닌 다른 효와 합을 하면 다른 사람과 혼인을 하고, 여자의 점에서 官이 동하여 世가 아닌 다른 효와 합을 하면 다른 사람과 혼인을 하게 된다.
- 남녀의 성정과 용모는 財官의 왕쇠와 육수 등을 보고 판단한다.
- 財官이 강한 자는 신체가 비대하고 쇠약한 자는 허약하다.
- 주작, 등사, 구진은 火土에 속하는데 용모가 추하고, 청룡은 木에 속하니 미모가 있다. 약하되 도와주는 것이 있으면 추한 듯 하나 재주가 있고, 강하나 파가 되면 미모지만 어리석다.
- 용신에 형, 관, 백호 등이 있으면 흉신이니 日이나 동효의 충, 극, 형, 해를 만나면 발전의 희망이 있다.

- 財가 진신이 되면 대길하고, 충을 만나면 종래는 달아난다.

- 財가 孫이 되어도 역시 길한데 변하여 퇴신이 되면 반복함으로 범사가 정해지지 않는다.
- 世應이 상생되면 반드시 성취된다.
- 괘중에 父가 많이 동하면 주혼자가 너무 많거나 그렇지 않으면 양가가 만족하지 못해서 성사가 어렵고, 두 개의 官이 모두 동하면 양가가 소송을 하게 된다.
- 괘중에 父가 官이 되고 官이 父가 되면 대개는 움직이는 것이니 쟁송의 우환이 있으며, 兄이 주작이 되면 구설이 생긴다.

- 日이 父와 합하거나 日이 父가 되면 바로 성혼 날이 잡힌다.
- 간효는 중매인으로서 간효가 世應을 생하면 혼인이 성사된다.
- 世應이 상충상극을 하면 성혼이 되지 않지만, 간효가 동하여 충극을 통관시키면 결혼이 성사된다.
- 간효가 두 개 발동하면 중매인이 두 사람이 있는 것인데 강약을 보아 양자 중에 강한 자가 성사시킨다.

8. 여행점(旅行占), 출행점(出行占)

- 여행점의 경우 자점에서는 世가 용신이고, 타점에서는 대상이 되는 육친이 용신이다. 직장인, 남편 등은 官으로 보고, 자식 등은 孫으로 보고, 처와 종업원 등은 財로 보고, 형제와 동료는 兄으로 보고, 부모와 상사 등은 父로 보며 그 외는 應으로 본다.
- 간효는 동행자이고, 여행 경비는 재효로 본다.
- 世나 용신이 왕하고 동하였으며 孫이 임하면 출행에 길하다.
- 용신이 휴수, 묘절, 공파가 되면 출행을 안 하는 것이 좋다.
- 내괘가 외괘를 극하거나 世가 應을 극하면 길하다.
- 외괘가 내괘를 극하거나 應이 世를 극하면 흉한데, 외괘가 내괘를 생하거나 應이 世를 생하거나 내외괘가 비화되거나 世와 應이 비화되면 길하다.

- 世가 동하여 여행을 가려고 하였으나 世가 충파합이나 공망이 되면 사정에 생겨 가지 못한다.
- 정효가 日의 충을 받으면 떠나게 되지만 동하여 합이 되면 머무르게 된다.
- 日이 역마가 되면 먼 여행을 하고 용신을 충 하는 날 떠나게 된다.
- 世가 동하여 충파된 경우는 합이 되는 때에 출행하고, 世가 동하여 합이 되었을 경우는 충일에 출행한다.
- 官이 내괘에 있으면 집을 떠나고, 官이 외괘에 있으면 집에서 머무는 것이 좋다.

- 괘가 정하고 길신이 지세하거나 동효가 世나 용신을 극하지 않으면 여행은 안전하고 무사하다
- 官이 지세하고 동하면 신상에 위험한 일이 발생하고, 官이 동해서 世를 극해도 흉하다.
- 官에 현무가 임하고 중첩되면서 동하면 도적을 조심해야 한다.
- 5효는 도로인데 5효에 흉살이 임하면 여행에 좋지 않다.
- 5효에 등사 官이 임하면 흉하고 놀랄 일이 생긴다.
- 5효에 백호 官이 임하면 사고나 질병이 발생한다.
- 5효에 현무 官이 임하면 도둑을 당한다.

- 합처봉충이 되면 흉하고, 충중봉합이되면 길하므로 육충괘가 육합괘가 되면 여행에 길하다.
- 복음이면 출행치 못하고 반음이나 퇴신이 되면 출행을 해도 도중에 되돌아온다.
- 손지세하거나 世가 동하여 孫을 화출하거나 孫이 世를 생하여도 여행은 길하다.
- 孫이 동하여 왕한 世를 형충하면 주색으로 병을 얻는데 孫이 官을 화출하면 관재구설까지 있을 수 있다.
- 日月이나 동효에 충극되어 휴수한 世에 청룡이나 현무가 임하면 여자로 인해 망신당한다.

9. 대인점(待人占), 소식점(消息占)

- 대인점에서 용신은 기다리는 육친이며, 소식점에서 용신은 父(소식, 편지, 전화, 전신 등 연락)이다. 그러므로 대인점과 소식점에서는 육친 용신과 父를 함께 살핀다.
- 대인점이나 소식점에서는 용신이 왕하고 동하면 돌아오거나 소식이 있다. 용신이 강할 때는 持世하거나 生世하거나 剋世하면 돌아올 마음은 있으나, 용신이 휴수 하면 돌아올 마음도 없고 형편도 되지 않는다.
- 용신이 동하면 행인이 움직이니 돌아올 기미가 있고, 용신이 안정하고 日이나 동효에 충이 없으면 돌아올 마음이 없다.
- 용신이 극을 받아도 돌아오지 않고 그대로 머무른다.
- 용신이 동하여 世를 극하거나 世가 공망이 되면 기다리는 사람이 속히 돌아오고, 용신이 世와 생합이 되면 더디게 온다.
가장 꺼리는 것은 世가 동하여 용신이나 應을 극하는 경우인데 서로의 세력이 비슷하면 돌아오지 않는다.
- 용신이 진공(眞空)이나 진파(眞破)가 되어도 돌아오지 않는다.

- 三, 四효에서 용신이 동하면 돌아올 시기가 가깝고, 용신이 제극됨이 없이 四효와 생합하면 문 앞에서 기다린다.
- 용신이 동하여 世를 극하면 반드시 돌아오지만, 世가 동하여 용신을 극하면 기다리는 사람은 돌아오지 않는다.
- 용신이 진신이 되면 속히 돌아오고, 퇴신이면 왔다가 다시 나가니

돌아오지 않는 것이라 한다.
- 유혼괘가 동하여 다시 유혼괘가 되면 평생 돌아오지 않는다.
- 귀혼괘가 동하여 유혼괘가 되면 돌아오지 못하나, 유혼괘가 동하여 귀혼괘가 되면 돌아온다.

- 용신이 동하지 않으면 돌아올 마음이 없으나 日이 용신을 충하면 돌아온다. 그러나 月의 동효가 용신을 극하면 돌아오지 않는다.
- 용신이 동하면 원래는 돌아오지만, 日이나 동효와 합이 되면 오다 다시 돌아가는데 日月이 충하는 것을 보고 돌아올 날을 예측한다. 먼 것은 年月이요, 가까운 것을 日時에 돌아올 것이다.
- 용신이 동하지 않고 世의 극을 받으면 돌아오지 않고 원래있었던 곳에 있게 된다.
- 만일 용신이 안정하면 기다리는 사람은 여행하고 있다. 世가 동하여 극하거나 용신이 동하면 다른 곳으로 이동한 것이다.
- 용신이 동하여 합이 되거나 입묘되면 충개되는 날 돌아온다.
- 용신이 동하고 空傷이나 沖剋이 없으면 비화되는 날 돌아온다.
- 世가 공망이면 속히 돌아오나, 용신이 공망이면 世가 공망이라도 돌아오지 않는다.
- 용신이 나타나면 傷剋을 받지 않아야 마땅하니 진공이나 진파를 만나면 바깥에 있어서 돌아오지 않는다. 묘를 만나면 길하고 日月이나 동효가 용신을 형극하면 불길하다.

- 가까운 곳에 나간 사람이 돌아오지 않을 때는, 용신이 복신이

되면 그것으로 인해 돌아오지 않는 것인데 복신이 출현하는 날이나 日月과 육합이 될 때 돌아오고, 용신이 동하지 않으면 日이 충하는 날에 돌아오며, 공망이면 출공 또는 충을 만나는 날에 돌아온다.
- 용신이 복신인데 공망이 아니고 힘이 있으면 비신을 충하는 날이나 비신이 공망일 때 돌아온다.
- 비신이 공망일 경우 복신이 日이나 동효와 합하면 당일 돌아오고 아니면 다음 날 돌아온다.
- 용신이 官 밑에 복신으로 있으면 재앙이 생겨서 못 오는데 구진을 띠면 낙상으로 오지 못하고, 등사를 띠면 놀라는 일이 생겼으므로 오지 못하고, 백호를 띠면 사고나 병 때문에 오지 못하고, 현무를 띠면 도적이나 여색을 탐하느라 못 오고 있다.
- 용신이 兄 밑에 복신이 되면 도박을 하고 있으며, 주작을 띠면 시비 구설이요, 백호를 띠면 재앙으로 인해 못 오고 있다.
- 용신이 孫 밑에 복신이 되면 주색과 유흥에 빠졌거나 승도나 자손이나 가축 때문에 못 오고 있다.
- 용신이 財 밑에 복신이 되면 매매나 경영 또는 여자나 돈 때문에 못 오고 있다. 만일 복신 財가 공망되고 형이 동하면 사업실패로 못 오고 있다.
- 괘 상에나 변효, 日月에도 財가 없으면 돈(여비)이 없어서 못 오고 있다.
- 용신이 父에 복신이 되면 학업이나 시험 또는 부모나 윗사람의 만류로 못 오거나 서류 때문에 못 오고 있다.

- 용신이 5효 官 밑에 복신이 되면 도로가 막혀서 못 온다.
- 용신이 묘가 되거나 변효가 묘가 되고 官을 대하거나 官이 묘가 된 효 밑에 용신이 복신되면 병 때문에 돌아오지 못한다.
- 官 밑에 용신이 복신되고 백호가 되면 병보다는 옥중에 있기 때문에 돌아오지 못한다.

- 소식점에서는 父가 용신인데 父가 왕하고 동하면 소식이 있다.
- 父가 합이 되면 충 하는 날에, 父가 충극이 되면 합하는 날 소식이 온다.
- 소식점에서 世와 應이 모두 공망이면 새로운 소식이 없다.
- 父와 應이 모두 공망이거나 묘절이 되면 소식이 오지 않는다.
- 父나 應이 공망이면 출공 날에, 절이면 생왕한 날에 소식이 온다.
- 청룡 父는 희소식이고, 백호 父는 흉한 소식이다.
- 父가 공망이고 주작이 동하면 소식을 간접적으로 듣는 것이다.
- 父가 동했는데 합이 되면 도중에 사정이 생겨 소식이 못 오는 것이다.

10. 실물점(失物占)

- 대부분의 실물점에서 용신은 재(財)가 되나 물건에 따라 용신이 달라질 수 있다.
- 孫 용신: 동물, 식물, 가축, 약. 등
- 財 용신: 돈, 상품, 금은보석, 곡물. 등
- 官 용신: 도둑, 사기꾼, 공무원, 시체. 등
- 父 용신: 문서, 증권, 인장, 장신구, 서적, 의복, 그릇, 자동차, 선박 등

- 물건이 없어졌을 때 괘상에 官이 없거나 官이 동하지 않았거나 官이 은복이 되거나 공망, 사묘절에 빠지고 동하지 않으면 도둑을 맞은 것이 아니고 분실한 것이다.
- 官이 공망이거나 정하거나 휴수하며 용신이 應에 은복이 되어 있으면 도난이나 분실된 것이 아니고 빌려준 것을 잊어버리고 있다.

- 용신이 지세(持世)하면 분실물을 찾을 수 있다.
- 용신이 동하면 분실물이 이동한 것이니 찾기 어렵다. 그러나 용신이 지세하고 안정되었거나 世와 생합이 되면 찾을 수 있다.

- 용신이 동하여 변효가 공망이면 찾기 어려우나 日과 月이 용신을 생하면 찾을 수 있다.

- 용신이 공망이고 동하여 변효 역시 공망이면 물건이 그대로 있으니 찾을 수 있다.
- 용신이 동하면 찾을 수 없으나 용신이 동하여 용신을 화출(用化用)하면 분실물이 스스로 돌아오고, 휴수한 용신이 왕한 世에게 극을 당하거나 은복된 용신이 비신에게 극을 당하면 찾을 수 있다.

- 世가 日月이나 동효의 생부를 받아 강하면 분실물을 찾는다.
- 世가 동한 괘는 집안에서 스스로 없어진 것이다.
- 世가 형충파에 의해 휴수하거나 용신이 世와 상극되거나 용신이 진공이나 진파가 되면 찾을 수 없다.
- 兄이 동하여 財 용신을 극하면 분실물을 찾을 수 없다.
- 충중봉합이면 찾을 수 있고, 합처봉충이면 찾을 수 없다.
- 용신이 휴수하거나 충극이 되면 흉한 것으로 분실물이 변조된다.
- 용신이 화출한 변효나 동효에 입묘되거나 묘에 은복이 되면 깊이 숨어있어 찾기 어려우나 日의 충을 받으면 찾을 수 있다.

- 용신이 내괘에 있으면 분신물이 집 안에 있고, 외괘에 있으면 집 밖에 있다.
- 용신이 내괘 본궁에 있으면 집 안에 있으니 찾을 수 있고, 외괘 타궁에 있으면 집 밖에 있는 것이니 찾기 어렵다.
- 용신이 합이 되면 분실물이 집 안에 있고, 합이 없으면 집 밖에 있다.

- 분실물의 소재지와 방향은 본궁(乾兌 金궁, 離火궁, 坎水궁, 震巽 木궁, 艮坤 土궁)의 오행으로 처소를 알고, 용신의 오행으로 방향을 추정하고 효의 위치로 있는 곳을 판단한다.
- 용신이 초효에 있으면 수도 옆에, 2효에 있으면 부엌에, 3효에 있으면 안방에, 4효에 있으면 거실이나 현관 근처에, 5효에 있으면 도로에, 6효에 있으면 선반이나 담장 밖에 있다고 추정할 수 있다.

- 官은 도둑이다. 실물 점에서 왕한 官이 동하면 물건을 도난당한 것이다.
- 도둑은 官이 임한 비신의 방향에 있는 사람이다.
- 官이 양효에 있으면 남자이고, 음효에 있으면 여자이다.
- 官이나 兄이 내괘에서 동하면 집안사람 소행이고, 외괘에서 동하면 타인의 소행이다.
- 官과 世가 형충이 되면 원한이 있는 사람이며, 생합이 되면 친분이 있는 사람의 소행이다.
- 官이 旺하고 動하였는데 世가 衰하면 도둑을 잡기 어렵다.
- 官이 日과 합되면 도둑을 잡기 어렵고, 日이 官을 충 할때 잡을 수 있다.
- 官이 변효나 동효에 입묘되거나 묘에 은복이 되면 잡기 어렵다. 한편 日과 동효가 묘에 같이 있으면 숨어 있는 도둑을 잡을 수 있다.
- 官은 靜하고 쇠약하며 日이나 동효에 충극되면 잡을 수 있다.

- 용신(官)이 世를 극하면 도둑이 나중에 나에게 상해를 입힐 수 있으니 그대로 두는 것이 좋다.
- 도둑(官)을 잡을 때는 世에 손(孫)이 임하면 좋다.
- 도둑을 잡는데 財가 휴수하거나 충극이 되면 도둑을 잡더라도 재물은 되찾을 수 없다.
- 도둑의 입장에서 점을 친 경우에, 世가 묘에 들면 감옥에 가게 되며 日月이 世를 형충극해하면 재앙을 받는다.

11. 소망점(所望占)

- 소망점에는 世가 용신이다.
- 世가 應을 극하거나 내괘가 외괘를 극하면 소원이 성취된다.
- 외괘에 있는 應이 내괘에 있는 世를 생하거나 世應이 日月에 힘을 받으면 소원이 성취되고, 世應이 日月과 합이 되면 자연히 소원이 성취된다.

- 官이 동하여 世應과 생이나 합이 되면 타인의 도움을 받아서 성취하고, 兄이 길신이 되어 世를 생하면 주변의 도움으로 소원을 성취한다.
- 내괘와 외괘가 상극되고 世應이 상극되면 소망이 이루어지지 않고, 世應이 같이 동하거나 육충괘가 되어도 소망이 이루어지지 않는다.
- 世應과 신이 사절공파가 되거나 합처봉충이면 일이 이루어지지 않는다.

- 父가 동하면 노력 끝에 간신히 성취할 수 있으나 거의 중도에서 실패하고, 官이 동하여 世를 극하면 이루어지지 않을 뿐만 아니라 재앙을 막아야 한다.
- 官이 왕하거나 동하면 재액이 닥치므로 불안하고, 官이 없으면 兄이 득세를 하게 되니 흉하며, 官이 공파사절이 되면 범사를 도모하지 말아야 한다. 官은 모름지기 안정해야 마땅한 것이다.

- 전부 양으로 구성된 괘에 용신이 힘이 있으면 공공에 관한 일은 좋으나 개인에 관한 일은 흉하고, 전부 음으로 구성된 괘에 용신이 휴수하거나 은복이 되면 개인에 관한 일은 길하지만 공공에 관한 일은 흉하다.

- 내괘가 외괘를 생하거나 世가 應을 생하면 내가 남에게 부탁을 하는 것인데 應이 내괘에 있으면 가까운 사람이요, 외괘에 있으면 멀리 있는 사람이다.
- 남에게 부탁할 때는 應과의 관계를 자세히 살핀다.
  용신이나 應이 年月日에 극이 되거나 묘절공파가 되면 상대가 도와 줄 능력이 없다.

- 용신이나 應이 年月日에 생을 받더라도 공망이나 입묘가 되면 처음에는 될 것 같지만 결국은 안 되고, 형충을 만나면 사기를 당하게 된다.
- 귀인이나 녹마 등 길신이 世를 생하면 타인의 도움으로 모든 일이 순조롭게 되고, 용신이나 應이 형충극해가 되면 속임수가 있으니 부탁하지 말아야 한다.

- 상대방의 신분은 官에 귀인이 있으면 관리거나 중재인이다.
- 상대방의 방향은 팔괘로 본다.
  즉, 震괘면 동쪽 사람이고, 兌괘면 서쪽 사람이며, 離괘면 남쪽 사람이고, 坎괘면 북쪽 사람이다.

- 용신이 힘이 있고 청룡을 띠고 발동하면 상대가 성실하다.
    - 청룡이 동하면 성실하고,
    - 주작이 동하면 거짓이 많으며,
    - 구진이 동하면 어리석고,
    - 등사가 동하면 변심하며,
    - 백호가 동하면 손해를 보고,
    - 현무가 동하면 사기성이 있다.

- 왕, 쇠, 동, 정, 음, 양과 효의 위치로 일의 크고 작음과 일이 이루어지는 시기가 가까운지 먼지를 본다.
    - 용신이 발동하면 빠르고, 용신이 안정하면 더디다.
    - 용신이 강하면 빨리 되고, 용신이 쇠약하면 늦게 된다.
    - 양이 변하여 음이 되면 빠르고, 음이 변하여 양이 되면 더디다.
    - 1, 2효가 동하면 빠르고, 5, 6효가 동하면 느리다.
    - 충, 극은 빠르고, 생, 합은 더디다.
    - 卯酉는 빠르고, 辰戌은 느리다.
    - 震괘는 빠르고, 坎艮괘는 더디다.

12. 가택점(家宅占)

- 가택점에서 내괘는 가정이요, 외괘는 사회이다.
- 2효는 택효로서 집이고, 5효는 도로이며 같이 사는 사람 식구이다.
- 2효 택효가 동하여 5효 식구효를 충하면 집안에 우환이 있으나, 5효 식구효가 2효 택효를 극하면 가정이 편안하다.
- 日이 應에 임하고 부효로서 동하여 택효를 상생하면 조상이 집이나 땅을 물려준다.

- 2효 택효에 임한 육친에 따라 가택의 길흉이 달라진다.
- 택효에 兄이 있으면 질병 손재가 발생한다.
- 孫과 財가 있으면 집안이 편안하고 재물이 생기지만 남편이나 부모에게 근심이 생길 수 있다.
- 官이 있으면 관재, 송사, 재앙, 질병 등이 있어 불길하다.
- 父가 있으면 마음이 편치 않고 상심하고 고생하며 자손에게 근심이 있을 수 있다.
- 택효의 巳午 官이 주작이면 관재나 화재 수요, 官이 백호이면 질병 사고가 발생하고, 官이 현무이면 도적이나 관재를 당한다.
  - 현무는 도적 실물의 불상사의 흉신이다.
  - 등사는 괴이한 일과 악몽의 흉신이다.
  - 官이 백호면 관재나 질병 및 쟁투하는 일이 생긴다.
  - 백호는 핏빛 투쟁 송사의 흉신이다.
  - 5효도 같은 원리로 본다.

- 2효와 합이 되는 것이 문(門)이요, 충이 되는 것은 도로(道路)다. 가령 천풍구 괘의 2효는 亥이며 亥와 합이 되는 寅은 문이고, 충이 되는 巳는 도로가 된다. 만약 본괘 내에 寅자가 있으면 寅은 문으로서 財(천풍구의 오행은 金)에 해당하여 문에 재물이 있으므로 길하나, 巳는 도로로서 官이 되니 길에서 교통사고 등을 조심해야 한다고 생각할 수 있다.
- 2효 택효나 世에 官이나 父가 있으며 이들이 日과 月에 비화되고 귀인에 해당하면 관직을 얻게 된다.
- 택효에 청룡이 교중되어 있으며 공망되지 않고 생왕을 얻게 되면 집을 고치는 일이 있다.
  - 청룡이 교중되어 있다는 것은 예를 들면 내괘의 2효 寅목에 청룡이 있고 외괘에도 寅목이 있는 경우를 말한다.
  - 청룡에 財가 임하면 옛 부엌을 새로 수리하고,
  - 父가 임하면 벽이나 옛집을 수리하며,
  - 兄이 임하면 문이나 담 변소를 수리하고,
  - 孫이 임하면 방을 수리하고,
  - 官이 임하면 대청이나 지붕을 수리한다.

- 土가 변하여 金이 되거나, 金이 변하여 土가 되면 가옥을 신축한다.
- 父가 공망이면서 힘이 없어도 日의 동효가 父로 변하고 장생이 되면 가도(家道)가 번영한다.
- 문이나 도로의 굴절은 다음과 같이 본다.

예를 들면 손위풍 괘의 2효 택효는 납갑이 亥이며 寅은 문(亥와 합)이고 巳는 도로(亥와 충)가 된다. 이때 日의 子가 동효가 되면 子와 寅 사이에는 丑자가 빠져 하나의 간격이 생겼고 또 일의 巳가 동효가 되면 巳와 卯 사이에 辰이 빠져 하나의 간격이 생긴 것이다. 이렇게 간격이 있게 되면 문과 도로가 굴절된 것으로 보는 것이다.

- 日이나 世가 택효를 극하면 손실이 있고 집안이 편치 않다.
- 택효가 월파가 되고 日이나 동효에 극을 받으면 재앙이 생긴다.
- 택효에 應이 있으면 '응비입택'이라 한다.
  이 같은 경우에는 다른 성의 사람이 같이 산다.
- 택효가 공망이면 몰락한 집안이거나 황폐한 가택이다.
- 택효가 年月日 모두에게 破되면 집이 붕괴한다.
- 택효가 동하여 世를 생하면 가까운 시일에 이주한다.
- 兄은 대문과 담장이다. 年月日이 兄을 충파하면 담장이 무너지고 행랑과 사당, 부엌이 파손된다.
- 납음으로 볼 때 木의 기운을 가진 사람이 澤卦를 얻었다면 택괘는 金에 속하므로 火가 관이 된다. 木이 火를 생해주는 원리로 이것을 木 命(점을 치는 사람이 木의 기운을 가진 것)이 官을 도와준다고 하여 조귀(助鬼)라 한다. 괘에 水가 없으면 官을 제거하지 못하므로 인명(人命)이 쇠약해진다. 납음오행이 金인 사람은 離(火宮)에 水가 官이요, 水인 사람은 坤艮(土宮)에 木이 官이요, 火인 사람은 坎(水宮)에 土가 官이요, 木인 사람은 乾兌

(金宮)에 火가 官이 되는데 官을 제거하지 못하는 오행을 가진 사람은 인명에 흉함이 있다.

- 택효가 年月日에 파가 되지 않고 동효가 택효나 財를 생하면 가도가 흥왕한다.
- 日과 世와 택효가 같고 외괘에 있으면 임대해서 산다.
- 택효에 應이 임하고 財와 생합을 하면 외부인이 집에 들어와 주인행세를 한다.
- 世가 내괘에서 유기하고 강하며 정하게 있으면 택지가 좋다.
- 世는 택지이고, 父는 건물이니 世와 父가 상생이나 상합을 하면 택지와 건물이 조화롭다.
- 父를 건물이나 가택효로도 본다.
- 父가 동하여 世를 극하면 건물과 택지가 조화를 이루지 못해 흉하다.
- 택효가 공망이면 이사를 하지 않는 것이 좋다.
- 父나 5효가 역마가 되면 이사를 해도 좋다.
- 財가 있고 官이 없으면 兄이 힘을 얻게 되니 재물이 파손되고 처가 불길하게 된다.
- 官이 동하고 나쁘면 財가 없어도 불가한데 官이 동하여 世를 극하면 재앙이 연속하여 생긴다.
- 납갑이 木인 사람이 坎괘를 얻으면 土가 官이 되는데 木이 土를 극하므로 무사하다.
- 납갑이 金인 사람이 乾괘를 얻으면 火가 官이 된다. 이 경우에는

木이 財가 되므로 木生火가 된다. 이렇게 되면 재물이 官을 도와주는 것이므로 財가 많으면 많을수록 나쁜 것이다.

- 官에 백호가 있으면서 발동하여 가족 중의 납음명인을 극하면 해당하는 가족이 재앙을 입는다. 예를 들면 火의 官이 발동하면 가족 중에 납음이 金에 해당하는 사람이 재앙을 입는다.
- 官이 동하여 납음에 해당하는 사람을 극하는 것은 죽음을 재촉하는 殺이니 死絕을 만나면 사망한다.
- 官에 貴人과 祿이 있고 父가 世를 생하면 국회의원이나 장, 차관을 하게 된다.
- 官이 世에 있는데 財가 와서 생하면 좋고, 孫이 화출되면 財가 있어야 길하다. 財가 世에 있으나 孫이 화출되어 타효를 생하면 도리어 불리하고, 官은 관직에 있는 사람이 아니면 모두에게 불리하다.
- 官이 日에 귀인을 대하고 世에 임하면서 동하면 벼슬길에 영전이 있으나 동하여도 극충파가 되면 좌천한다.

- 財가 월파가 되고 동한 兄이 극하면 부가(夫家, 남편의 집)를 파(破) 한다.
- 兄이 동하면 처가 상하는데, 兄이 동하거나 財가 화출한 변효가 兄이 되면 재혼하게 된다.
- 내외의 孫이 발동하여 財를 생하면 재물을 많이 얻게 된다.
- 應에 父가 있는데 世를 생하면 자손을 얻게 된다.

- 世와 應이 격하면 형제가 다르고, 世應이 같으면 친형제다.
  격이란 世應 중간에 한 글자가 없는 것을 말하는데 예를 들면 世는 寅이고, 應은 辰일 경우로 가운데 卯가 없는 것을 말한다.
- 財가 발동하면 부모의 힘이 없고, 父가 발동하면 자손에게 재앙이 있다.

- 水木이 財가 되고 청룡이 되면 재물을 많이 얻는다.
- 현무가 목욕살과 같이 있으면 남녀 모두 같이 주색에 혼미하다.
- 世, 應, 財가 삼합이 되어 官과 합하면 부인에게 다른 남자가 있다.
- 世, 應, 財가 육충이 되면 부부가 생이별한다.
- 자점에서 世나 타점에서 용신이 사절을 만나고 日, 동효, 기신의 극을 받으면 사망하는 일이 있다.
- 世가 官이 되어 日 또는 동효의 묘에 임하고 타효의 극을 받으면 불길한 징조이다.
- 삼형이 나쁜 것이나 양인이 없으면 사람이 상하지 않는다.
  양인과 형살이 같이 있으면서 극하면 불길하다.

- 身에 官이 임하면 관재수가 생기고, 현무가 임하면 도적이고, 世가 동하여 日과 같이 응효를 극하면 내가 타인을 상하게 하고, 世가 극을 당하면 타인이 나를 상하게 한다.
  그러나 孫이 동하면 나쁜 가운데 좋게 된다.
- 年月日에 官과 백호가 있으면 가정에 사망자가 속출한다. 그러나 孫이 동하면 길흉이 반반이다.

- 年月日 世에 官이 있으면 재앙이 연속하여 일어난다.
- 年月日에 官이 있고 世를 극하면 나와 가족에게 재앙이 많다. 태세에 官이 있으면 일 년 우환이요, 月에 官이 있으면 수개월의 재앙이다.

- 世, 身이 절을 만나고 순공 중에 공망이 되어 官을 만나면 사망하는 일이 있다.
- 구진(土)이 현무(水)의 財를 상하면 처에게 해로운 일이 생기고, 백호(金)가 官으로 청룡(木)을 극하면 지아비가 사망한다.
- 財가 동하면 父를 극하게 되니 이런 경우에는 부모가 상한다. 陽의 부효면 아버지가 상하고, 陰의 부효면 어머니가 상한다.

- 초효에 水가 있으면 그 집에 우물이 있다.
- 초효에 辰戌丑未의 土가 있어서 日과 月에 충파가 되면 그 집의 묘에 결점이 있다.
- 초효에 官이 있고 백호에 父가 발동하면 어린아이가 상한다.
- 진손(震巽) 궁에는 金효가 官이 되는데 초효에 丑자가 있으면 그 집 옆에 오래된 묘가 있다.
- 초효 水에 백호가 있으면 그 집 가까이에 다리가 있다. 財와 孫이 있으면 다리의 상태가 좋다. 그러나 충파되면 교량이 심히 파손되어 있다.
- 초효 水에 현무가 있으면 우물이나 도랑이 있다.
- 초효 木이 관이면 그 집에 나무의 뿌리가 침범해 있다.

- 2효 土가 변하여 金이 되거나 金이 변하여 土가 되면 집을 짓는 일이 있다.
- 2효에 官이 있고 주작에 해당하면 관송(官訟)의 일이 있다.
- 5효는 사람이요 2효는 집이다. 5효가 2효를 극하면 가정이 안녕하고, 2효가 동하여 5효를 극하면 가정이 편치 않다.
- 2효가 동하여 5효를 극하면 장자가 불길한데 官이나 등사 백호가 있으면 장자가 더욱 나쁘다.
- 5효에 백호가 있는데 타효가 동하여 5효를 형충극해하면 장자가 불길할 뿐 아니라 집안에 난치병의 우환이 있다.
- 5효의 水가 2효나 세효를 생합하면 집 주변을 물이 흐르고 있다.
- 丑효가 발동하여 5효를 극하거나, 5효가 丑효를 형충하면 소에 문제가 있다. 가택점에서 卯는 울타리로 판단하고 모름지기 생극으로 길흉을 판단한다.
- 손효가 청룡인데 귀인을 띠고 입묘를 하고 官이나 父가 장생이면 관직을 얻는다.
- 官 청룡이 택효나 세효에 있고 父가 귀인을 띠며 日과 月이 생하면 공명이 높다.
- 日과 世가 택효를 극하면 집안이 안녕하지 못하다.
- 年月日이 兄을 충파하면 담이 무너진다.
- 택효가 상함이 없고 동효가 택효를 생하면 집안이 흥한다.
- 官이 없고 兄과 財가 있으면 兄이 힘이 있어 財를 극하게 되므로 처가 상하고 손재를 보게 된다. 그러나 官이 있으면 이것이 감해지나 官이 왕하면 재앙이 발생한다.

- 출생 납음오행이 官을 극재하면 마땅히 길하나, 생부하면 官을 돕게 되니 災禍가 생긴다.
- 백호 官이 동하여 납음오행을 극하면 납음오행에 해당하는 가족이 재앙을 입는다.
- 官에 귀인이 있고 태세의 父가 世를 생하면 높은 벼슬을 한다.
- 財가 世의 官을 생하면 길하고, 財가 동하여 孫으로 변해도 관직에 들어간다.
- 日이 官의 귀인을 띠고 世에 놓여 발전하면 영전한다. 그러나 형충파가 되면 좌천한다.

- 내괘에서 孫이 동하여 財를 생하면 돈을 많이 번다.
- 應의 父가 동하여 世를 생하면 득남한다.
- 世와 應이 격이 되면 형제가 다르고 양성이 동거한다.
- 年月日 및 世가 백호 官을 띠면 사망자가 연속으로 생긴다. 그러나 孫이 동하면 길흉이 반반이다.
- 年月日이 世를 극하면 재앙이 생긴다.
- 世와 身이 절이 되고 공망인데 官을 만나면 사망한다.
- 世가 왕하거나 日과 月의 생부를 받거나 동효의 생부를 받으면 장수하고, 世가 회두생이 되고 상함이 없으면 오래 산다.
- 日月이 世를 생하거나 귀인이 世를 생하면 관록을 얻는다.
- 官이 지세하여 생왕하면 고관이 된다.
- 官이 지세하여 휴수되고 무기하면 질병이 끊어지지 않고, 힘이 있으면 공무원에 기술로 생업을 하게 된다.

- 兄이 지세하면 처를 극하고, 財가 동하여 兄으로 변하면 해로하지 못한다.
- 財가 쇠약하고 兄이 강하면 부부가 불화하고, 財가 극을 받거나 퇴신이 되면 생이별한다.
- 兄이 지세하고 財가 강하면 부부간에 원수 보듯 한다.
- 官이 父로 변하고 世를 극하면 소송이 생긴다.
- 孫이 왕하면 자식이 영특하고, 孫이 쇠하면 자식이 어리석다.
- 孫이 兄으로 변하면 자식이 불초하다.
- 孫이 쇠약하여 극을 받거나 휴수되거나, 묘절공파가 되면 자식이 없다.
- 父가 동하여 孫으로 변하거나 官이 동하여 孫으로 변해도 자식을 키울 수 없다.
- 財는 본괘에 있고 孫이 변괘에 있으면 서자가 있고, 본괘와 변괘에 모두 孫이 있어도 서자가 있다.

- 父가 동하여 진신이 되면 공부를 잘하고, 父가 변하여 官이 되면 귀하게 된다.
- 父가 변하여 兄이 되면 재물과 이익을 탐하고 父가 변하여 財가 되면 다병하며, 日月이나 동효의 생부를 얻으면 욕심이 많고 귀인의 도움도 받는다.
- 父가 강하면 부지런하고, 父가 쇠하면 게으르다.
- 육친이 木이면 인자하고, 火면 영리하고, 土면 비대하고, 金은 강직하고, 水는 총명하다.

13. 신수점(身數占)

- 자점에서는 世가 용신이고, 타점에서는 대상이 되는 육친이 용신이다.
- 본인의 신수점은 세효를 중점적으로 본다. 세효의 상태로 자신의 평생의 부귀빈천과 흥망성쇠를 판단한다.
- 세효가 왕상해야 부귀장수하며 충극파절묘나 공망 등이 있어 휴수 무기하면 빈천 단명하다.
- 세효가 월파 됨은 흉한 것으로 비록 日이 생부하여도 좋은 신수라 할 수 없다.
- 世가 동하면 신변에 변화가 일어난다. 유정하고 강하면 개업, 전업, 출행 등에 길하나 휴수무기하면 질병, 걱정, 고난 등이 있다.
- 世나 용신이 日月이나 동효와 합이 되면 귀인의 도움이 있고 생부를 받아 강하면 년 중 모든 일이 길하다.
- 일 년 중 世나 용신을 생부 해주는 달(月)은 좋은 달이고, 용신을 극제하거나 휴수하는 달은 나쁜 달이다.

- 효의 오행으로 육친을 분별(수괘의 오행에 대입하여)하고 음양으로 남녀를 분별하며 강약으로 능력과 건강을 본다.
- 괘상에 육친이 없거나 있어도 眞空이 되면 해당 육친이 없거나 있어도 나와 인연이 없는 것이다.
- 생지, 왕지, 고지로 유소년, 청중년, 노년을 분별한다.
- 長壽와 短命은 주로 身의 强弱으로 보고, 부귀와 빈천은 世의

旺相으로 판단한다. 이들이 日月이나 동효의 생함을 얻으면 부귀하고 장수하며 日月이나 동효의 제극을 받아 힘이 없으면 가난하고 단명한다.
- 世身이 공망되면 일생 하는 일이 이루어지지 않고, 世身이 입묘가 되면 취한 듯 병든 듯하여 희망하는 일이 이루어지지 않는다.

- 사람의 근원이 卦名의 길흉으로 나타나는데 괘가 불길하면 근본 토대는 약하나 때를 얻으면 운이 좋아진다.
- 육충괘는 일이 시작은 있으나 종래는 이루어지는 것은 없고, 육합괘는 매사가 순조로우며, 충중봉합은 먼저는 힘들어도 나중에는 이루어지고, 합처봉충은 먼저는 이로우나 나중에는 실패한다.
- 世가 생부를 얻지 못하고 스스로 강하여 동하면 반드시 자수성가한다. 힘이 없는 가운데 日이나 동효가 도와주면 타인의 도움으로 성공한다.
- 世가 年月日의 생이나 합을 만나면 귀인이 도와 성공하고, 심하게 충극이 되면 사업실패, 신액(身厄), 투옥(投獄) 등이 발생한다.
- 신수점에서 孫과 財가 지세하고 강하면 길하고, 兄과 官은 약하여 힘이 없는 것이 좋다. 父가 와서 생합을 하면 부모나 윗사람의 음덕을 받게 되고, 孫의 생을 받으면 자손이나 아랫사람의 도움을 받는다.
- 兄의 극을 당하면 근심이 생긴다. 또한 世가 극을 당하게 되면 남에게 다스림을 받게 되니 타인에게 의존하는 운명이다.

- 兄은 극처, 손재, 동업 등을 의미하는데 형지세하면 왕상휴수를 불문하고 처복이 없거나 동료에 의해 손재하는 등 재물을 구하기가 힘들다.
- 백호 兄이 동하여 財를 극하면 상처(喪妻)한다.
- 손지세하면 큰 명성을 얻기는 어려우나 일생 관재나 형액은 당하지 않고 안락하다. 강하면 사업이나 자손에게 경사가 있으나 휴수하거나 충파가 되면 실직 파직이나 남편에게 근심이 있다. 강한 孫이 世에 있으면 필히 높이 되고 부귀공명 하는데, 孫이 힘이 없으면 도연명이나 소강철과 같은 가난한 선비가 된다.
- 백호 孫이 동하여 官을 극하면 상부(喪夫) 한다.

- 재지세하면 재물과 처 덕이 있으며 강하면 사업도 길하다. 그러나 휴수되거나 충극이 되면 여자와 재물에 근심과 문제가 많다.
- 財가 世와 생합을 하면 부부간이 화목하다.
- 재효 밑에 官이 은복되어 있거나 관효 밑에 財가 은복되어 있으면 관재나 재물 손실이 있다.
- 내외괘에 財가 있고 모두 강하면 처첩이 있는 것이다.
- 괘중에 財가 중복해서 나타나면 응효의 財를 본처로 본다.
- 관지세하면 연중 놀라는 일이 있거나, 관재, 사고, 질병 등이 있을 수 있다.
- 官이 동해도 관재나 질병이 발생한다.
- 강한 官이 世를 생하면 귀인 또는 관청의 덕을 본다.
- 강한 官이 世를 극하면 재앙과 질병이 많고 단명한다.

- 父가 지세하면 연중 고생과 상심이 많고, 동하면 자손이 상한다.
- 부지세하고 왕상하면 부동산 매매 등 인허가 문제에 길하다.
- 父가 강하여 世를 생하면 학업이나 시험에는 크게 길하다.
- 귀인록마가 世身에 임하고 官과 父가 도와주거나 日月이 생합하면 장수나 재상이 되고 부귀가 뛰어나다.

- 孫은 희열이고, 주작은 말을 잘하니 이들이 世身에 임하고 應과 합하면 타인의 환영을 받는 배우가 되기 쉽다.
- 金에 속하는 父가 世에 있고 백호가 되면 도축업자이다. 孫은 육축이고 살성을 띤 백호 父는 손을 극하기 때문이다.
- 官 현무가 身이나 世에 임하면 도적이다.
- 구진은 토지를 관장하는 신인데 父와 같이 있으면 부지런히 애를 쓰는 神이 되므로 노동자나 농부가 된다.
- 孫과 財가 같이 힘이 있고 동하면 지금은 막히는 것 같지만 종래에는 발달하게 된다.
- 孫은 복덕지신으로서 공망이나 묘절이 되고 극이 되면 마땅치 않는데 日月이나 동효가 생부해 주거나 이끌어 주면 그때에는 孫이 강해져 길해진다.
- 兄과 官이 힘이 있으면 지금은 무사하나 종래에는 재물을 잃게 되고 빈곤하게 된다.
- 평생점에서 중년의 운은 간효 또는 財와 孫을 보는데, 간효의 財와 孫이 日月의 생을 받아 힘이 있고 동하여 상함이 없는 世나 身을 생하면 중년에 공명을 얻는다.

- 말년은 世가 힘이 없고 日月이나 동효의 극이나 충을 받는 것을 가장 두려워한다. 그러나 孫이 동하여 世를 생하면 말년에 자식이 나를 보살피고 행복하게 된다.

- 世와 財가 생합하고 충이 없으면 부부가 화합하고, 孫이 世를 극하나 世가 힘이 있으면 본인은 장수하지만, 자손은 잘 안 된다. 孫이 공망이나 절이 되고 財가 힘이 없으면 노년에 고독하다.
- 世를 생하는 효가 수명이 되니 年과 충극형해 되는 것을 보고 수명을 추리한다.
- 신명점에 육효가 안정하고 충극파해가 없고 상생상합하면 가정이 잘 살고 화목하다.
- 육효가 난동하여 괘가 충극파해가 되면 친정이 불화하고 혈육끼리 다투고 소송한다.
- 父는 나를 생하는 것이니 世와 생하거나 합하면 부모에게 효도를 하고, 世가 兄과 상합을 하면 형제 친구와 화합한다. 내괘에 있는 兄은 본궁이니 형제로 보고, 외괘는 타궁이니 친구로 본다.
- 내외 응효로 먼 친척을 구별한다.
- 世는 나의 근본이요, 應은 부인이니 서로 상합을 하면 부부가 화합하고 충극이 되면 부부가 불화한다.
- 世 兄에 백호나 등사가 있는데 강한 兄이 발동해서 힘없는 應 財를 형충극해 하면 반드시 처가 상한다.
- 世에 兄이 있고 백호나 등사가 있는데 應이 극을 하면 흉신이 스스로 물러나는 것이라 처가 옳고 현명하다.

- 孫이 동하여 변효가 월파가 되거나 官이나 兄과 합이 되거나 현무의 官과 합이 되면 그 자식이 불효한다. 兄은 재물을 파하는 신이요, 官은 재앙의 신이요, 현무는 도적의 신이요, 월파는 이루어지지 못하는 신이니 평생 고생하고 자식은 있어도 불효하는 것이다.
- 자식의 많고 적음은 오행으로 판단하는 것이니 水는 1, 6이요. 火는 2, 7 木은 3, 8 金은 4, 9 土는 5, 10이니 생왕사절을 보아 자손의 숫자를 판단한다.

14. 년시점(年時占)

- 밝고 어두움과 차고 더운 것은 天道의 정상이요, 수재와 병재는 년시의 변화라 하는바, 시국의 禍福을 단정하려면 팔괘의 일 년의 길흉을 관찰하여야 한다.
- 국가의 정치 사회의 제반 변화 천도와 인물이 모두 육효에 나타난다.
- 년시점은 그해 일 년 중 국가나 국민 또는 개인에게 발생할 수 있는 다양한 사안들에 대한 길흉화복을 예측할 수 있다.

- 년시점에서 초효는 만물을 의미하고, 2효는 백성, 3효는 일반 관리, 4효는 고위 관리, 5효는 통치자나 대통령, 6효는 하늘을 의미한다.
- 초효는 만물이니 死絕에 해당하면 불길하고, 生旺에 해당하면 대길하다. 초효가 재효와 손효면 길하고, 관효가 되면 흉하다.
- 2효는 백성의 자리이므로 2효에 孫과 財가 있으면 항상 편안하고, 兄이 있으면 파산하는 자가 많고, 官을 대하면 년 중에 재난이 많다.

- 3효는 부현, 지방 단체장 등 일반 관료가 되므로 3효가 世와 생합하면 관료가 백성을 사랑하고 만물을 사랑하는 양상이다.
- 3효에 孫이 임하면 관료가 청렴 정직하고, 官이 임하면 잔혹하고 인자하지 못하다. 형효가 임하고 동하면 세금이 오른다.

- 4효는 장관, 도지사 등 고위 관직으로 본다. 孫이 임하고 世身과 합이 되면 반드시 나라를 잘 다스리고 백성을 사랑하며 정직하고 사심이 없는 관리다.
- 5효는 군왕, 대통령의 자리로서 財와 孫이 임하고 세효를 생하면 군주의 선정이 국민에게 펼쳐진다. 부효가 화출되면 사면 등을 하지만 공망이 되어 동하면 유명무실하다.
- 6효는 하늘을 다스리는 것인데 만일 공망이 되면 년 중에 반드시 괴이한 일이 많다.
- 應도 하늘이 되니 世를 극하면 천심이 불순할 것이요, 世는 땅인데 공망이 되거나 世가 應을 극하면 사람들이 천심을 거슬리는 것이니 많은 재앙을 당할 것이다.
- 외국과의 관계에서는 世가 본국, 應을 외국으로 본다.
- 太歲 官이 괘중에 있으면서 동하면 재앙이 많다.
- 6효에 官이 없으며 年月에도 官이 없으면서 衰絶이 되지 않으면 길하다.
- 태세는 일 년을 주관하는 별이니 孫이나 財가 되면 일년동안 이로움이 있고, 兄(천시점에서 바람)이 동하면 년 중에 바람이 많이 불고, 동하여 世를 극하면 바람으로 인한 재난이 있다.
- 태세에 財(천시점에서 晴明)가 발동하고, 父(천시점에서 비)가 약할 경우 가뭄이 들고, 부효가 동하여 孫(천시점에서 태양)이 약할 경우에는 홍수가 있다.
- 태세는 일 년을 주관하는 자이므로 괘중에서 동하지 않고 정하게 있는 것이 좋다.

- 괘중에 火官이 동하면 화재가 발생한다. 世는 무관하고 應과 관련이 있으면 가까운 사람이 피해를 보게 되니 내괘와 외괘 원근을 살펴 판단하라.
- 水官이 발동하면 수재가 있다. 외괘면 다른 곳이 전몰하고, 내괘면 근처의 하수가 터진다. 世를 극하지 않으면 비록 물은 넘치지만 나는 무사하다.
- 金官이 발동하여 應을 충극하고 5효와 생합하면 나라에 전쟁이 있고, 외괘면 타국이다. 다른 효가 5효나 태세를 극하면 외국의 적이 우리나라를 침범한다.
- 官이 동하면 전쟁이 일어나지만, 官이 회두극을 당하거나 日月이 극을 하면 비록 반란은 일어나지만, 문제는 없다. 그러나 태세가 힘이 없고 官이 나를 극하면 내 주위에 도적이 들끓는다.
- 土의 官이 백호이면서 발동하면 전염병이 발생하고, 만일 世를 극하면 병으로 죽는 사람이 많다.
- 태세가 財인데 동하여 兄이 되고 官이 같이 동하면 백성이 굶어 죽는다.
- 현무 官이 동하여 세효를 극하면 도적이 많고, 金효가 5효, 6효를 충 하면 싸움으로 인한 근심이 사방에서 일어난다. 이유는 金이 살상으로 上爻를 범하기 때문이다.
- 등사는 괴이한 신인데 상효에 임해서 동하면 하늘에 괴이한 일들이 있는 것이고, 官이 상효에 있어도 같다. 이는 천심이 불순하여 일 년이 편치 않음을 의미한다.
- 등사가 艮궁(산, 제방 등)에 있어 동하면 붕괴하는 이변이 있다.

- 등사가 坤궁(땅)에 있어 동하면 지진이 있다. 金을 만나면 소리가 나고, 형효가 크면 붕괴한다.
- 坤괘는 소이니 丑이 동하여 변해서 관이 되면 소에 질병이 있고, 乾坤괘에 있으면 많은 사건이 일어난다.
- 坎괘는 水인데 등사 官이 동하여 父가 되면 물이 많은데 장마가 져서 수해가 일어나는 것을 의미한다.
- 등사 官이 동해서 兄으로 변하면 거친 바람이 분다. 兄으로 변하지 않으면 바람으로 보지 않는다.
- 離궁에 등사 官이 동하면 산불 등 화재가 발생한다.
- 천재지변이 일어나는 방향은 동효의 극을 받은 비신으로 알 수가 있다.

  子면 북쪽이고, 午는 남쪽이고, 卯는 동쪽이고, 酉는 서쪽이고, 土는 중앙에 해당한다.
- 世는 년시의 주인이다. 백성과 농사와 오곡과 육축이 다 이에 속한다.
- 世가 孫이면 풍년이 들고 일 년 동안 편안하다. 孫은 財를 생하고 官을 극하므로 世에 孫이 있고 힘이 있으면 길하다.
- 손왕재왕하면 시화년풍(時和年豊)하나, 年月日이 동하여 극하면 놀라는 일과 안 좋은 일이 많이 생긴다.
- 겨울에 따뜻하고 여름에 서늘한 것은 水火가 힘이 없는 경우다.
- 父와 財로 장마와 가뭄을 보고, 水火는 차갑거나 뜨거운데 水가 공망이면 반드시 따뜻하고 火가 절지에 있으면 여름에는 반드시 차갑다.

- 水火가 힘이 있고 동하여 世를 극하면 반드시 겨울에는 차고 여름에는 덥다. 음양이 상합하면 비가 순하게 내리고 바람이 골고루 분다.
- 본괘가 힘이 없으면 국가가 쇠퇴한다. 본궁이 국가이니 외괘가 상생하면 강성하고, 힘이 없으면 국가가 쇠퇴한다.
- 재효와 손효가 움직이지 않으면 풍년이 든다.
- 형효와 관효가 힘이 없으면 국태민안(國泰民安)한 년이다.
- 형효는 국록과 파재의 신이요, 관효는 재앙의 신이니, 두 개가 공망이면 國泰民安이다.

15. 천시점(天時占)

- 水와 火로 비가 오는지 청명한지를 알 수 있지만, 육친을 연구하지 않고 水와 火 하나만으로 날씨를 논할 수는 없다.
- 兄은 바람과 구름이고, 孫은 해와 달로서 양효면 해로 음효면 달로 간주한다. 財는 날씨의 맑음을 의미하고, 官은 구름 안개 천둥 등을 의미하며 父는 비, 눈, 서리를 말한다.

- 천시점에서 世는 땅이고, 應은 하늘이다.
- 世는 만물의 주인이요. 應은 만물의 체(體)가 되므로 日月이나 동효의 극을 받으면 천지의 변화가 평범하지 않다.
- 應이 日月이나 동효의 충극을 받으면 태풍, 해일, 수재, 화재, 질병, 전쟁 등이 발발한다.
- 천시점에서는 알고자 하는 기상의 육친을 용신으로, 그들의 동태는 왕쇠동정(旺衰動靜)과 공파충합(空破沖合)된 것으로 판단한다.

- 日은 하루 날씨를 주관하며 용신의 강약에 영향을 준다.
- 父가 동했는데 日의 극을 받으면 그 날은 비가 오지 않고, 父가 동하였을 때 日의 힘을 받으면 큰비가 내리고, 財가 동하고 日의 힘을 받으면 열기가 뜨거운 날이 된다.
- 상효(6효)는 천문의 자리이므로 상효가 발동하면 천문이 열리는 상이 되어 곧 비가 온다.

- 應이 힘이 전혀 없는데 공망을 만나면 비가 오지만 날이 맑아지는 것은 측량하기 어렵다. 應이 공망이지만 효가 父가 되고 日도 父가 되면 공망이 나가는 날에 비가 오고, 日이 財가 되고 應도 같이 財가 되면 공망이 나가도 비가 오지 않는다.

- 孫은 해(日)와 달(月)을 상징한다.
- 孫이 양이면 해가 되고, 孫이 음이면 달이 된다.
- 孫이 日이나 月에 힘을 받아 강하면 날씨가 청명하고, 공망이 되거나 복신이 되면 날씨가 흐리고, 묘나 절이 되어도 날씨가 흐리다.
- 孫이 동하면 날씨가 청명하여 해와 달이 잘 보인다.
- 孫과 財가 같이 동하면 청명하나, 孫이 동하지 않으면 청명한 가운데 구름이 간혹 낀다.

- 兄은 바람과 구름이니 兄이 발동하면 바람이 불고 구름이 움직인다.
- 兄의 강약과 동하는 것과 움직이지 않는 것을 보고 바람과 구름의 크고 작은 것을 판단한다. 그러므로 兄이 동하여 孫으로 변하면 바람이 순풍이고, 동하여 官으로 변하면 역풍이 된다.
- 財는 날씨의 청명함을 의미하니 財가 발동하면 사방이 맑은 날이다. 財와 父 모두 동했을 때는 財가 강하면 날씨가 맑고, 父가 강해지면 비가 온다.
- 財가 동하여 官으로 변하면 개인 뒤 날씨가 고르지 못하다.

- 財는 밝은 날인데 밝다가 어둡거나 어둡다가 밝은 것은 財와 官이 모두 동하여 날씨가 개었다 흐렸다 하기 때문이다.

- 官은 구름, 우레, 번개, 안개로 보는데, 官이 발동하면 구름이 끼거나 우레와 번개가 치거나 한다.
- 官이 震궁에서 동하여 日이나 月의 힘을 받고 진신이 되면 하늘에서 우렛소리가 요란하다. 그러나 父가 복신이면 하늘에서 소리만 나고 비는 오지 않는데 日이 父가 되는 날을 만나면 비가 온다. 그러나 父가 없으면 하늘에서 소리만 난다. 단, 겨울철은 예외다. 오행의 강약과 시기를 참고해야 한다.

- 비를 기다리는 점이면 父가 강하고 동해야 비가 온다.
- 父와 官이 중첩되고 동하면 계속해서 비가 온다.
- 父가 공망이 되거나 복신이 되면 비는 오지 않고, 출공이 되거나 복신이 출현하면 비가 온다.
- 父가 명동하면 비가 오고, 암동하거나 변효가 父가 되어도 비가 온다.
- 父가 日이나 동효의 묘에 입묘하면 묘가 충개될 때 비가 온다.
- 父가 유기한데 靜하면 空破沖合이 될 때 비가 온다.
- 父가 동하고 생을 받아 강해지면 바로 비가 온다
- 父가 동하여 충이 되었을 때는 합이 될 때 비가 온다.
- 父가 휴수무기한데 官이 강하면 가랑비 정도이고, 父가 공망이면 비는 오지 않고 구름만 빽빽하다.

- 父가 동하고 日이나 月이 생하면 큰비가 내린다.
- 父가 동했지만 日의 극을 받으면 오늘은 비가 오지 않는다.

- 世의 辰戌丑未(土)가 官이 되어 발동하면 비가 오지 않는다.
- 財가 日과 동효와 삼합을 이루면 안개만 끼고 비는 내리지 않는다. 그러나 부효가 삼합을 이루면 비가 온다.
- 財가 발동하여 父를 극하면 비를 기다리지 마라. 財는 父의 기신이므로 財가 동하면 비가 오지 않는다.
- 父가 발동하여 兄으로 변하면 비바람이 있다. 父는 비요, 兄은 바람이니 서로 변효가 되거나 모두 같이 동하면 비바람이 심하다.
- 父가 동하여 孫이 되면 비가 내린 뒤 무지개가 뜬다.
- 兄이 동하여 孫이 되면 바람 때문에 구름이 걷히고 해를 보게 된다.
- 父가 月과 같으면 장마가 오래 간다.
- 父가 있고 財나 孫이 없으면 반드시 장마가 오고 음산하게 비가 내린다.
- 兄이 장생이 되면 광풍이 연일 분다.
- 장생은 日月이 생하여 주는 것을 말하는데 父가 장생이면 연일 비가 오고, 官이 장생을 만나면 어두운 구름이 흩어지지 않고, 財를 만나면 비가 오지 않는다.

- 父와 財가 생조를 얻지 못하면 가뭄과 장마가 정상적으로 오지 않는다. 官이나 父가 힘이 없고 財가 동하거나 강하면 반드시

가물고, 孫이 힘이 없고 父가 동하며 힘이 있으면 반드시 장마가 온다.
- 父와 財가 모두 동했는데 財를 극하면 순 내(열흘 내)에 장마가 있고, 父가 제극을 당하면 날이 맑아진다.
- 父가 묘고에 들어가면 날씨가 맑아진다.
- 父가 日이나 변효의 묘에 입묘했을 때는 그 묘를 충 하는 날에 비가 온다.

- 孫이 없으면 財의 원신이 없는 것이니 맑은 날이 오래 가지 않고, 官이 힘이 있으면 구름이 낀다.
- 孫이 동하여 힘이 있으면 오랫동안 날씨가 맑다.
- 父가 동하면 비가 오고, 財가 동하면 맑은 것은 당연하지만 父와 財가 합이 되면 충이 되는 날에 비가 오고 나서 그 뒤 맑게 되니 합자는 충을 기다리고 충자는 합을 기다리는 것이다.
- 父가 日과 합이 되거나 혹은 육합괘에 日이 충을 하면 뇌성이 먼저 있고 그 뒤 비가 오고, 財가 합이 될 때 형효가 극해 오면 바람이 불거나 비가 온다.
- 음양이 반반이면 당일에 비가 온다.
   음양은 관효와 부효를 말하는 것인데 관효와 부효가 힘이 있고 동한 상태에서 충이나 파하는 것이 없으면 당일에 비가 온다.

- 巽은 바람이고 형효다. 巽궁은 木이니 木의 兄이 왕한 상태에서 동하여 世를 극하면 태풍으로 인한 피해가 있고, 父가 힘이

있으면서 동하면 바람을 동반한 비가 많이 온다. 財가 발동하여 乾괘로 변하면 그해에는 큰 가뭄이 든다.
- 辰효에 청룡이 있는데 발동하여 父로 변하거나, 청룡을 띤 父가 동하여 辰효로 변하면 반드시 비가 온다.
- 관효가 離궁에서 동하면 번개만 있고 뇌성은 없다.

- 土官은 구름과 우레고, 父는 비다. 土官이 동하여 父가 되면 구름이 움직여서 비가되고, 財가 동하여 父를 극하면 비가 오지 않는다.
- 노을이 많이 지는 것은 효 중에 財와 官이 동했기 때문이다.
- 財는 맑음이고, 官은 어둠이니 財官이 동하면 안개가 낀다.
- 날씨가 맑아도 父가 생을 받거나 출공하면 비가 오는데 출공한 父가 힘이 없으면 비가 오지 않으며 財가 복신이 되어도 힘이 있으면 날씨가 맑다.

16. 음택(陰宅), 분묘점(墳墓占)

- 장지의 바름과 바르지 못함을 육효로 분별할 수 있다.
- 세효는 현재 내가 처해있는 환경이고, 응효는 내가 진행하고자 하는 일의 배경이며 안내자이다.
- 응효를 지사(地師), 지관으로 본다.

- 동(動)은 적극적이고, 정(靜)은 소극적이다.
- 응효가 발동하여 세효를 생하면 나에게 덕을 주고자 하는 것이므로 지관이 비록 학문과 기술이 부족하여도 나에게 덕이 된다.
- 응효가 발동해 세효를 극하면 지관이 나를 업신여기는 형상이다. 그러므로 천하제일의 지관이라도 나에게 도움이 되지 못한다.

- 공망은 빈자리다. 세효가 공망이면 내가 명당을 얻을 수 없고, 응효가 공망이면 지관의 능력이 부족하거나 명당과 인연이 없다.
- 세효와 응효가 모두 공망이면 나와 지관이 모두 성의가 없는 것이므로 명당을 찾을 수 없다.

- 내괘는 산두(山頭), 외괘는 조향(朝向), 세효는 혈(穴)로 본다.
- 육효는 항상 초효부터 기세가 일어나 6효에 이른다.
- '혈'이 초효나 2효에 있으면 산두의 생기(生氣)를 얻어 자손대대로 영화를 누리게 된다.
- '혈'이 3효나 4효에 임하면 산두의 여기(餘氣)를 얻어 부귀한다.

- '혈'이 5효나 6효에 있으면 기세가 수그러지는 곳이다. 산두의 기(氣)가 절(絶)이 되니 지세(地勢)와 산형(山形)이 맞지 않다. 그러므로 명당을 찾기 어렵다.

- 세효가 日月의 생부를 받아 힘이 강하면 내용(來龍)이 장원(長遠)하다.
- 풍수의 특성상 육수(六獸)의 적용은 절대적이다.
- 내룡에서 혈을 좌측으로 감싸고도는 맥을 청룡(靑龍)이라 하고, 우측으로 감싸고도는 맥을 백호(白虎)라고 한다.
- 청룡이 月이나 日의 기운을 얻어 득기(得氣)하면 좌측산이 수려하고, 백호가 日이나 月에 쇠절(衰絶)이 되면 우측산이 험악하다.

- 물의 흐름은 괘 중에서 수효(水爻)로 판단한다.
- 水爻가 月이나 日의 생부를 받아 왕상하면 수원이 길고 바르다.
- 水爻가 月이나 日에 충극이 되고 휴수쇠절이나 공망이면 수로가 마르고 물의 흐름이 일정하지 않다.

- 세효가 삼합국을 이루면 혈에 기(氣)가 모인다.
- 육충괘이거나 세효가 충파가 되면 기가 흩어진 곳이다. 돌과 모래가 많은 맥이 없는 지역이다.

- 삼전(三傳)이란 年月日을 말한다.
- 삼전이 혈을 생하거나 혈 위에 임하면 자손이 번성한다.
- 삼전이 세효를 극하면 당대에 몰락한다.

- 길지(吉地)라도 망자(亡者)와 인연이 없으면 자손에게 나쁜 일이 있다.
- 망자의 납음오행이 지세하거나 세효가 망자의 납음오행을 생합(生合)하면 망자에게 좋은 터가 된다. 그러나 충극이 되면 명당이라도 나쁜 터가 된다.

- 세효는 혈이고, 응효는 배경이다.
- 세효와 응효 중간에 두 개의 효인 간효는 장지(葬地)다.
- 간효가 왕상(旺相)하면 장지가 넓고 평평하나 쇠절(衰絶)이 되면 경사지고 좁다.

- 응효는 명당의 배경이다.
- 응효에 亥, 子가 있고 삼합이 수국(水局)을 이루면 개울이나 우물 또는 연못 주변이다.
- 등사는 길처럼 길어서 도로로 판단한다.

- 辰戌丑未에 등사가 있는데 일진 동효가 충극을 하면 도로 주변이다.
- 구진은 몸집이 거대한 자로 움직일 때마다 주변이 울리면 많은 땅을 장악하므로 토지를 장악한다.
- 辰戌丑未가 지세하고 구진이 임한 가운데 日月동효의 충극(沖剋)을 받으면 전답(田沓)이다.
- 辰戌丑未는 묘(墓)에 해당한다.
- 관이 辰戌丑未가 되고 日月의 생부가 없이 휴수되면 주변에 황폐한 묘가 있다.

- 辰戌丑未 관이 日月의 생부를 받아 왕상하면 좋은 묘가 있다.

- 일진은 괘를 관장하고 세력이 있는 자이기도 하다.

- 괘 중에서 일진 관(官)이 구진을 대하고 발동해 세효를 극하면 묘지로 인한 분쟁이 생긴다.

- 괘중에서 일진이 발동할 때 일진 부가 발동해서 부가 되고, 형이 발동하여 형이 되고, 관이 변하여 관이 되고, 재가 변하여 재가 되고, 손이 발동하여 손이 되면서 묘효(墓爻)를 충극하면 묘를 중매(重埋) 또는 개장(改葬)한 것이다.

- 세효가 외괘에 있는 것은 망자가 객지에 놓여 있다는 뜻이다.

- 괘신과 혈이 공망이면 일정한 장지가 없다. 매장지가 없어 타향에 매장되거나 화장(火葬)된 것이다.
- 현재 놓여 있는 분묘에 대해 괘를 구하는 경우 흉살이 괘신을 충극하면 망자는 흉사(凶事) 한 것이다.
- 일진 현무가 살을 대하고 괘 중에서 발동해 공망인 묘(墓)를 충극하면 관(棺)은 부서지고 시신은 흐트러진 것이다.
- 일진 세효가 발동해 응효를 충극하면 내가 타인을 기만하는 것이니 남의 선산에 몰래 혈을 취한 것이다.

- 일진 응효가 발동해 세를 극하면 타인이 나를 무시하는 것으로 남이 우리 선산에 몰래 매장(埋葬) 한 것이다.
- 괘가 복음이면 옮기고 싶어도 옮기지 못하고, 반음이면 나의 의사와는 관계없이 이장(移葬)하게 된다.

- 괘 중에 부(父)가 복신이면서 공망이면 후손에 고아가 많다.
- 관(官)이 복신이면서 공망이면 과부가 많다.
- 재(財)가 복신이면서 공망이면 홀아비가 많다.

※납음오행

甲子 乙丑 海中金 해중금	丙寅 丁卯 爐中火 노중화	戊辰 己巳 大林木 대림목	庚午 辛未 路傍土 노방토	壬申 癸酉 劍鋒金 검봉금
甲戌 乙亥 山頭火 산두화	丙子 丁丑 澗下水 간하수	戊寅 己卯 城頭土 성두토	庚辰 辛巳 白鑞金 백랍금	壬午 癸未 楊柳木 양류목
甲申 乙酉 泉中水 천중수	丙戌 丁亥 屋上土 옥상토	戊子 己丑 霹靂火 벽력화	庚寅 辛卯 松栢木 송백목	壬辰 癸巳 長流水 장류수
甲午 乙未 沙中金 사중금	丙申 丁酉 山下火 산하화	戊戌 己亥 平地木 평지목	庚子 辛丑 壁上土 벽상토	壬寅 癸卯 金箔金 금박금
甲辰 乙巳 覆燈火 복등화	丙午 丁未 天河水 천하수	戊申 己酉 大驛土 대역토	庚戌 辛亥 釵釧金 차천금	壬子 癸丑 桑柘木 상자목
甲寅 乙卯 大溪水 대계수	丙辰 丁巳 沙中土 사중토	戊午 己未 天上火 천상화	庚申 辛酉 石榴木 석류목	壬戌 癸亥 大海水 대해수

제10장 기타

제 10장 기타

1. 천금부(千金賦)

- 천금부는 역술가들이 육효학의 경전이라 여기고 있을 정도이며 저자는 미상이나 명태조 주원장을 도운 책사 '유백온'이라는 설도 있다.
- 천금부는 육효점의 가치가 금천 냥에 비유될 수 있을 만큼 높다는 의미를 서술한 賦이다. 이 책에서는 원문을 배제하고 나름대로 해석한 문장만을 기술하였다.

- 음양이 움직이거나 고요하거나 오가며 변화하는 것으로 인해 모든 것들이 만 가지의 복잡함이 있을 수 있으나 오직 바른 이치는 하나로 융통이 되고 관통이 된다.
- 사람에게 현명하고 부족한 것이 있듯이 괘에도 넘치거나 모자람이 있다. 너무 과하면 덜어내야 성사되고, 너무 부족하면 도와주어야 이로운 것이다. 도와주고 같이 협조하는 것은 생부(生扶)로, 적시에 오는 비로 싹을 자양하는 것과 같고 극해형충은 가을 서리가 화초에 해를 입히는 것과 같다.
- 용신이나 원신의 장생과 제왕은 일이 순조롭게 성사되는 것을 알려 주는 것이고, 사묘절이나 공망은 일이 성사되지 않음을 알려준다.

- 日은 육효를 주관하는 자(者)이니 나쁘면 흉하고 좋으면 길한 것으로 日의 길흉으로 육효의 흥망(興亡)을 알 수 있다.
- 月은 괘에서 가장 중요한 者로서 모든 괘를 이끌어 가니 이것을 제강(提綱)이라고 한다. 月이 흉한 것을 도와주면 가장 나쁘다.
- 최고로 흉한 것은 세군(歲君)이 動하여 世를 극하는 것인데 세군은 가만히 있는 것이 좋다. 세군은 태세(太歲)로 점을 보는 연도를 말한다. 태세는 세력이 日과 月에 비해 강하고 영향력이 크므로 사소한 일에는 함부로 적용을 시키지 않는다.

- 世는 자신이고, 應은 상대이니 世와 應이 합이 되면 좋다.
- 世가 괘중에 교중(交重)되어 나타나면 두리번거리는 말머리처럼 주관을 세우지 못하는 상태이며, 應이 발동하면 흔들리는 나뭇가지에 앉은 원숭이처럼 마음이 변하고 산만하여 일의 성사가 어렵게 된다. 교중은 世가 여러 군데에 나타나는 것을 말한다. 예를 들면 世가 寅인데 내괘나 외괘, 혹은 변효에 寅이 여러 번 나타나는 것을 말한다.
- 중요한 것은 卦身이 도와주면 좋고, 상하면 나쁘다.
- 卦身이 상쟁하고 應이 傷하면 타인의 일이 불리하고, 世가 극을 당하면 본인의 일이 불리하니 일을 도모할 수가 없다.
- 世와 應이 같이 공망이 되면 사람들이 서로 간에 믿지 못하고 내괘가 함께 동하면 반드시 일이 번거롭고 복잡해진다.

- 용신이 힘이 있고 다른 변고가 없으면 도모하는 일이 다 성취되고

주상(主象; 목적하는 사안)이 파상(破傷)되면 모든 일이 이루어지지 않는다.
- 용신에게 상함이 있으면 모름지기 구해야 하고 상함이 없으면 공망이 되지 말아야 한다.
- 용신이 공망이 되면 충을 만나면 유용한 것이고, 합이 파를 만나면 효과가 없게 된다.

- 괘에서 동효는 시작이고, 변효는 결과(動爲始 變爲終)이므로 이들이 서로 다투면 좋지 않다.
- 변효가 공망이 되면 자공화공으로 필히 흉하고, 형(刑)이 합(巳申刑合)하거나 극이 합(卯戌, 子丑이 剋合)이 되면 끝에는 결국 이상하고 음흉한 사건이 생긴다.
- 동효가 日과 합이 되면 능력이 반으로 줄어든다.
- 정효가 日의 충을 만나면 암동을 하며 용신이 日이나 동효에 입묘가 되면 다른 효가 극할 수가 없고 제왕을 만나면 공망이 아니다.
- 용신을 日이 생하거나 용신이 日과 같으면 비록 용신이 제 계절을 만나지 못해서 쇠약하고 힘이 없어도 吉하다.
- 기신이 용신을 극할 때에 기신이 다른 효를 생하느라 용신을 극하지 못하거나(탐생망극), 또 기신이 다른 효와 합을 하느라 용신을 극하지 못할 때에도 용신이 형충파해가 되는 것은 꺼린다.
- 형(刑)이 되는 원신이 용신을 생할 경우 생을 하느라 형(刑)을 잊어버린다. 이것을 탐생망극(貪生忘刑)이라고 한다.

예를 들면 寅과 巳는 刑의 관계이다. 그러나 寅이 巳를 보면 木生火로 생을 하느라 형(刑)하는 것을 망각하게 된다.

- 약하고 강한가를 잘 분별하고 극이 되는지 합이 되는지를 판단하며 동(動)했는지, 정(靜)했는지를 판단하여 형(刑), 충(冲)을 정할 것이며 괘중에 日이 나타나는 것을 병(倂=나란히 하다)이라 하고 괘중의 효를 日이 충(冲)할때 이 효가 힘이 있으면 이를 암동(暗動)이라고 한다.
- 자안(字眼)은 괘중에 日과 같은 글자가 있는 것을 말하는 것이니 子일에 점을 쳤을 때 괘중에 子자가 있는 것을 말한다. 이때 동효인 午가 子를 충해도 충이 되지 않는데 이를 충불충(衝不冲)이라고 한다.
- 寅巳申, 丑戌未의 삼형살은 괘중에 한 글자만 없어도 삼형이 안되므로 소지신(小支神=영향력이 적은 신)이라고 한다.
- 영성(令星)은 月建을 말한다. 괘중에 동효가 용신을 해치려고 하나 월건에 생부를 받은 용신이 강하면 용신을 해칠 수가 없다.

- 용신이 공망으로 복신이 되면 모사하는 일이 모두 허사가 된다.
- 복신은 비신 밑에 감추어져 있는 용신이다. 비신이 열어주어 복신이 밖으로 나오지 못하면 복신은 용신으로서 쓸모 없고 헛될 뿐이다.
- 용신이 비신 밑에 복신 되어 있는데 日月이나 동효가 도와주지 않으면 복신이 힘이 없으므로 나올 수가 없어 용신 역할을

할 수가 없다. 비신이 충을 만나면 복신이 비신의 영향에서 벗어나서 활동할 수 있으므로 일이 성사된다. 비신이 공망일 때도 복신이 쉽게 나올 수 있으므로 용신의 역할을 할 수 있다. 이렇게 되면 일의 성사가 쉽게 되지만 이런 경우 모두 복신이 힘이 있어야 한다. 복신이 제극되고 약하면 일의 성사가 어렵다.

- 日이 효를 상하면 화가 있고, 효가 日을 상하면 지장이 없으나 간혹 이름을 얻는 경우가 있다.
- 日은 모든 효를 형충극해 할 수 있으나, 효는 日을 형충극해 할 수 없다.
- 용신이 日이나 동효의 묘에 들어가서 충개(沖開)되지 않으면 제 역할을 못 하고, 世에 官이 있는 경우에 官을 버리지 못하면 世는 항상 불안한 것이다. 관직을 구하는 구관점(求官占)을 제외하고는 관은 관재, 구설, 재앙, 질병 등을 나타내므로 관지세는 일반적으로 흉하다.
- 덕(德)은 손(孫, 기쁨)이니 괘에 있으면 안 되는 일이 없고, 기신이 世에 있으면 일에 막힘이 많아 일이 성사되지 않는다.
- 괘효가 흉성을 만나도 피할 수 있다면 길하고, 효가 기신과 살성을 만났을 때 日이 구제해 주어야 상해를 입지 않게 된다.

- 주상은 용신인데 힘이 없고 형충극해를 당하면 흉이 배가 되고, 용신이 동하여 화출한 변효에 사묘절이나 공망이 되는 것도 꺼린다.

- 용신이 용신으로 변했을 때 유용한 때도 무용한 때도 있고, 공망도 변하여 다시 공망으로 변했을 경우 공망이지만 공망이 아닌 경우도 있다.
- 용신이 용신으로 변하여 퇴신이나 복음이 되면 당장은 쓸 수 없고, 공망이 동하여 변효가 공망이 되면 자공화공이지만 진공이 아니므로 출공되는 날에 쓰일 수 있다.
- 용신이 장생법에서 양(養)에 해당하면 일에 의심이 생겨 용단을 내리지 못하고, 용신이 입묘되면 일이 성사되지 않고, 용신의 변효가 용신의 병(病)에 해당하면 손해를 보게 되고, 태(胎)가 되면 일이 부진해지며, 흉신이 장생(長生)이 되면 나쁜 일이 흩어지지 않고, 길신이 목욕(沐浴=敗神, 敗地)에 해당하면 敗하여 일이 성사되지 않는다.

- 회두극은 동하여 나를 극하는 것이기 때문에 좋지 않다.
- 용신이 世를 생하지 않고 應을 생하면 타인을 도와주는 것이요. 약한 기신이 日과 같거나 日이 도와주면 강해지므로 흉하다.
- 용신이 많을 때는 日의 묘나 동효의 묘에 수장됨이 좋다.
- 世應 중간의 간효가 발동하여 용신이나 世를 극하면 일이 막히고, 世가 공망이 되면 내가 마음이 없고 생각이 흔들리고 후회하고 있음을 의미한다.
- 괘에서 효가 발동하면 많고 적음(交重)을 살피고 동효가 변하여 같은 오행이 되면 진신과 퇴신을 판단해야 한다.
- 살(殺)은 기신을 말하는 것이니 世를 도와주어도 길하다고 판단

하지 말고, 용신이 世를 극한다고 하여 무조건 흉으로 보아서도 안 된다.
- 生하는 것 중에도 형해(刑害)가 되어 나빠질 수 있고, 合하는 중에도 극상(剋傷)이 되면 나빠질 수 있다.

- 용신이 형해가 되면 불길하고, 용신이나 世가 사절에 해당하면 일이 성사되지 못하고, 용신이 동했는데 충을 만나게 되면 일이 흩어지고, 용신이 동했는데 변효가 절이 되어 자화절이 되면 日이 도와줄 때 일이 성사된다.
- 용신이 합이 되었을 때는 충파를 만나야 일이 성사되고, 용신이 휴수하면 생왕한 때에 일이 성사된다. 합은 충 되는 날에 일이 성사되고 힘이 없으면 힘을 받는 날에 일이 성사된다.
- 용신이 동하여 世를 극하면 일이 빨리 이루어지고, 용신이 정하여 世를 생하면 일의 성사가 느리며, 괘중의 父가 공망이 되면 일에 두서가 없게 되고, 孫이 은복되면 일이 뜻대로 되지 않는다.

- 관살은 해가 되나 은복이 되면 무사하고, 孫은 복덕이지만 많으면 복이 없는 것과 같다.
- 父로 체통을 유추하고, 관귀로 재앙의 유무를 판단하며, 財는 록신(祿神)이고, 孫은 복덕(福德)인데 兄이 여러 개가 나타나면 모사하는 일이 많이 막힌다.
- 괘중에 卦身이나 世가 많으면 일(事)과 체(體)가 서로 복잡하게 얽히어져 있어 일을 종잡을 수가 없다.

- 백호가 흉하지만 동하여 길신을 만나면 害가 없어져 길하다. 청룡이 길하지만 동하여 흉신을 만나면 어려움을 막지 못하니 흉하고, 현무는 도적을 의미하는데 官이 임하면 꼭 도적이 틀림이 없고 도적에 의한 흉사가 발생하며, 주작은 구설의 신인데 兄이 임하면 구설이 분명하고 형제간에도 구설이 많다.

- 질병은 천희(天喜)를 기뻐하지만, 흉살이 임하면 슬픈 일이 생긴다. 출행에 가장 꺼리는 것은 왕망살(往亡殺)이지만 길신을 대하게 되면 결국에는 이롭게 된다. 이렇게 일의 길흉화복은 생극제화와 신살 등의 어울림에 따라 달라진다.

월	寅	卯	辰	巳	午	未	申	酉	戌	亥	子	丑
왕망살	巳	申	亥	卯	午	酉	子	辰	辰	未	戌	丑
천 희	未	午	巳	辰	卯	寅	丑	子	亥	戌	酉	申

- 육친은 본(本)이고, 육수나 신살 등은 말(末)이다. 그러므로 일의 길흉화복이나 성패의 판단은 육친인 本의 생극제화(生剋制化)를 우선으로 하고, 육수나 신살 등은 참고만 하여야 한다.
- 육효 점의 효험은 문복자(問卜者)의 성불성(誠不誠)에 달려있다.

2. 하지론(何知論)

1) 부모가 질병이 있는 것을 어떻게 아는지?
   부효에 백호가 임하고 日月 또는 동효에 형충이 되었기 때문이다.
2) 부모가 재앙이 있다는 것을 어떻게 아는지?
   재효가 발동하고 살신(殺神)으로 작용하여 부효를 극하기 때문이다.
3) 자손이 없는 것을 어떻게 아는지?
   육효 내에 손효가 없기 때문이다.
4) 자손에게 질병이 있는 것을 어떻게 아는지?
   부효가 동하여 손효를 극하기 때문이다.
5) 자손에게 재앙이 있다는 것을 어떻게 아는지?
   손효에 백호가 임하고 있기 때문이다.
6) 어린아이가 죽은 것을 어떻게 아는지?
   손효가 낙공망이 되고 백효가 임하고 있기 때문이다.
7) 형제가 사망하는 것을 어떻게 아는지?
   형효가 낙공망이 되고 백호에게 상하고 있기 때문이다.
8) 처에 재앙이 있다는 것을 어떻게 아는지?
   백호가 임한 형효가 동하여 재효를 상하게 하기 때문이다.
9) 처가 임신한 것을 어떻게 아는지?
   재효에 청룡이 있고 천희신이 있는 것으로 알 수 있다.
   천희신:
   1月 未, 2月 午, 3月 巳, 4月 辰, 5月 卯, 6月 寅
   7月 丑, 8月 子, 9月 亥, 10月 戌, 11月 酉, 12月 申

10) 부인 외에 다른 여자가 있는 것을 어떻게 아는지?

재효가 내괘와 외괘에 같이 있고 日과 月에 생을 받아 왕상한 것으로 알 수 있다.

11) 부인을 잃는 것을 어떻게 아는지?

재효가 형효에 극을 당하고 낙공망이 되었기 때문이다.

12) 송사가 그치는 것을 어떻게 아는지?

관효가 공망이 되고 다시 月과 日에 휴수되어 힘이 없기 때문이다. 예를 들면 木이 官이 되는데 申酉월이라면 官은 힘이 없는 것이 된다.

13) 송사가 많은 것이 어떻게 아는지?

世에 주작이나 백호가 임해 있고 관귀(官鬼)가 와서 世를 극하는 것으로 알 수 있다. 世에 백호와 관효가 임해도 송사가 많다.

14) 육정(六丁)이 평안한 것을 어떻게 아는지?

육정(=가족), 육친에 공망이나 휴수 또는 파가 없거나 육친이 힘이 있으면 평안하다.

15) 식구가 느는 것을 어떻게 아는지?

재효에 청룡이 있는데 財가 水, 木에 해당되었기 때문이다.

16) 부자인 것을 어떻게 아는지?

재효가 힘이 있고 世에 財의 墓가 있는 것으로 알 수 있다.

17) 토지가 느는 것을 어떻게 아는지?

土(辰戌丑未)에 손효가 있고 구진이 있기 때문이다.

18) 외부에서 재물이 생기는 것을 어떻게 아는지?

외괘에 있는 재효와 손효에 청룡이 임하고 재효가 世를 생하는 것으로 알 수 있다.

19) 산업이 증가하는 것을 어떻게 아는지?

　　재효가 강한 중에 청룡이 임했기 때문이다.

20) 집안에 기쁜 일이 있는 것을 어떻게 아는지?

　　내괘에 손효가 있고 청룡이 임하고 있기 때문이다.

　　집안은 내괘(초, 2, 3효)다.

21) 부귀하고 번영하는 것을 어떻게 아는지?

　　재효가 왕한 중에 힘이 있는 손효에 청룡이 임했기 때문이다.

22) 집안이 가난한 것을 어떻게 아는지?

　　재효가 공망이거나 日과 月에 휴수되거나, 변효에 회두극을 당한 상황에서 대모살이 임한 것으로 알 수 있다.

　　대모살(大耗殺); 年과 충이 되는 글자로서 열심히 일해도 돈이 모이지 않는 것.

23) 나이가 들어서 의지할 곳이 없는 것을 어떻게 아는지?

　　괘중의 손효가 낙공망이 되었기 때문이다.

24) 부엌이 파손되는 것을 어떻게 아는지?

　　2효는 부엌 효인데 이곳에 현무나 관효가 있기 때문이다.

25) 집을 새로 짓거나, 회사를 새로 설립하는 것을 어떻게 아는지?

　　부효에 청룡이 임하고 힘이 있는 것으로 알 수 있다.

26) 집이 파괴되는 것을 어떻게 아는지?.

　　부효에 백호가 있고 힘이 없기 때문이다.

27) 무덤에 물이 있는 것을 어떻게 아는지?

　　백호가 공망이 되고 亥子(水)가 되었기 때문이다.

28) 집에 향불이 없는 것(제사를 안 지내는 것)을 어떻게 아는지?

　　괘중에 巳午의 火가 없는 것으로 알 수 있다.

29) 집안에 두 가지 성(배다른 자식, 성이 다른 자식, 친정 식구, 시댁 식구)이 같이 사는 것을 어떻게 아는지?

왕한 관효가 둘이 있는 것으로 알 수 있다.

30) 한 집에 두 세대가 함께 사는 것을 어떻게 아는지?

두 개의 重한 부효가 있기 때문이다.

31) 닭이 밤중에 울거나 소란을 부리는 것을 어떻게 아는지?

酉가 등사나 백호에 해당하였기 때문이다.

32) 개가 마구 짖는 것을 어떻게 아는지?

관효 戌토에 등사가 임했기 때문이다.

33) 집에 구설이 생기는 것을 어떻게 아는지?

世에 官이 있고 주작이 있는 것으로 알 수 있다.

34) 앞으로 구설이 생길 것을 어떻게 아는지?

주작이 木에 해당하는 것으로 알 수 있다.

(참새가 나무숲에서 시끄럽게 울고 있는 양상이다)

35) 집에 다툼이 많은 것을 어떻게 아는지?

주작이 임한 형효가 世나 應에 있기 때문이다.

(주작은 구설이나 다툼과 관련이 있는 육수이다)

36) 집에 소인이 사는 것(재앙을 일으키는 것)을 어떻게 아는지?

현무 관효가 동하여 世나 身에 있기 때문이다.

37) 집에 도적이 드는 것을 어떻게 아는지?

현무가 財나 관효에 임하고 관귀효가 왕한 것으로 알 수 있다.

38) 집안에 재난이 닥침을 어떻게 아는지?

관효가 임한 應이 世를 극하는 것으로 알 수 있다.

39) 집안에 홍역, 마마나 종기 병이 생기는 것을 어떻게 아는지?

내괘의 火가 관효로서 등사가 임했기 때문이다.

火 官; 열병(熱病), 土 官; 전염병(傳染病)

40) 가족이 죽는 것을 어떻게 아는지?

용신(가족)이 입묘가 되고 힘이 전혀 없기 때문이다.

41) 꿈이 뒤숭숭한 것을 어떻게 아는지?

世에 관효와 등사가 임했기 때문이다.

42) 집안에 괴귀(怪鬼)한 현상이 나타나는 것을 어떻게 아는지?

등사나 백호가 문정효(2, 3효)에 있기 때문이다.

43) 집에 물에 빠져 죽은 사람이 있는 것을 어떻게 아는지?

관효가 水효인데 현무가 임한 육친이 있는 것으로 알 수 있다.

44) 상복을 입은 것을 어떻게 아는지?

백호가 교중(여러 개)하고 官鬼에 임했기 때문이다.

45) 집에서 도난당했음을 어떻게 아는지?

관효와 현무가 임한 응효가 발동한 것으로 알 수 있다.

46) 집안에 의복이 없어지는 것은 어떻게 아는지?

부효가 구진이나 현무에 해당하였기 때문이다.

47) 육축이 죽는 것을 어떻게 아는지?

백호가 살성으로 손(가축)을 극하기 때문이다.

백호 관귀가 해당하는 육축에 임하면 살상이 일어난다.

(백호 관귀가 酉에 임하면 닭이 죽고 戌에 임하면 개가 죽는다)

48) 소를 잃는 것을 어떻게 아는지?

5효인 丑土 관귀가 낙공망 되는 것으로 알 수 있다.

(5효는 도로이고 丑은 소다)

49) 닭을 잃는 것을 어떻게 아는지?

초효에 현무가 官을 대하는 것으로 알 수 있다.

50) 소나 돼지가 없는 것을 어떻게 아는지?

丑이나 亥가 공망이며 휴수하여 힘이 없기 때문이다.

51) 닭과 개가 없는 것을 어떻게 아는지?

酉戌 2효가 낙공망이 되었기 때문이다.

52) 집안이 안녕하지 않은 것을 어떻게 아는지?

육효가 난동하는 것 때문이다.

육효가 난동하면 모든 것이 번거롭고 어수선하다.

53) 집에 사람이 오지 않는 것을 어떻게 아는지?

世와 應이 모두 낙공망이 되었기 때문이다.

54) 임신한 부인이 유산이 되는지를 어떻게 아는지?

백호나 등사가 임한 손효가 동하여 관효나 부효를 화출하였기 때문이다.

3. 64괘 구성 조견표(世, 応, 飛神, 六親, 身命, 卦身)

① 외괘(上卦)가 천(天)인 괘(☰)

乾爲天 (건위천)	天澤履 (천택리)	天火同人 (천화동인)	天雷无妄 (천뢰무망)	天風姤 (천풍구)	天水訟 (천수송)	天山遯 (천산둔)	天地否 (천지부)
☰ ☰	☰ ☱	☰ ☲	☰ ☳	☰ ☴	☰ ☵	☰ ☶	☰ ☷
乾金	艮土	離火	巽木	乾金	離火	乾金	乾金
父戌▋世	兄戌▋命	孫戌▋應身	財戌▋	父戌▋	孫戌▋	父戌▋	父戌▋應
兄申▋身	孫申▋世 子財	財申▋	官申▋	兄申▋命	財申▋	兄申▋應	兄申▋ 卦身
官午▋	父午▋	兄午▋	孫午▋世命 卦身	官午▋應 卦身	兄午▋世命	官午▋命	官午▋身
父辰▋應	兄丑▋▋身	官亥▋世命	財辰▋▋	兄酉▋	兄午▋▋ 亥官	兄申▋	財卯▋▋世
財寅▋命	官卯▋應	孫丑▋▋	兄寅▋▋	孫亥▋身 寅財	孫辰▋	官午▋▋世 寅財	官巳▋▋
孫子▋ (六沖卦)	父巳▋	父卯▋	父子▋應身 (六沖卦)	父丑▋▋世	父寅▋▋應身	父辰▋▋身 子孫	父未▋▋命 子孫 (六合卦)

伏神 : 예 子財

제10장 기타 | 549

② 외괘(上卦)가 택(澤)인 괘(☱)

澤天夬 (택천쾌)	兌爲澤 (태위택)	澤火革 (택화혁)	澤雷隨 (택뢰수)	澤風大過 (택풍대과)	澤水困 (택수곤) (사대난괘)	澤山咸 (택산함)	澤地萃 (택지췌)
☱ ☰	☱ ☱	☱ ☲	☱ ☳	☱ ☴	☱ ☵	☱ ☶	☱ ☷
坤土	兌金	坎水	震木	震木	兌金	兌金	兌金
兄未 ∥	父未 ∥ 世	官未 ∥ 身	財未 ∥ 應	財未 ∥ 身	父未 ∥ 命	父未 ∥ 應命	父未 ∥ 身 卦身
孫酉 ∣ 世	兄酉 ∣ 命	父酉 ∣	官酉 ∣ 身	官酉 ∣	兄酉 ∣	兄酉 ∣	兄酉 ∣ 應
財亥 ∣ 身	孫亥 ∣ 卦身	兄亥 ∥ 世	父亥 ∣ (午孫)	父亥 ∥ 世 (午孫)	孫亥 ∥ 應	孫亥 ∣	孫亥 ∣
兄辰 ∣ 卦身	父丑 ∥ 應	兄亥 ∣ 命 (午財)	財辰 ∥ 世	官酉 ∣ 命	官午 ∥ 身 卦身	兄申 ∣ 世身	財卯 ∥ 命
官寅 ∣ 應 (巳父)	財卯 ∣ 身	官丑 ∥	兄寅 ∥ 命	父亥 ∣ (寅兄)	父辰 ∣	官午 ∥ (卯財)	官巳 ∥ 世
財子 ∣ 命	官巳 ∣ (六冲卦)	孫卯 ∣ 應 卦身	父子 ∣	財丑 ∥ 應 (六合卦)	財寅 ∥ 世	父辰 ∥	父未 ∥ 卦身

③ 외괘(上卦)가 화(火)인 괘(☲)

火天大有 (화천대유)	火澤暌 (화택규)	離爲火 (이위화)	火雷噬嗑 (화뢰서합)	火風鼎 (화풍정)	火水未濟 (화수미제)	火山旅 (화산려)	火地晉 (화지진)
☲ ☰	☲ ☱	☲ ☲	☲ ☳	☲ ☴	☲ ☵	☲ ☶	☲ ☷
乾金	艮土	離火	巽木	離火	離火	離火	乾金
官巳▮應	父巳▮	兄巳▮世身 卦身	孫巳▮	兄巳▮身	兄巳▮應	兄巳▮	官巳▮
父未▮▮身	兄未▮▮ ㊀子財	孫未▮▮	財未▮▮世命	孫未▮▮應	孫未▮▮	孫未▮▮身	父未▮▮
兄酉▮	孫酉▮世身	財酉▮	官酉▮	財酉▮	財酉▮命	財酉▮應	兄酉▮世身
父辰▮世	兄丑▮▮	官亥▮應命	財辰▮▮	財酉▮命	兄午▮▮世 ㊀亥官	財申▮ ㊀亥官	財卯▮▮ 卦身
財寅▮命 卦身	官卯▮ 卦身	孫丑▮▮	兄寅▮▮應身	官亥▮世	孫辰▮	兄午▮▮命 卦身	官巳▮▮
孫子▮	父巳▮應命	父卯▮ (六沖卦)	父子▮	孫丑▮▮ ㊀卯父 卦身	父寅▮▮身	孫辰▮▮世 ㊀卯父 (六合卦)	父未▮▮應命 ㊀子孫

④ 외괘(上卦)가 뇌(雷)인 괘(☳)

雷天大壯 (뇌천대장)	雷澤歸妹 (뇌택귀매)	雷火豊 (뇌화풍)	震爲雷 (진위뇌)	雷風恒 (뇌풍항)	雷水解 (뇌수해)	雷山小過 (뇌산소과)	雷地豫 (뇌지예)
☳ ☰	☳ ☱	☳ ☲	☳ ☳	☳ ☴	☳ ☵	☳ ☶	☳ ☷
坤土	兌金	坎水	震木	震木	震木	兌金	震木
兄戌‖	父戌‖應	官戌‖命 卦身	財戌‖世	財戌‖應	財戌‖	父戌‖	財戌‖
孫申‖	兄申‖命 卦身	父申‖世	官申‖身	官申‖	官申‖應身	兄申‖	官申‖命
父午│世命	官午│	財午│ 亥孫	孫午│	孫午│身	孫午│	官午│世命 亥孫	孫午│應 卦身
兄辰│	父丑‖世	兄亥│身	財辰‖應	官酉│世	孫午‖	兄申│	兄卯‖
官寅│	財卯│身	官丑‖應	兄寅‖命	父亥│ 寅兄	財辰│世命	官午‖ 卯財	孫巳‖身
財子│應身 (六沖卦)	官巳│	孫卯│	父子│ (六沖卦)	財丑‖命	兄寅‖ 子父	父辰‖應身	財未‖世 子父 (六合卦)

⑤ 외괘(上卦)가 풍(風)인 괘(☴)

風天小畜 (풍천소축)	風澤中孚 (풍택중부)	風火家人 (풍화가인)	風雷益 (풍뢰익)	巽爲風 (손위풍)	風水渙 (풍수환)	風山漸 (풍산점)	風地觀 (풍지관)
☴☴ ☰	☴☴ ☱	☴☴ ☲	☴☴ ☳	☴☴ ☴	☴☴ ☵	☴☴ ☶	☴☴ ☷
巽木	艮土	巽木	巽木	巽木	離火	艮土	乾金
兄卯∥	官卯∥	兄卯∥	兄卯∥應	兄卯∥世	父卯∥身	官卯∥應命	財卯∥
孫巳∥	父巳∥命 (子財)	孫巳∥應命	孫巳∥身	孫巳∥ 卦身	兄巳∥世	父巳∥ (子財)	官巳∥命 (申兄)
財未∥應命	兄未∥世	財未∥ 卦身	財未∥	財未∥身	孫未∥ (酉財)	兄未∥	父未∥世
財辰∥ (酉官)	兄丑∥ (申孫)	父亥∥ (酉官)	財辰∥世 (酉官)	官酉∥應	兄午∥命 (亥官)	孫申∥世身	財卯∥
兄寅∥	官卯∥身	財丑∥世身	兄寅∥命	父亥∥	孫辰∥應 卦身	父午∥	官巳∥身
父子∥世身 卦身	父巳∥應	兄卯∥	父子∥	財丑∥命 (六沖卦)	父寅∥	兄辰∥	父未∥應 (子孫)

제10장 기타 | 553

⑥ 외괘(上卦)가 수(水)인 괘(☵)

水天需 (수천수)	水澤節 (수택절)	水火旣濟 (수화기제)	水雷屯 (수뢰준) (사대난괘)	水風井 (수풍정)	坎爲水 (감위수) (사대난괘)	水山蹇 (수산건) (사대난괘)	水地比 (수지비)
☵ ☰	☵ ☱	☵ ☲	☵ ☳	☵ ☴	☵ ☵	☵ ☶	☵ ☷
坤土	坎水	坎水	坎水	震木	坎水	兌金	坤土
財子‖命	兄子‖身	兄子‖應身 卦身	兄子‖命	父子‖	兄子‖世	孫子‖命	財子‖應
兄戌∣	官戌∣	官戌∣	官戌∣應	財戌∣世身	官戌∣	父戌∣	兄戌∣
孫申‖世	父申‖應	父申‖	父申‖	官申‖ ㋵孫	父申‖命	兄申‖世	孫申‖身 卦身
兄辰∣身	官丑‖命	兄亥∣世命 ㋵財	官辰‖身 ㋵財	官酉∣	財午‖應	兄申∣身	官卯‖世
官寅∣ ㋵父	孫卯∣	官丑‖	孫寅‖世	父亥∣應命 ㋵兄	官辰∣	官午‖ ㋱財	父巳‖
財子∣應	財巳∣世 (六合卦)	孫卯∣	兄子∣	財丑‖	孫寅‖身 (六沖卦)	父辰‖應	兄未‖命

⑦ 외괘(上卦)가 산(山)인 괘(☶)

山天大畜 (산천대축)	山澤損 (산택손)	山火賁 (산화비)	山雷頤 (산뢰이)	山風蠱 (산풍고)	山水蒙 (산수몽)	艮爲山 (간위산)	山地剝 (산지박)
☶ ☰	☶ ☱	☶ ☲	☶ ☳	☶ ☴	☶ ☵	☶ ☶	☶ ☷
艮土	艮土	艮土	巽木	巽木	離火	艮土	乾金
官寅▌命	官寅▌應	官寅▌	兄寅▌	兄寅▌應 卦身	父寅▌	官寅▌世命	財寅▌
財子∥應	財子∥命	財子∥ 卦身	父子∥身 巳孫	父子∥ 巳孫	官子∥身	財子∥	孫子∥世 申兄
兄戌∥	兄戌∥	兄戌∥應身	財戌∥世	財戌∥身	孫戌∥世 酉財	兄戌∥	父戌∥命 卦身
兄辰▌身 申孫	兄丑∥世 申孫	財亥▌ 申孫	財辰∥ 酉官	官酉▌世	兄午▌	孫申▌應身	財卯▌
官寅▌世 午父	官卯▌身	兄丑∥ 午父	兄寅∥命	父亥▌	孫辰▌命	父午∥	官巳∥應
財子▌	父巳▌	官卯▌世命 (六合卦)	父子▌應	財丑∥命	父寅∥應	兄辰∥ (六沖卦)	父未∥身

⑧ 외괘(上卦)가 지(地)인 괘(☷)

地天泰 (지천태)	地澤臨 (지택림)	地火明夷 (지화명이)	地雷復 (지뢰복)	地風升 (지풍승)	地水師 (지수사)	地山謙 (지산겸)	坤爲地 (곤위지)
☷ ☰	☷ ☱	☷ ☲	☷ ☳	☷ ☴	☷ ☵	☷ ☶	☷ ☷
坤土	坤土	坎水	坤土	震木	坎水	兌金	坤土
孫酉‖應	孫酉‖	父酉‖ 卦身	孫酉‖	官酉‖ 卦身	父酉‖應	兄酉‖身	孫酉‖世
財亥‖身	財亥‖應	兄亥‖命	財亥‖	父亥‖命	兄亥‖	孫亥‖世	財亥‖ 卦身
兄丑‖	兄丑‖身 卦身	官丑‖世	兄丑‖應命	財丑‖世 ㊍孫	官丑‖命	父丑‖	兄丑‖身
兄辰┃世	兄丑‖ 卦身	兄亥┃ ㊍財	兄辰‖	官酉┃ 卦身	財午‖世	兄申┃命	官卯‖應
官寅┃命 卦身 ㊋父	官卯┃世	官丑‖身	官寅‖ ㊋父	父亥┃身 ㊍兄	官辰┃	官午‖應 ㊍財	父巳‖
財子┃ (六合卦)	父巳┃命	孫卯┃應	財子‖世身 卦身 (六合卦)	財丑‖應	孫寅‖身	父辰‖	兄未‖命 (六沖卦)